SCHRÄNKE UND REGALE

Dieser Band gehört zu einer Serie, die dem
Leser detaillierte Anleitungen gibt, wie man
Reparaturen sowie Bau- und Renovierungs-
arbeiten selbst ausführen kann.

HANDBUCH DES
HEIMWERKERS

SCHRÄNKE UND REGALE

VON DER REDAKTION
DER TIME-LIFE BÜCHER

TIME-LIFE BÜCHER
AMSTERDAM

TIME-LIFE BÜCHER

LEITUNG DER EUROPÄISCHEN REDAKTION:
Kit van Tulleken
Direktor des Designs: Ed Skyner
Direktorin der Photographie: Pamela Marke
Leiterin der Dokumentation: Vanessa Kramer
Chefassistentin: Ilse Gray

HANDBUCH DES HEIMWERKERS

REDAKTIONSSTAB DES BANDES
SCHRÄNKE UND REGALE:
Textredakteur: William Frankel
Bildredakteure: Adrian G. Allen, Kaye Neil Noble
Designer: Herbert H. Quarmby
Assistent des Designers: Robert McKee
Textredakteure: Don Earnest, Anne Horan,
Robert Tschirky
Vertragsautoren: Sally French, Kumait Jawdat,
Ruth Kelton, Michael Luftman, Don Nelson
Dokumentation: Tom Lashnits, Brian McGinn,
Scot Terrell, Henry Wiencek
Layout-Assistenten: Faye Eng,
Kaye Sherry Hirsh, Richard Salcer
Redaktionsassistentin: Karen Z. Barnard

EUROPÄISCHE AUSGABE:
Chefredakteurin der Reihe: Gillian Moore
Leiterin der Dokumentation: Jackie Matthews
Textredakteur: Christopher Farman
Dokumentation: Mark Karras
Designer: Michael Morey
Assistent des Designers: Paul Reeves
Redaktionsassistenten: Sally Rowland,
Charles Boyle
Korrektorin: Judith Heaton
Koordination der Reihe: Elizabeth Jones

PRODUKTIONSSTAB:
Leitung: Ellen Brush
Interredaktionelle Koordination: Stephanie Lee,
Jane Lillicrap, Linda Mallett
Bildkoordination: Rebecca Smith
Art Department: Janet Matthew
Editorial Department: Theresa John,
Debra Lelliott

LEITUNG DER DEUTSCHEN REDAKTION:
Hans-Heinrich Wellmann
Textredaktion: Gertraud Bellon, Sibylle Dralle

Aus dem Englischen übertragen von
Christel Wiemken

DIE BERATER: Erich Heidsieck ist Tischlermeister und unter-
richtet an einer Hamburger Gewerbeschule. Er ist Mitautor verschiedener Lehrbücher für die Tischlerausbildung.

Miron Waskiw, der Hauptberater für diesen Band, ist Architekt
und Begründer von Skiltech, einem New Yorker Institut, das
Kurse für Reparaturarbeiten am Haus, Holzbearbeitung und
Möbelbau anbietet.

Don Boyce, ein auf den Möbelbau spezialisierter Tischler, plante
und baute die Kombination aus Kojenbetten und Raumteiler, die
auf Seite 68 bis 83 beschrieben wird.

Louis Potts, ein Tischler- und Elektrikermeister, ist seit über
40 Jahren in seinem Metier tätig.

Eric Stand, ein Möbeltischler, der auch Unterricht in Holzbearbeitung gibt, entwarf und baute die auf Seite 6 abgebildete
Schrankkombination.

Inhalt

Gegenstände in Reichweite unterbringen. Um vorhandenen Raum sinnvoll zu nutzen, muß man alle Gegenstände so unterbringen, daß sie bequem zu erreichen sind. Wer dieses Problem mit Sorgfalt und Einfallsreichtum angeht, kann schließlich ein so aufwendiges Möbelstück wie die links abgebildete Schrankkombination zustande bringen. Um diese vier im Prinzip identischen und nur in Details abgewandelten Schränke zu bauen, braucht man sich nur die in diesem Band beschriebenen Grundtechniken anzueignen und dann den auf Seite 84 beginnenden Arbeitsanleitungen zu folgen. Die hier abgebildeten Details – verglaste Vitrine, Schreibplatte, Schubladen und Borde – können natürlich den eigenen Wünschen und Bedürfnissen entsprechend abgewandelt werden.

Selbst in einem gut eingerichteten, gemütlichen Heim kommt der Tag, an dem all die Kleidungsstücke, Bücher, Spielsachen, Werkzeuge und Küchengeräte, die sich im Laufe der Jahre angesammelt haben, aus den Schränken und Regalen hervorquellen, obwohl man beim Einzug der festen Meinung war, der Platz würde vollkommen ausreichen. Zum Glück ist jeder halbwegs einfallsreiche und geschickte Laie imstande, mit Hilfe altbewährter und unkomplizierter Methoden den vorhandenen Platz besser auszunutzen und neuen Stau- und Speicherraum zu schaffen. Dazu gehört nicht viel mehr als die Fähigkeit, mit Werkzeugen umzugehen und Holzteile miteinander zu verbinden. Die in diesem Buch beschriebenen Projekte wurden mit Bedacht so ausgewählt, daß sie alle erforderlichen Techniken in Anwendungsbeispielen zeigen und darstellen, wie sich eine Technik zur anderen verhält; daher liefern sie nicht nur Arbeitsanleitungen für die hier gezeigten Beispiele, sondern noch für viele andere Vorhaben.

Aus diesem Grunde ist der Rahmen dieses Buches viel weiter gesteckt, als sein Titel vermuten läßt. Die eingehende Beschäftigung mit dem Buch vermittelt Kenntnisse über folgende Gebiete:

Alle zur Holzbearbeitung erforderlichen Werkzeuge. Wer sich die auf den folgenden Seiten erläuterten Grundtechniken aneignet, macht sich gleichzeitig – und mit überraschender Schnelligkeit – mit den herkömmlichen Handwerkzeugen ebenso vertraut wie mit den nützlichsten Maschinen – vom Stechbeitel bis zur Handoberfräse, vom Spitzbohrer bis zur elektrischen Bohrmaschine, vom Hobel bis zur Handkreissäge.

Die wichtigsten Holzbearbeitungstechniken. Für den Heimwerker gibt es kein reizvolleres, dauerhafteres, einfacher zu verarbeitendes und leichter erhältliches Baumaterial als Holz. Es hat überdies den Vorteil, daß sich kleine Fehler beim Zuschneiden oder Zusammenfügen relativ leicht korrigieren oder verbergen lassen – im Gegensatz zu Fehlern, die bei der Verarbeitung von Metall oder Kunststoff unterlaufen. Beim Umgang mit einfachen Werkzeugen läßt sich rasch lernen, wie man Holz richtig abmißt, anreißt, sägt und verbindet und wie man dann die neuerworbenen Fähigkeiten sinnvoll und nutzbringend einsetzt. Durch schrittweises Vorgehen gelangt man von Grundkenntnissen im Abmessen, Sägen und Zusammenfügen zur vollendeten Beherrschung dieser und anderer Techniken, die zum Bau von Schränken, Regalen, Schubladen und Betten erforderlich sind. Dieses Buch geht davon aus, daß ein simpler Kasten den Grundbaustein für alle Arten von Möbeln und Einbauten bildet, die zum Unterbringen von Gegenständen gedacht sind. Wer also erst einmal lernt, wie man Kästen baut, kann solche Kästen mit Hilfe von Führungen in Schubladen verwandeln oder Schränke aus ihnen machen, indem er Beschläge und Türen anbringt. Mit geeigneten Materialien zur Befestigung können diese Schränke dann an fast jeder Wand aufgehängt werden.

Alles, was man von Holz wissen muß. Die Eigenschaften von Laub- und Nadelhölzern sowie der verschiedenen Plattenmaterialien werden ausführlich beschrieben. Der Heimwerker wird damit in die Lage versetzt, für jedes Projekt das geeignete Material auszuwählen. Außerdem lernt er, die richtige Säge zum Schneiden, das richtige Klebemittel zum Zusammenfügen und das richtige Schleifpapier zum Glätten zu verwenden.

Methoden der Projektplanung. Mit den neugewonnenen Fähigkeiten erhält die Phantasie breiten Spielraum. Der erste Schritt besteht jedoch in jedem Fall darin, daß man seine Ideen in eine ausführbare Form umsetzt, Zuschneidepläne für die möglichst günstige Ausnutzung des Holzes oder Plattenmaterials anfertigt und eine detaillierte Liste aller benötigten

Materialien zusammenstellt. Das Kapitel über Projektplanung soll dabei helfen, diese oft als sehr lästig empfundenen Vorarbeiten zu vereinfachen. Außerdem erfährt der Heimwerker darin, wie er Fertigprodukte in seine Planung einbeziehen kann.

Das Beurteilen guter Handwerksarbeit. Wer selbst gelernt hat, haltbare und exakte Holzverbindungen herzustellen, Oberflächen zu glätten und Beschläge richtig anzubringen, hat noch eine weitere Fähigkeit erworben: Er ist durch die gemachten Erfahrungen imstande, beim Kauf eines Möbelstücks gute – oder schlechte – Verarbeitung zu erkennen und die Arbeit eines gelernten Tischlers zu beurteilen.

Die Anwendung der erworbenen Fertigkeiten. Für Projekte in Schlafzimmern, Wohn- oder Arbeitszimmern, Küchen, Bodenräumen, Schränken und Treppenhohlräumen liefert dieses Buch vollständige Pläne und Arbeitsanleitungen. Auch wer nicht vorhat, sich ihrer zu bedienen, kann die vielfältigen Kenntnisse, die aus diesen Schritt für Schritt den Vorgang erläuternden Anweisungen zu erwerben sind, auf jedes andere Projekt anwenden, das er selbst erdacht hat oder nach gewonnenen Anregungen abwandeln möchte. So enthält zum Beispiel die auf Seite 6 abgebildete und auf Seite 84 bis 97 beschriebene Schrankkombination Anleitungen für ganz unterschiedliche Arbeitsvorgänge: das Anbringen von Schubladenführungen und Klavierband, fest eingebaute und versetzbare Borde, Glastüren, herunterklappbare Schreibplatten, Schubladengriffe und Kunststoffplatten. Die ausführlichere Liste rechts ist ein übersichtlicher und leicht zu handhabender Wegweiser zu den zahlreichen in diesem Buch erläuterten Techniken und Arbeitsvorgängen.

Wer bisher noch nicht mit Holz gearbeitet hat, sollte mit dem einfachsten Schritt beginnen – nämlich sich gutes Werkzeug kaufen, zunächst jedoch nur die Geräte, die unmittelbar gebraucht werden. Doch bevor er sich auch an die leichteste Aufgabe heranwagt, sollte er an ein paar Stücken Abfallholz üben. Er sollte den neuerworbenen Fuchsschwanz zur Hand nehmen und seine Fähigkeiten an diesen Holzstücken ausprobieren. Er sollte lernen, Auge und Arm so zu koordinieren, daß mit geringstem Kraftaufwand ein gerader Schnitt zustande kommt. (Wichtig ist, daß die Säge nicht mit Gewalt durchs Holz geschoben wird, sondern die scharfen Zähne die eigentliche Arbeit tun.) Unerläßlich ist es, sich ein Gefühl für die Hammerführung anzueignen und die Stelle nahe am Ende des Stieles zu finden, die die beste Schlagkraft ermöglicht. Dann sollten Nägel verschiedener Größe eingeschlagen werden – mit so wenig Hammerschlägen wie möglich, oder aber behutsam mit vielen leichten Schlägen. Hilfreich wäre es auch, eine Reihe unterschiedlich großer Löcher zu bohren und die dem Durchmesser der Löcher entsprechenden Schrauben einzudrehen. Zum Schluß sollte das Abfallstück behobelt und mit Schleifpapier geglättet werden, um auch Übung in diesen Arbeitsvorgängen zu erhalten.

Sobald die nötige Sicherheit im Umgang mit den einfachsten Werkzeugen erworben ist, kann man darangehen, den simplen, auf Seite 12 bis 16 beschriebenen Kasten zu bauen. Die Arbeit wird zunächst geplant, dann wird das benötigte Material gekauft, das Holz zugeschnitten, die Verbindungen werden geleimt und genagelt, die Oberflächen geglättet und nach Belieben gebeizt oder gestrichen.

Um sich mit den Grundlagen der Holzbearbeitung vertraut zu machen, braucht man nichts als Geduld, und die Sicherheit im Umgang mit Holz und Werkzeugen kommt schneller, als man anfangs für möglich hielt. Mit dieser neugewonnenen Sicherheit ist man imstande, spezielle Unterbringungsprobleme mit Phantasie und handwerklichem Können zu lösen.

Die Techniken der Holzbearbeitung

Dieses Buch zeigt nicht nur, wie man vorhandenen Raum sinnvoll nutzen kann; es ist überdies ein Handbuch für eine ganze Reihe von Holzbearbeitungstechniken. Auch wer lediglich ein Wandbord anbringen will, kann aus den Anleitungen dieses Buches lernen, exakt Maß zu nehmen und Holz einzukaufen und zuzuschneiden; er kann sich darüber orientieren, welche Art von Befestigungsmaterialien und Tragarmen benutzt werden sollte und wie man richtig bohrt. Mit Hilfe anderer in diesem Buch beschriebener Techniken kann eine Kommode entworfen werden – in jeder beliebigen Größe und mit der gewünschten Anzahl von Schubladen – und dergleichen mehr.

Das vollständige, auf Seite 124 beginnende Register enthält neben den Verweisen auf die in diesem Buch erwähnten Werkzeuge, Materialien und verschiedenen Projekte auch Definitionen der in der Holzverarbeitung gebräuchlichen Begriffe. Um das Register für das Ausarbeiten eigener Vorhaben sinnvoll zu nutzen, sollte man erst die für das jeweilige Vorhaben in Frage kommenden Details zusammenstellen und dann im Register nach den entsprechenden Eintragungen suchen. Mit Hilfe der Aufstellung unten kann man schnell herausfinden, wo man etwas über Planung und Ausführung jener Arbeiten erfährt, die für fast jede Tischlerarbeit im Haus erforderlich sind.

Werkzeugausrüstung für alle Projekte

Rechts sind sämtliche Werkzeuge abgebildet, die für die in diesem Buch beschriebenen Projekte benötigt werden. Für spezielle Arbeiten erforderliche Werkzeuge sollte man jedoch erst dann kaufen, wenn man sie tatsächlich braucht.

□ Zum Messen und Markieren sind erforderlich: eine Wasserwaage, mindestens 50 cm lang; ein Zimmermannswinkel; ein Prüfwinkel mit Gehrungsanschlag; ein Stahlbandmaß, mindestens 3 m lang; ein Spitzbohrer zum Vorstechen von Schraubenlöchern; ein Körner, mit dem man beim Bohren in Metall den Ansatzpunkt einschlägt.

□ Zu den Schneidewerkzeugen gehören: ein Fuchsschwanz für das Sägen längs und quer zur Faser; eine Metallsäge; eine Feinsäge für Feinarbeiten und das Sägen in der Gehrungsschneidlade; ein Hobel (am besten ein Doppelhobel, der für alle anfallenden Arbeiten geeignet ist); ein Satz Stechbeitel und ein Meißel für härteres Material, wie zum Beispiel Kacheln, Putz und Mauerwerk. Zum Schärfen sind ein Abziehstein und (für manche Steine) Maschinenöl erforderlich.

□ Um Holzteile fest zusammenzuhalten, während Leim abbindet oder Nägel angebracht werden, braucht man Schraubknechte für große, Schraubzwingen für kleinere Teile; Klemmzwingen, die das Holz nicht beschädigen; Eckzwingen, die für rechtwinklige Eckverbindungen sorgen; und einen Schraubstock mit belegten Backen, in den man die Teile einspannen kann, während man an ihnen arbeitet.

□ Zum Zusammenfügen und für abschließende Arbeiten werden gebraucht: ein Klauenhammer; ein Satz Schraubenzieher für Längs- und Kreuzschlitzschrauben; eine Greif- oder Kombizange; ein verstellbarer Schraubenschlüssel; außerdem ein Holz- oder Gummihammer, mit dem man auf Stechbeitel und zu verbindende Holzteile schlagen kann; ein Satz Sechskant-Stiftschlüssel zum Anbringen von Beschlägen; Senkstifte mit einem Spitzendurchmesser von 1,5 und 3 mm zum Versenken von Nägeln; und ein Spachtel für Holzkitt.

□ Elektrowerkzeuge sind zwar relativ teuer, zahlen sich jedoch aus, weil man mit ihnen schnellere und sauberere Arbeit leisten kann als mit Handwerkzeugen und außerdem Muskelkraft spart. Am wichtigsten ist eine Bohrmaschine, möglichst mit elektronisch gesteuerter Drehzahl und 13-mm-Bohrfutter. Eine Handkreissäge macht das Sägen langer, gerader Stücke zu einem Kinderspiel. Zu empfehlen sind außerdem eine Stichsäge zum Sägen von Rundungen sowie ein Schwingschleifer. Ein vielseitig verwendbares Gerät ist die Handoberfräse; mit ihr lassen sich Nuten und Falze arbeiten. Beim Arbeiten mit Elektrogeräten sollte stets eine Schutzbrille getragen werden.

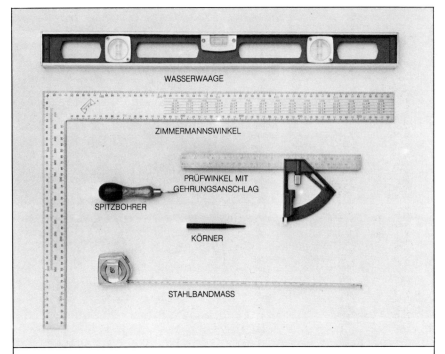

WASSERWAAGE

ZIMMERMANNSWINKEL

PRÜFWINKEL MIT GEHRUNGSANSCHLAG

SPITZBOHRER

KÖRNER

STAHLBANDMASS

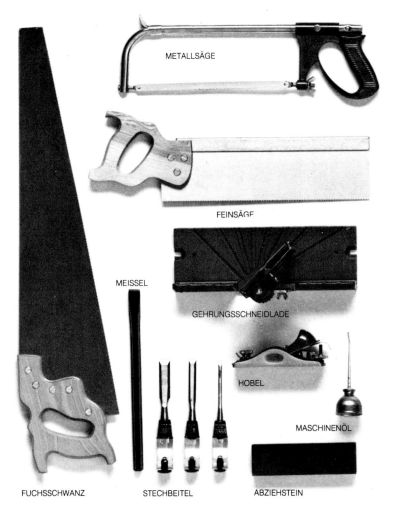

METALLSÄGE

FEINSÄGE

MEISSEL

GEHRUNGSSCHNEIDLADE

HOBEL

MASCHINENÖL

FUCHSSCHWANZ

STECHBEITEL

ABZIEHSTEIN

SCHRAUBZWINGEN

KLEMM-
ZWINGEN

HANDKREISSÄGE

ECKZWINGEN

BOHRMASCHINE

STICHSÄGE

SCHRAUBSTOCK

SCHWINGSCHLEIFER

KLAUENHAMMER

GUMMIHAMMER

SPACHTEL

GREIFZANGE

SCHRAUBENSCHLÜSSEL

SECHSKANT-
STIFT-
SCHLÜSSEL

HANDOBERFRÄSE

SCHRAUB-
KNECHTE

SENKSTIFTE

SCHRAUBENZIEHER

SCHUTZBRILLE

11

Der Kasten – ein grundlegendes Bauelement

Für alle Arten von Behältern, in denen man etwas unterbringen will, ist der Kasten das grundlegende Bauelement. Wenn man ihn hochkant stellt und waagerechte Unterteilungen anbringt, wird er zum Bücherregal; versieht man ihn mit Türen, verwandelt er sich in einen Schrank; mit Führungen ausgestattet, wird eine Schublade daraus.

Alle Kästen, für welchen Zweck sie auch vorgesehen sind, haben in ihrer Bauweise eines gemeinsam: rechtwinklige Eckverbindungen. Am gebräuchlichsten und zugleich am leichtesten zu arbeiten ist die Verbindung auf stumpfen Stoß; wie sie zustande kommt, wird anhand der Bauanleitung für einen einfachen Kasten auf den folgenden Seiten erläutert. Die Verbindung auf stumpfen Stoß reicht für viele Zwecke völlig aus, ist aber die schwächste. Daneben gibt es eine Reihe weiterer Verbindungsmöglichkeiten von unterschiedlichem Schwierigkeitsgrad und differierender Belastbarkeit; fünf davon haben sich als besonders nützlich erwiesen: das Verbinden durch Falze, Nuten, stumpfe Gehrung, Überplatten (Endverbindung) und Überschieben (Kreuzverbindung). Sie werden auf Seite 17 bis 23 beschrieben.

Viele der Werkzeuge, Techniken und Arbeitsvorgänge, die zur Herstellung einer Verbindung auf stumpfen Stoß erforderlich sind, werden auch bei den anderen Verbindungsformen gebraucht:

☐ MESSEN. Grundlage jeder guten Handwerksarbeit ist das ständige Überprüfen sämtlicher Abmessungen. Noch bevor man mit dem eigentlichen Abmessen beginnt, sollte man die Enden jedes Holzstücks mit dem Zimmermannswinkel kontrollieren; ist ein Holzstück nicht genau rechtwinklig, sind alle späteren Messungen nicht exakt. Jede Messung sollte überprüft werden, nachdem man ein Stück Holz angerissen hat und noch bevor man zu sägen beginnt. Nach dem Zuschnitt abermals nachmessen.

☐ ANREISSEN. Es empfiehlt sich, Holz mit einem harten, spitzen Bleistift anzuzeichnen. Bleistiftlinien lassen sich wieder entfernen, falls beim Abmessen ein Fehler unterlaufen ist. Keinen Bleistift mit weicher oder stumpfer Mine verwenden, da man sonst eine dicke Linie erhält, die Ungenauigkeiten beim Schneiden zur Folge haben kann.

☐ ZUSCHNEIDEN. Wenn eine Säge Holz zerteilt, wird eine Holzmenge in Sägespäne verwandelt, die der Dicke des Sägeblatts plus der Schränkung der Sägezähne entspricht. Der Schnittverlust muß beim Abmessen und Sägen stets berücksichtigt werden. Die Säge wird immer auf der Abfallseite direkt neben der angerissenen Linie geführt und darf die Linie nicht überschreiten. Wenn man mehrere Teile aus einem Holzstück heraussägen will, sollte man zunächst das erste Teil abmessen und zuschneiden und erst dann das nächste abmessen.

Es gibt eine Reihe von Sägewerkzeugen, von denen sich einige für das Zuschneiden von Verbindungsteilen besonders gut eignen. So ist zum Beispiel für Projekte, die – wie der Kasten auf den folgenden Seiten – aus Leisten mit einer Dicke von weniger als 50 mm und einer Breite von weniger als 100 mm gebaut werden, eine Feinsäge mit starrem Rücken in Kombination mit einer Gehrungsschneidlade das ideale Werkzeug. Für größere Projekte sind elektrische Handsägen (*S. 10–11*) zu empfehlen, weil sie ein exakteres Arbeiten ermöglichen.

☐ ZUSAMMENBAU. Der gebräuchlichste Holzleim ist Polyvinylacetat-Leim (PVA-Leim); wegen seiner milchweißen Farbe wird er oft als „Weißleim" bezeichnet. Obwohl er nur eines von vielen Klebemitteln ist (einige werden auf Seite 61 beschrieben), erfreut sich PVA-Leim besonderer Beliebtheit, weil er beim Abbinden durchsichtig wird. Beim Verarbeiten sind die Anweisungen auf dem Behälter zu befolgen.

Wesentlich dauerhafter sind Verbindungen, die nicht nur geleimt, sondern außerdem noch genagelt wurden. Hierfür werden in der Regel Stauchkopfnägel verwendet; ihre Länge sollte ungefähr der dreifachen Dicke des Teiles entsprechen, in das sie eingeschlagen werden. Wenn nicht anders angegeben, werden sie stets etwas schräg eingeschlagen, und zwar abwechselnd zur einen und zur anderen Seite, damit sie einen größeren Halt gewährleisten. Die Spitze jedes Nagels wird vor dem Einschlagen mit einem leichten Hammerschlag „gestaucht"; ein gestauchter Nagel durchtrennt die Holzfasern, anstatt sie wie ein Keil zu spalten; dadurch reißt das Holz nicht so leicht.

Der Bau des einfachen Kastens

1 Abmessen des Holzes. Für die erste Seite des mit stumpfem Stoß gearbeiteten Kastenrahmens ein Maßband (oder einen Zollstock) parallel zur Kante auf ein Holzstück legen. Mit einem Bleistift die gewünschte Länge der Seite abzüglich der Dicke des mit ihr zu verbindenden Teiles markieren. Ein Beispiel: Wenn die Kastenseite 280 mm lang sein soll und das anstoßende Holzstück 20 mm dick ist, muß die Leiste auf eine Länge von 260 mm zugeschnitten werden.

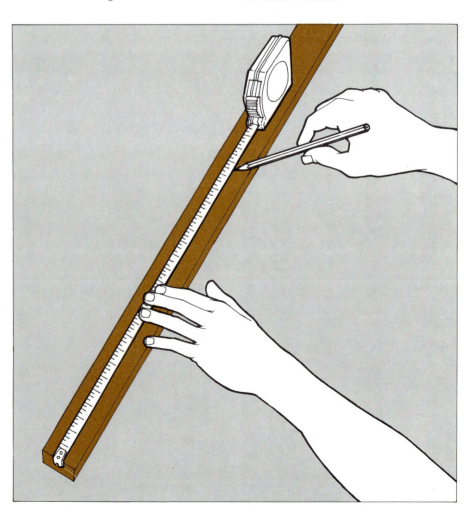

2 Anreißen der Schnittlinie. Den Anschlag eines Prüfwinkels fest gegen die Holzkante drücken und so ausrichten, daß das Lineal die in Schritt 1 angebrachte Markierung schneidet; dann eine Linie durch diese Markierung hindurch quer über das Holzstück reißen.

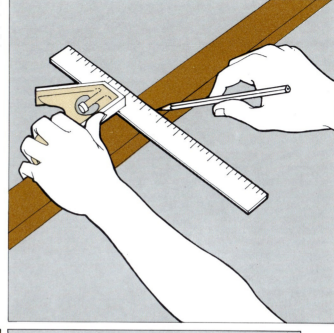

3 Sägen des Holzes. Das Holz in eine Gehrungs- schneidlade legen *(unten)* und den Winkel auf 90 Grad einstellen. Die Säge direkt außerhalb der angerissenen Linie aufsetzen. Mit einem Rück- wärtszug der Säge beginnen und die Säge dann in langen, gleichmäßigen Zügen und Stößen führen, damit ein sauberer Schnitt entsteht. Den Schnitt auf Rechtwinkligkeit überprüfen und nötigen- falls mit dem Hobel glätten. Die anderen drei Sei- ten ebenso abmessen, anreißen und sägen. Gegenüberliegende Seiten aneinanderhalten, sie müssen gleich lang sein.

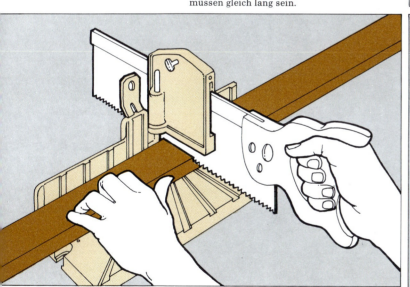

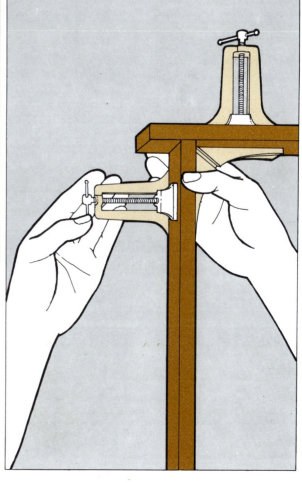

4 Ausrichten der ersten beiden Seiten. Ein Holz- stück so in eine Eckzwinge einsetzen, daß sein Ende mindestens 50 mm über den Zwingenrand hinausragt. Die Schraube der Zwinge anziehen. Das zweite Holzstück so einsetzen, daß es stumpf gegen das erste stößt, und die zweite Schraube anziehen. (Soll der Kasten nicht quadratisch, sondern rechteckig sein, muß die Anordnung der Teile übereinstimmen – es müssen entweder die längeren an die kürzeren Teile stoßen oder die kürzeren an die längeren; die Stoßrichtung muß aber bei beiden Verbindungen die gleiche sein, da sonst die Abmessungen nicht mehr stimmen.) Das erste Stück aus der Zwinge herausnehmen.

5 Auftragen von Leim. Leim auf die Schnittkante des noch in der Zwinge befindlichen Teiles auftragen, aber nur so viel, daß sie dünn, aber gleichmäßig bedeckt ist. Das erste Teil wieder so in die Zwinge einsetzen, daß seine Kante mit der Außenkante des bereits in der Zwinge befindlichen Teiles bündig abschließt. Die Schraube anziehen.

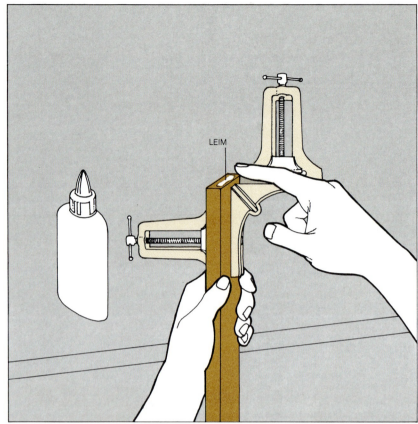

LEIM

6 Sichern der Verbindung. Die Spitze eines Nagels stauchen und an einem Punkt ansetzen, der ungefähr ein Drittel der Leistenbreite von der Leistenkante entfernt ist. Den Nagel leicht schräg halten und durch die obere Leiste in die untere einschlagen *(unten);* mit dem Einschlagen aufhören, bevor der Nagelkopf auf die Holzoberfläche trifft. Einen zweiten gestauchten Nagel auf der gegenüberliegenden Seite ein Drittel der Leistenbreite von der Kante entfernt in einem dem ersten Nagel entgegengesetzten schrägen Winkel ebenso einschlagen. Ist die Leiste breiter als 150 mm, die Nägel im Abstand von etwa 50 mm einschlagen.

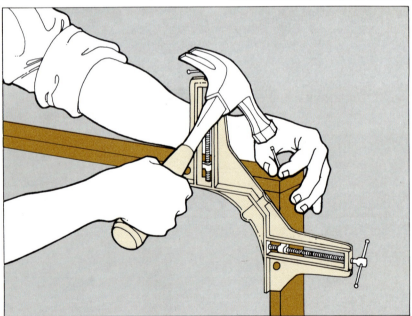

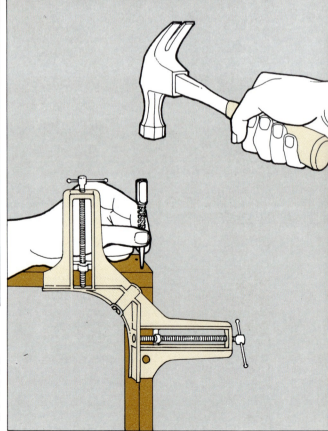

7 Letzte Handgriffe. Mit einem Senkstift, der nicht größer ist als der Nagelkopf, die Nagelköpfe bis dicht unterhalb der Holzoberfläche versenken. Überschüssigen Leim abwischen und die Verbindung zum Trocknen beiseite stellen. Die Eckzwingen abnehmen und Schritt 4 bis 7 für die zweite Eckverbindung des Kastens wiederholen.

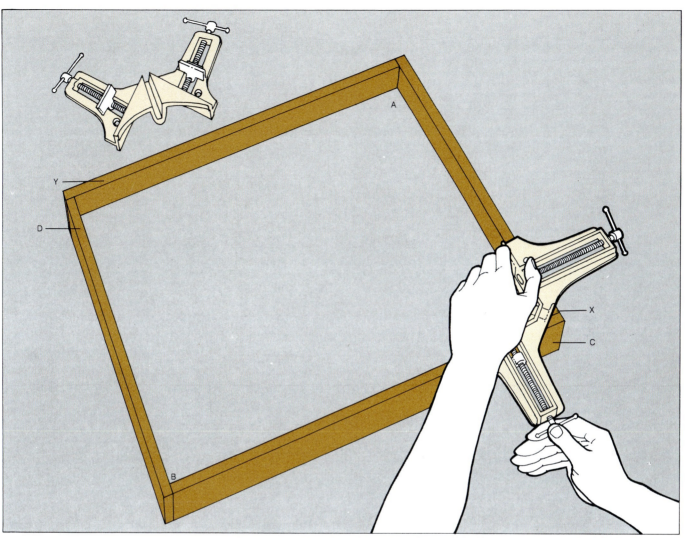

8 **Verbinden der vier Seiten.** Die beiden L-förmiger bei A und B bereits verbundenen Teile so auf eine ebene Fläche legen, daß die noch unverbundenen Kanten aneinanderstoßen: X an C und D an Y. Die Zwingen an den beiden neuen Ecken befestigen. Die entsprechenden Schrauben beider Zwingen lösen und eines der beiden Teile herausnehmen. Leim auf die Kanten D und X auftragen, das herausgenommene Teil wieder in die Zwingen einsetzen, die Schrauben anziehen und die neuen Verbindungen nageln. Zum Trocknen beiseite stellen.

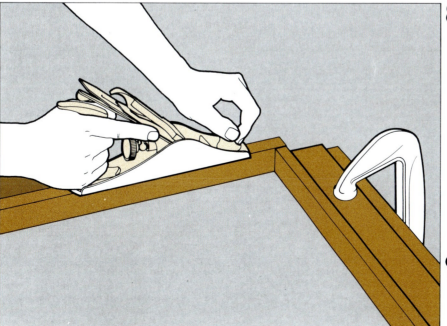

9 **Glätten der Verbindung.** Kleinere Unebenheiten an den Ecken durch Abhobeln beseitigen. Zu diesem Zweck ein Stück Abfallholz mit einer Schraubzwinge gut an der Werkbank befestigen und die Verbindung dagegen stemmen; mit dem Hobeln etliche Zentimeter von der Ecke entfernt beginnen. Die anderen Ecken ebenso glätten.

10 Anreißen des Bodens. Den Rahmen auf das Holzstück legen, aus dem der Boden gesägt werden soll.
Nachdem man sich vergewissert hat, daß eine Ecke
des Bodenbretts genau rechtwinklig ist, zwei Seiten des Rahmens an den überprüften Kanten des
Bodenbretts ausrichten und die beiden anderen
mit dem Bleistift anreißen. Falls eine bestimmte
Seite des Brettes nach außen zeigen soll, darauf
achten, daß auf der richtigen Seite angerissen wird,
weil das Holz je nach dem Typ der Säge unterschiedlich splittert: Beim Arbeiten mit einer
Handsäge die Fläche anreißen, die sichtbar sein
wird; beim Benutzen einer elektrischen Säge die
nicht sichtbare Fläche markieren. Dann direkt
außerhalb der Rißlinie sägen.

11 Befestigen des Bodens. Die Unterkanten der vier
Rahmenseiten mit Leim bestreichen, den Boden
darauflegen und an einer Ecke mit einem Stauch-
kopfnagel befestigen. Alle rechten Winkel überprüfen und die gegenüberliegende Ecke nageln. In
Abständen von etwa 100 mm den ganzen Boden
annageln und die Nagelköpfe versenken. Bei
besonders sorgfältiger Arbeit die Vertiefungen
über den versenkten Nagelköpfen, eventuelle Spalten zwischen Boden und Rahmen und Kratzstellen
mit Holzkitt ausfüllen. Dafür einen Spachtel verwenden (unten). Damit das Holz sauber bleibt, nur
so viel Druck ausüben, daß das Blatt des Spachtels
beim Verstreichen des Holzkitts leicht gebogen ist.
Den Kasten zum Trocknen beiseite stellen.

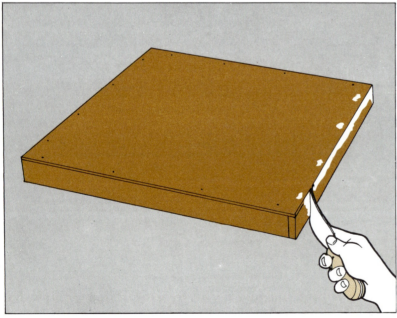

12 Schleifen des fertigen Kastens. Die gesamte Kasten-
oberfläche glattschleifen. Erst mit mittelfeinem
Schleifpapier beginnen, dann mit feinerem noch
einmal nachschleifen. Beim Schleifen von Hand
ein Viertelblatt Schleifpapier fest um einen kleinen Holz- oder Korkklotz legen und in Faserrich-
tung schleifen, dabei das Schleifpapier mäßig fest
gegen die Holzoberfläche drücken.

Das Verstärken des einfachen Kastens

Wenn Kästen gezogen und geschoben werden (wie es der Fall ist, wenn sie als Schubladen dienen), wenn sie (als Schränke oder Regale) an Wänden aufgehängt oder mit mehr oder minder schweren Gegenständen gefüllt werden (Werkzeugkästen), empfiehlt es sich, die Ecken zu verstärken. Dafür kann man Verbindungen wählen, die kräftiger sind als der auf den vorangegangenen Seiten beschriebene stumpfe Stoß, oder auch Versteifungen oder Rahmen herstellen.

Die Verbindung durch stumpfen Stoß ist relativ schwach, weil sich die beiden Holzstücke jeweils nur mit einer Oberfläche berühren. Andere Verbindungen sind haltbarer, weil sie mehrere gemeinsame Oberflächen aufweisen; sie entstehen, indem man den Enden zweier Holzstücke unterschiedliche, einander entsprechende Formen gibt. Auf den Zeichnungen rechts sind die Berührungsflächen von sechs häufig verwendeten Holzverbindungen dargestellt und ihre Vorzüge und Nachteile erläutert. Die Anleitungen für die Herstellung beginnen dann auf der folgenden Seite.

Jede Holzverbindung kann durch Versteifungen noch haltbarer gemacht werden. So sorgen Winkelbeschläge an den Ecken kleiner Kästen dafür, daß sie sich nicht verziehen können. Auch zum Festigen gelockerter Verbindungen eignen sich diese Beschläge.

Bei größeren Kästen liefern Versteifungen aus Massivholz noch mehr Stabilität. Solche Versteifungen kann man entweder in die Ecken leimen oder auf ganzer Länge der verbundenen Teile anbringen. Massivholzversteifungen sind besonders für Kästen aus Sperrholz zu empfehlen, das aus mehreren, unter Druck miteinander verleimten Holzschichten besteht. Endverbindungen an Sperrholz sind in der Regel nicht sehr haltbar. Dort aufgetragener Leim versickert zwischen den Holzschichten, anstatt die Oberflächen miteinander zu verbinden, und Nägel und Schrauben dringen zwischen die Holzschichten und geben deshalb keinen großen Halt. Dieses Problem läßt sich durch Versteifungen aus Massivholz lösen.

Die größten – und stabilsten – Kästen werden gewöhnlich auf ein hölzernes Rahmengerüst gebaut, das die Belastung verringert, denen die Eckverbindungen ausgesetzt sind. Die Konstruktion eines solchen Rahmengerüsts wird auf Seite 24 erläutert.

Bevor man sich für eine Verbindung entscheidet, sollte man überlegen, wieviel Zeit man auf ein Projekt verwenden möchte und welchen Wert man auf handwerkliche Feinheiten legt. In jedem Fall empfiehlt es sich, an Holzabfallstücken zu üben, bevor man die eigentliche Arbeit an teurem Material in Angriff nimmt.

Holzverbindungen

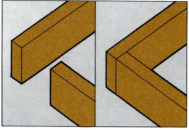

Stumpf stoßen. Die Kontaktfläche der Verbindung beschränkt sich auf die Stirnseite eines Teiles, das stumpf gegen die Oberfläche eines zweiten stößt. Es ist die schwächste, aber einfachste Form der Verbindung; wird sie durch Beschläge oder Schrauben statt Nägeln verstärkt, reicht sie für größere Kästen aus.

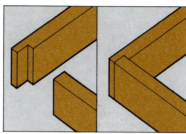
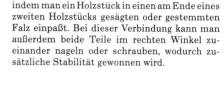

Falzen. Die Kontaktfläche wird vergrößert, indem man ein Holzstück in einen am Ende eines zweiten Holzstücks gesägten oder gestemmten Falz einpaßt. Bei dieser Verbindung kann man außerdem beide Teile im rechten Winkel zueinander nageln oder schrauben, wodurch zusätzliche Stabilität gewonnen wird.

Nuten. Für diese Verbindung wird in ein Holzteil eine Rinne, die sogenannte Nut, geschnitten, in die das zweite Teil stumpf aufstoßend eingesetzt wird. Die Tiefe der Nut sollte ein Drittel der Holzdicke nicht überschreiten. Viele Schubladen werden genutet, da diese Verbindung Belastungen aus verschiedenen Richtungen standhält.

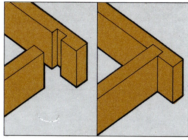

Stumpf auf Gehrung stoßen. Als Gehrung bezeichnet man die Verbindung von zwei Holzstücken, deren Kanten im Winkel von 45 Grad zugeschnitten sind. Da die Teile stumpf zusammenstoßen, ist diese Verbindung kaum haltbarer als der einfache stumpfe Stoß; sie wird vor allem in den Fällen angewendet, wo es in allererster Linie auf das Aussehen ankommt, weil keine offenen Holzkanten zu sehen sind.

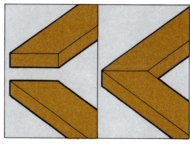

Überplatten. Bei dieser Verbindung wird das Holz am Ende beider Teile in halber Dicke entfernt. Das Anschneiden und Ausstemmen dieser beiden Ausschnitte, die genau ineinanderpassen müssen, erfordert Sorgfalt und Geschicklichkeit, aber das Ergebnis ist eine sehr kräftige Verbindung, die besonders bei der Konstruktion von Rahmengerüsten Anwendung findet.

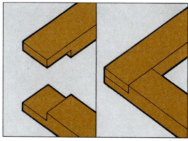

Überschieben. Das Überschieben ist eine Variante des Überplattens; hier wird das Ende eines Holzstücks so in das andere eingepaßt, daß eine T-Verbindung zustande kommt, wofür an der Verbindungsstelle das Holz von beiden Teilen in halber Dicke entfernt wird. Das Überschieben kommt in erster Linie für den Bau großer Rahmen in Betracht.

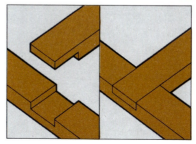

Die gefalzte Verbindung

1 Anreißen des Holzes. Die beiden Holzstücke aneinanderhalten, als sollten sie durch stumpfen Stoß verbunden werden. Die Kante des senkrechten Stückes als Führung benutzen und mit dem Bleistift eine Linie über das waagerechte Stück ziehen *(rechts)*. Mit Hilfe eines Lineals die Linie an beiden Seiten des waagerechten Holzstücks über etwa ein Drittel der Holzdicke weiterführen (ein zu tiefer Anschnitt schwächt die Verbindung). Im rechten Winkel zu dieser Linie von deren Endpunkten aus Linien bis zum Brettende ziehen.

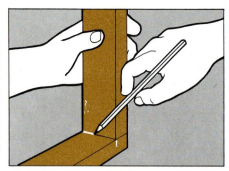

2 Anschneiden des Falzes. Das markierte Holzstück flach in die Gehrungsschneidlade legen und die Feinsäge so halten, daß unmittelbar außerhalb der Rißlinie gesägt wird. Das Holz bis zur Tiefe der seitlichen Markierung einsägen.

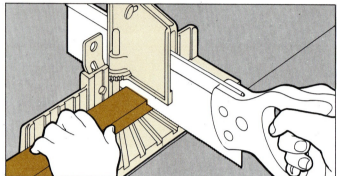

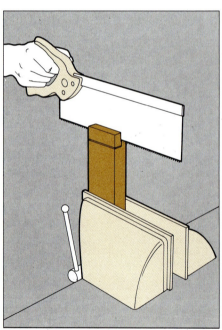

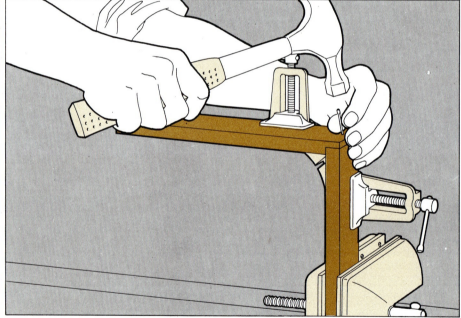

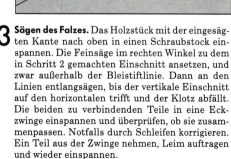

3 Sägen des Falzes. Das Holzstück mit der eingesägten Kante nach oben in einen Schraubstock einspannen. Die Feinsäge im rechten Winkel zu dem in Schritt 2 gemachten Einschnitt ansetzen, und zwar außerhalb der Bleistiftlinie. Dann an den Linien entlangsägen, bis der vertikale Einschnitt auf den horizontalen trifft und der Klotz abfällt. Die beiden zu verbindenden Teile in eine Eckzwinge einspannen und überprüfen, ob sie zusammenpassen. Notfalls durch Schleifen korrigieren. Ein Teil aus der Zwinge nehmen, Leim auftragen und wieder einspannen.

4 Nageln der beiden Teile. Das nicht gefalzte Teil in den Schraubstock einspannen. Je einen Nagel auf ungefähr einem bzw. zwei Dritteln der Breite des gefalzten Teiles einschlagen. Die Zwinge lockern und die Nägel versenken. Um die Verbindung weiter zu verstärken, einen Nagel durch die Mitte des stumpf anstoßenden in das gefalzte Teil schlagen, und zwar im rechten Winkel zu den anderen Nägeln. Die Zwinge wieder festschrauben und den Leim trocknen lassen.

Die genutete Verbindung

1 **Anreißen der Nut.** Festlegen, wie weit die Nut vom Ende des zu nutenden Teiles entfernt sein soll, und den Punkt mit einem kurzen Riß markieren. Zum Anreißen der Außenkante der Nut den Anschlag eines Prüfwinkels gegen die Längskante des Holzes drücken und so ausrichten, daß das Lineal die Markierung schneidet. Mit dem Bleistift eine Linie quer über das Holz reißen. Für das Anreißen der Innenkante der Nut das zweite Holzstück rechtwinklig auf das erste stellen, seine Außenkante an der Rißlinie ausrichten und eine zweite Linie entlang der Innenkante des senkrecht gehaltenen Teiles reißen *(rechts)*. Mit Lineal und Bleistift beide Linien seitlich am Holz bis zur gewünschten Tiefe der Nut fortführen.

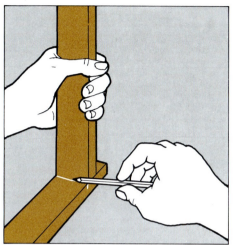

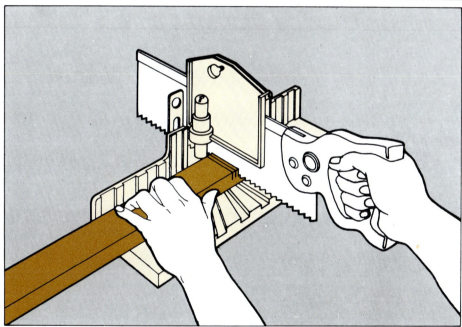

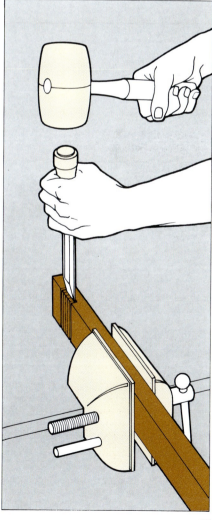

2 **Anschneiden der Nut.** Das angerissene Teil in die Gehrungsschneidlade legen und unmittelbar innerhalb der beiden Rißlinien bis zur gewünschten Tiefe einsägen. Ein oder zwei zusätzliche Anschnitte zwischen den ersten beiden erleichtern das Ausstemmen.

3 **Ausstemmen der Nut.** Das angeschnittene Holzstück waagerecht *(rechts)* oder senkrecht in einen Schraubstock einspannen. Dann den Stechbeitel genau senkrecht ansetzen, wobei die abgeschrägte Seite (Fase) nach außen zeigt. Durch sanftes Anschlagen mit einem Holz- oder Gummihammer die Nut glatt und gleichmäßig ausarbeiten.

4 **Bearbeiten des anstoßenden Teiles.** Paßt das stumpf anstoßende Teil nicht in die Nut, sein Ende gegen einen an den Arbeitstisch gespannten Holzklotz drücken. Mit dem Stechbeitel (Fase wie abgebildet nach unten) läßt sich das Ende des Teiles geringfügig verjüngen. Eine andere Möglichkeit besteht darin, durch Behobeln so viel Holz zu entfernen, daß das Teil stramm in die Nut paßt.

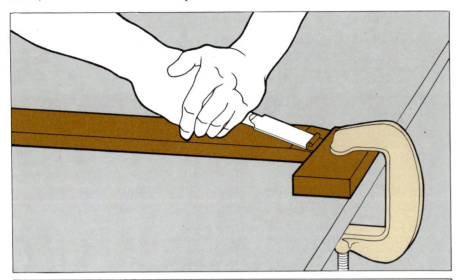

5 **Verbinden der beiden Teile.** Das stumpf anstoßende Teil senkrecht in den Schraubstock einspannen und alle mit dem anderen Teil in Berührung kommenden Oberflächen mit Leim bestreichen. Die Nut auf das Ende des stumpf anstoßenden Teiles setzen und die Verbindung mit einer Eckzwinge sichern. Zwei gestauchte Nägel jeweils ein Drittel der Holzbreite von den Kanten entfernt einschlagen und versenken.

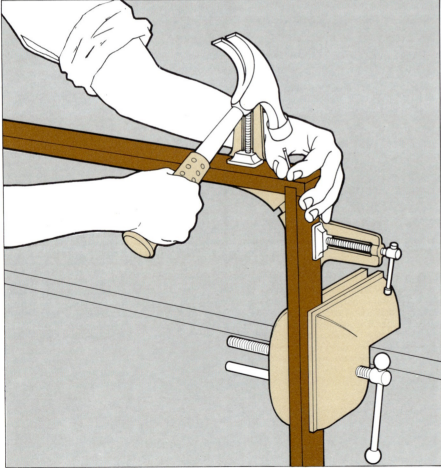

20

Die Verbindung auf Gehrung

1 Anreißen der Gehrung. Einen Prüfwinkel etwas vom Ende eines Holzstücks entfernt so anlegen, daß der Gehrungsanschlag fest gegen die Holzkante gedrückt wird und das Lineal im Winkel von 45 Grad auf der Holzoberfläche liegt. Die Schnittlinie mit dem Bleistift anreißen *(rechts)*. Beim Anreißen des anderen Endes den Prüfwinkel umdrehen, so daß der zweite Schnitt in entgegengesetzter Richtung verläuft.

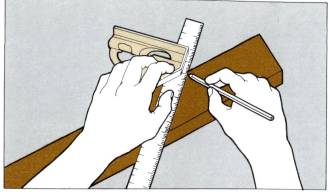

2 Sägen der Gehrung. Die Gehrungsschneidlade auf einen Winkel von 45 Grad einstellen. Das angerissene Holzstück in die Schneidlade legen und so ausrichten, daß der Schnitt mit der Feinsäge unmittelbar außerhalb der angerissenen Linie erfolgt. Das Holz völlig durchtrennen. Den Schnitt am anderen Ende ausführen und anschließend das zweite Teil ebenso anreißen und sägen.

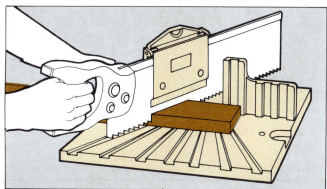

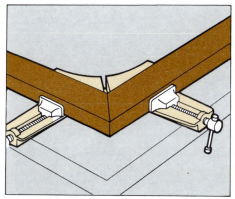

3 Überprüfen der Gehrung. Die beiden Teile in eine Eckzwinge einspannen. Wenn die Kanten nicht genau zusammenpassen, beide Teile wieder lösen und die Kanten leicht behobeln. Abermals überprüfen und den Vorgang wiederholen, bis die beiden Kanten millimetergenau zusammenpassen. Das eine Teil aus der Zwinge herausnehmen, Leim auf beide miteinander zu verbindenden Kanten auftragen und das herausgenommene Teil wieder in die Eckzwinge einspannen.

4 Nageln der Verbindung. Eine Seite der Gehrungsverbindung in einen Schraubstock einspannen. Mindestens einen gestauchten Nagel durch die Mitte des oberen Teiles in den unteren einschlagen, und zwar ein Stück vom Rand entfernt *(rechts);* in diesem Fall wird der Nagel gerade eingeschlagen und sein Kopf versenkt. Das verbundene Teil aus dem Schraubstock herausnehmen, umdrehen und den oben beschriebenen Arbeitsgang an den anderen Ecken wiederholen.

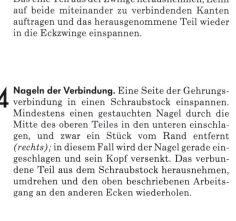

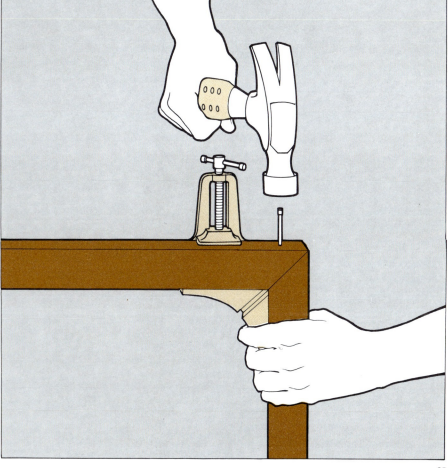

Das Überplatten

1 Anreißen des Falzes. Die Enden beider Teile müssen unbedingt rechtwinklig sein. Das Ende des einen Teiles im rechten Winkel so über das andere legen, daß die Stirnseiten beider Teile bündig mit den Außenkanten abschließen. Die Innenkante des oberen Teiles als Führung benutzen und mit dem Bleistift eine Linie auf der Oberfläche des unteren Teiles ziehen *(rechts);* mit Hilfe eines Lineals die Linie an beiden Seiten bis zur Hälfte der Holzdicke fortführen. Beide Stücke umdrehen, ihre Kanten wieder ausrichten und das zweite Teil ebenso anreißen. Ein Teil in eine Gehrungsschneidlade legen und unmittelbar außerhalb der Rißlinie bis zur angezeichneten Tiefe anschneiden. Das zweite Teil ebenso anschneiden.

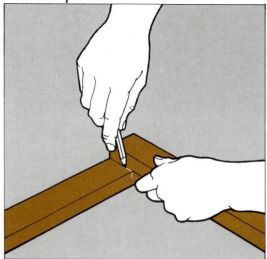

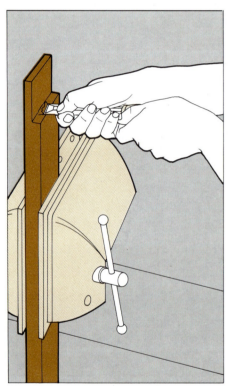

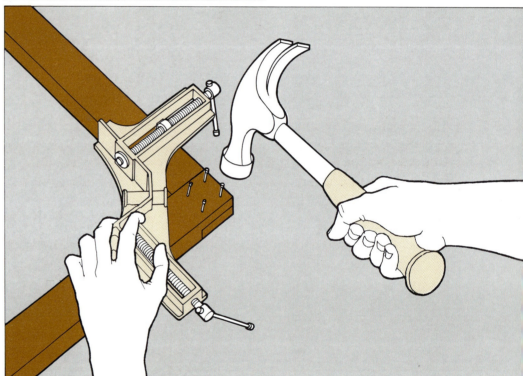

2 Schneiden und Fertigstellen des Falzes. Entsprechend den auf Seite 18 in Schritt 3 gegebenen Anleitungen an beiden Holzteilen den Falz sägen. Beide Stücke in eine Eckzwinge einspannen und prüfen, ob sie genau ineinanderpassen.

Falls die Teile nicht genau passen, den Falz sauber ausstemmen. Ein Teil mit dem angeschnittenen Ende nach oben in einen Schraubstock einspannen *(oben)*. Einen Stechbeitel so fassen, daß der Griff am Ballen der einen Hand anliegt; der Daumen der anderen Hand liegt auf der Fase. In einem spitzen Winkel zur Horizontalen mit leichtem Druck die Unebenheiten in dünnen Spänen abnehmen. Falls erforderlich, alle Schnittflächen nachstemmen. Wenn beide Teile perfekt ineinanderpassen, ein Teil herausnehmen, Leim auftragen und wieder einspannen.

3 Nageln der Verbindung. Die eingespannten Teile flach hinlegen. Vier gestauchte Nägel, die etwas kürzer sind, als die Verbindung dick ist, leicht schräg gegeneinander versetzt durch die obere in die untere Hälfte der Verbindung einschlagen. Der besseren Haltbarkeit wegen kann man statt Nägeln auch ein oder zwei Holzschrauben verwenden, die von der Unterseite der Verbindung her eingedreht werden müssen. Nägel oder Schrauben jedoch erst anbringen, nachdem der Leim abgebunden hat.

Eine Variante des Überplattens. Bei dieser Verbindung werden die für die gefalzte und die überplattete Verbindung erforderlichen Techniken des Nutens und Falzens miteinander kombiniert. Wie auf Seite 19 in Schritt 2 und 3 für die genutete Verbindung erläutert, eine Nut in der gewünschten Entfernung vom Ende eines Holzstücks anschneiden und ausstemmen; die Breite der Nut muß der des einzusetzenden Holzstücks entsprechen. Zum Anreißen und Anschneiden des Falzes am Ende des zweiten Teiles den in Schritt 1 und 2 für das Überplatten gegebenen Hinweisen folgen. Beide Teile in eine Eckzwinge einspannen und notfalls bearbeiten, bis sie genau ineinanderpassen. Das gefalzte Teil herausnehmen, Leim auf Nut und Falz auftragen und das Teil wieder einspannen *(rechts).* Die Verbindung mit Nägeln sichern.

Das Überschieben

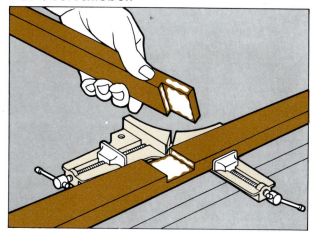

Holz. Zur Verstärkung einer Verbindung auf ihrer ganzen Länge werden oft rechtwinklige bzw. quadratische Leisten *(rechts oben)* verwendet. Damit lassen sich überdies zwei dünne Teile verbinden: Durch Befestigen einer Leiste an einem Holzstück erhält man eine Fläche, an der man das zweite anbringen kann. Dreieckige Klötze *(Mitte)* benötigen weniger Platz als Leisten und sehen besser aus. Solche Klötze nur anleimen, da sie beim Nageln wegen ihrer geringen Ausmaße leicht reißen. Leimen allein bewirkt in der Regel eine sicherere Verbindung als Leimen und Nageln. Soll genagelt werden, die Nägel wie abgebildet versetzen. An die Ecken geleimte und genagelte Dreiecke aus dünnem Sperrholz *(unten)* eignen sich vor allem zur Versteifung bodenloser Kästen, wie zum Beispiel eines Bücherregals ohne Rückwand.

Verstärken von Verbindungen

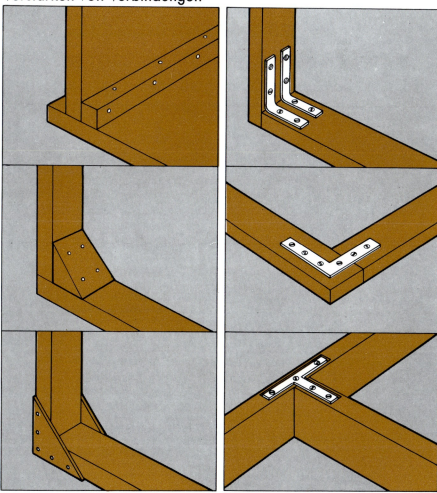

Metall. Mit Metallbeschlägen lassen sich Verbindungen verstärken und reparieren. Der Stuhlwinkel *(oben)* und der Flachwinkel *(Mitte)* dienen zum Verstärken einer Eckverbindung, während der T-Beschlag *(unten)* entsprechenden Verbindungen an Rahmen Halt gibt. Metallwinkel können entweder direkt auf das Holz geschraubt oder aber eingelassen werden *(S. 35).*

Versteifung durch Rahmen

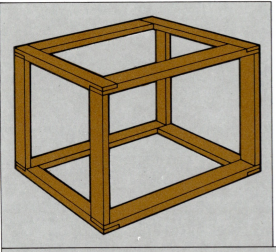

Kastenrahmen. Kästen aus dünnem Holz oder Sperrholz über einer Rahmenkonstruktion bauen. Dazu zwei identische Quadrate oder Rechtecke anfertigen, die nach Belieben verbunden werden können (abgebildet ist die Verbindung durch Überplatten). An den vier Ecken mit gleich langen Leisten durch stumpfen Stoß verbinden. Bei größeren Kästen *(unten)* Ober- und Unterteil des Rahmens durch Querstreben versteifen (hier durch Überschieben verbunden). Den Kasten auf Rahmenkonstruktion fertigstellen, indem man die Seitenteile so anbringt, wie für den Boden des einfachen Kastens *(S. 16, Schritt 10–12)* beschrieben.

Innenrahmen. Soll an einem Kasten aus dünnem Holz oder Sperrholz eine Tür angebracht werden, liefert ein in der Öffnung befestigter und bündig mit den Vorderkanten des Kastens abschließender Rahmen die für das sichere Anbringen von Bändern oder Scharnieren benötigte Fläche. Die vier Rahmenseiten zuschneiden und prüfen, ob sie genau in den Kasten passen. Auf die an den Kasten stoßenden Rahmenseiten Leim auftragen und dann den Rahmen so einsetzen – zuerst die Seitenteile, dann Ober- und Unterteil –, daß sie genau bündig mit den Kastenkanten abschließen. Nägel einschlagen und versenken.

Korrigieren von Fehlern

Es kommt häufig vor, daß eine Nut – oder eine andere Art von Vertiefung – an der falschen Stelle angebracht oder ein Nagel dort eingeschlagen wird, wo er nicht hingehört. Jeder, der mit Holz arbeitet, macht früher oder später einmal einen derartigen Fehler.

Eine am falschen Ort angebrachte und offengelassene Nut sieht nicht nur unschön aus, sondern schwächt auch das Holzstück. Man kann die Nut jedoch mit einem Holzstreifen so ausfüllen, daß der Fehler kaum noch zu sehen und das Holzstück wieder so stabil ist wie zuvor.

Ein vollständig eingeschlagener oder sogar versenkter Nagel kann nur entfernt werden, indem man so viel Holz abstemmt, daß der Kopf freiliegt und mit der Zange zu greifen und herauszuziehen ist. Die Beschädigung des Holzes im Umkreis des Nagels läßt sich mit Holzkitt verbergen.

BLEISTIFTLINIE

Falsch angebrachte Nuten

1 **Zuschneiden eines Füllstreifens.** Einen Streifen passendes Holz in der Länge und Breite der Nut zuschneiden. Ist der Streifen zu dick, die richtige Höhe des Streifens mit einer Bleistiftlinie markieren. Mit Hilfe von Feinsäge und Gehrungsschneidlade *(S. 18, Schritt 2)* den größten Teil des überschüssigen Holzes entfernen. Der Streifen soll noch etwa 2 mm dicker sein als die Nut tief ist. Den Füllstreifen in einen Schraubstock einspannen und die Unterseite mit dem Hobel glätten *(links)*, bis der Füllstreifen perfekt in die Nut paßt.

2 **Einfügen des Streifens.** Den Streifen mit der geglätteten Fläche nach unten in die Nut legen. Er sollte genau hineinpassen und ein wenig über die Oberfläche hinausragen. Ist der Streifen zu breit, seine Seiten leicht behobeln oder abschleifen. Leim auf die Nut und den Streifen auftragen und den Streifen mit Zwingen sichern. Wenn der Leim abgebunden hat, den Streifen so behobeln, daß er bündig mit der Oberfläche des ausgeflickten Teiles abschließt. Spalten zwischen dem Streifen und der ehemaligen Nut mit Holzkitt *(S. 16)* ausfüllen.

Um einen falsch angebrachten Falz auszufüllen, wie in Schritt 1 und 2 vorgehen und dann das eingesetzte Stück so behobeln, daß es bündig mit der Oberfläche des ausgeflickten Teiles abschließt.

Entfernen von Nägeln und Schrauben

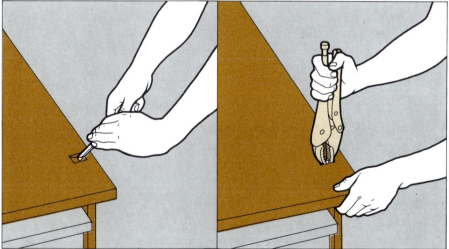

Hebelkraft für festsitzende Nägel. Ein in dichtes Astgewebe eingeschlagener Nagel kann sich leicht verbiegen oder so fest sitzen, daß bei dem Versuch, ihn herauszuziehen, der Kopf abbricht. In solchen Fällen zuerst ein Stück Abfallholz unter einen Klauenhammer legen, damit die Holzoberfläche nicht beschädigt wird. Für die erforderliche Hebelkraft den Nagel mit dem Hammer fassen und den Hammerkopf mit beiden Händen so herabdrücken, daß nur eine Klaue das Holz berührt *(oben)*. Den Hammer herausziehen und den Vorgang mit einem etwas dickeren untergelegten Holzstück wiederholen; danach sollte sich der Nagel normalerweise leicht herausziehen lassen.

Freilegen eines Nagels oder einer Schraube. Liegt die Spitze eines eingeschlagenen Nagels frei, die konkave Spitze eines Senkstifts auf die Nagelspitze setzen und den Nagel mit leichten Hammerschlägen so weit durch das Holzstück zurücktreiben, daß sich der Kopf mit der Zange fassen läßt. Ist die Nagelspitze jedoch nicht erreichbar oder soll eine versenkte Schraube mit beschädigtem Schlitz entfernt werden, mit einem Messer um den Nagel- oder Schraubenkopf ein flaches, ungefähr 10 x 20 mm großes Rechteck ins Holz schneiden und das Rechteck mit einem 6-mm-Stechbeitel in der eingeschnittenen Tiefe ausstemmen *(oben)*. Diesen Vorgang wiederholen, bis Nagel oder Schraube auf mindestens 6 mm Länge freigelegt

sind. Den Kopf mit einer Greifzange fassen; einen Nagel aber nicht gleich nach oben herausziehen, sondern zuerst mit der Zange leicht hin- und herbewegen, bis er sich löst. Eine Schraube nicht herausziehen, sondern mit der Zange herausdrehen. Schwer zu ziehende und versenkte Nägel lassen sich auch gut mit einer Kneifzange entfernen. Sie hat scharfe Backen, die so abgerundet sind, daß man sie hin- und herbewegen kann. Läßt sich der Nagel beim ersten Versuch nicht entfernen, die Zange tiefer am Nagelschaft erneut ansetzen und ihn bewegen, bis er sich löst.

Arbeitserleichterung durch zwei Elektrowerkzeuge

Mit einem Elektromotor angetriebene Schneidewerkzeuge stellen beim Bau von Behältern jeder Art eine beachtliche Arbeitserleichterung dar; vor allem Handoberfräse und Handkreissäge ermöglichen das Herstellen von Holzverbindungen, deren sich kein Handwerker zu schämen braucht.

Für Oberfräsen gibt es zahlreiche Fräser, mit denen man einem Stück Holz auf der Fläche oder an der Kante fast jede beliebige Form verleihen kann. Wer noch nicht mit einer Fräse gearbeitet hat, sollte an Holzabfallstücken üben, bis er Erfahrung im Umgang mit der Maschine gesammelt hat. Für den Versuch wird der entsprechende Fräser eingesetzt und die Maschine auf die gewünschte Frästiefe eingestellt. Die Oberfräse sollte so gehalten werden, daß sie sich vom Körper wegbewegt, um Verletzungen zu vermeiden. Gelegentlich (vor allem beim

Fräsen großer Teile) läßt es sich jedoch nicht umgehen, daß man die Fräse zum Körper hinbewegt; in solchen Fällen sollte man immer etwas seitwärts stehen und mit größter Vorsicht arbeiten. Die Fräse wird mit mäßiger Geschwindigkeit über das Holz geführt; bei zu langsamem Schieben kann das Holz versengt, bei zu schnellem der Motor überlastet werden. Ist der Probeschnitt ausgeführt, wird mit einem Lineal nachgeprüft, ob die Frästiefe mit der auf dem Anzeiger des Geräts eingestellten Tiefe übereinstimmt.

Auch mit einer Handkreissäge, die in erster Linie zum Zuschneiden von Holz gedacht ist, kann man Falze, Nuten und eine Reihe anderer Verbindungsformen herstellen. Außerdem läßt sie sich im Winkel von 45 Grad zur Bodenplatte kippen und ermöglicht damit das exakte Schneiden einer Gehrung – der einzigen Verbindung, die nicht mit

einer Fräse gearbeitet werden kann. Besonders nützlich ist eine Handkreissäge für Gehrungen, die zu lang sind, um in einer Gehrungsschneidlade mit der Feinsäge geschnitten zu werden. Auch die Kreissäge sollte an Holzabfallstücken ausprobiert werden, bevor man Schnitte ausführt.

Vor Gebrauch einer Oberfräse oder einer Kreissäge sollte man dafür sorgen, daß das Gerät auch tatsächlich dort schneidet, wo es schneiden soll. Das geschieht durch Anbringen einer Führung – eines völlig geradkantigen Holzstücks, das mit Zwingen auf dem Werkstück befestigt und an dem das Gerät entlanggeschoben wird. Auf diesen Seiten wird erläutert, wie eine solche Führung angebracht wird; die Anweisungen beziehen sich hier auf das Fräsen einer Nut, gelten aber für jede Holzbearbeitungstechnik, bei der eine Führung erforderlich ist.

Die Handoberfräse

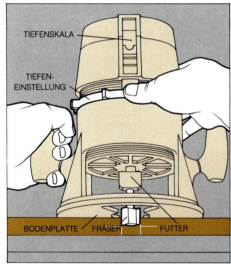

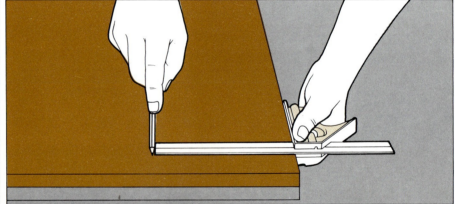

1 Tiefeneinstellung. Bei herausgezogenem Netzstecker den gewünschten Fräser einsetzen und das Futter mit dem zum Gerät gehörenden Schlüssel anziehen. Die Fräse aufrecht über das zu bearbeitende Holzteil halten. Die Halteschraube lösen und den Ring zur Tiefeneinstellung drehen, bis der Fräser das Holz berührt *(oben);* den Ring weiterdrehen, bis auf der Tiefenskala die gewünschte Frästiefe erreicht ist, und die Schraube wieder anziehen. Bei Geräten ohne Tiefenskala die gewünschte Frästiefe auf der Holzkante markieren und den Fräser heben und senken, bis seine Spitze die Markierung erreicht hat.

2 Anreißen der Nut. Festlegen, wie weit die Nut von der Holzkante entfernt sein soll. Den Anschlag eines Prüfwinkels fest gegen die Holzkante drücken, dabei liegt das Lineal auf der Holzoberfläche. Die Außenkante für das eine Ende der Nut mit dem Bleistift markieren *(oben)*. Um die Breite der Nut festzulegen, von der ersten Markierung aus messen und die Innenkante der Nut mit einem zweiten Riß markieren. Die Position der Nut am anderen Ende des Werkstücks ebenso anreißen und beide Markierungspaare auf der Fläche miteinander verbinden.

3 Anreißen der Führungsposition. Die Fräse so auf das Werkstück setzen, daß der Fräser bündig an einer Kante zwischen den beiden Markierungen für die Nut liegt. Eine dritte Markierung *(links)* dort anbringen, wo die Bodenplatte der Oberfräse die Holzkante schneidet. Die gegenüberliegende Holzkante ebenso markieren und die beiden Punkte mit Bleistift und Lineal verbinden.

Labels in image 1: TIEFENSKALA, TIEFEN-EINSTELLUNG, BODENPLATTE, FRÄSER, FUTTER

4 **Anbringen der Führung.** Das als Führung ausgewählte, völlig geradkantige Holzstück an der eben angerissenen Führungslinie ausrichten und an beiden Enden des Werkstücks mit einer Schraubzwinge befestigen. Wenn die Führung die Linie nicht überall berührt, ist sie nicht ganz gerade und muß entsprechend behobelt werden.

5 **Fräsen der Nut.** Die Oberfräse so auf das Werkstück aufsetzen, daß die Außenkante der Bodenplatte die Führung und der Fräser fast die Schmalseite des Holzes berührt. Das Gerät einschalten. Die Oberfräse vorwärts schieben, mit dem Holz in Berührung bringen und mit gleichbleibender Geschwindigkeit an der Führung entlangbewegen. Am Ende der Nut das Gerät herausheben und abschalten. Muß die Nut verbreitert werden, die Führung versetzen und den Vorgang wiederholen.

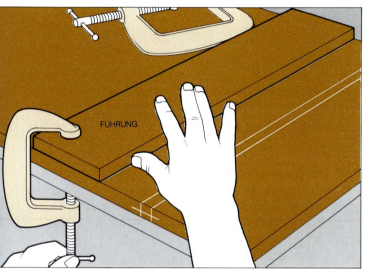

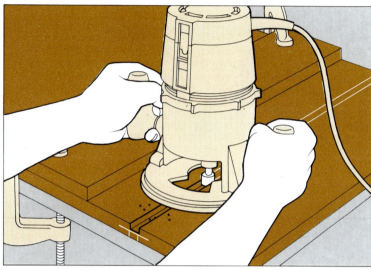

Die Handkreissäge als Fräse

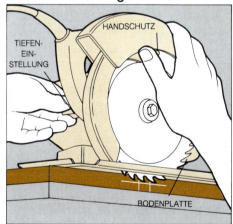

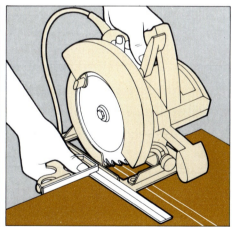

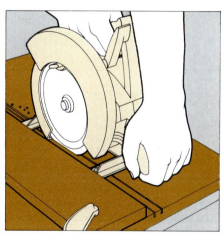

1 **Einstellen der Schnittiefe.** Die beiden Kanten der Nut auf der Oberfläche anreißen, wie in Schritt 2 für die Oberfräse beschrieben. Dann die gewünschte Tiefe der Nut markieren. Bei herausgezogenem Netzstecker die Handkreissäge so auf das Holz setzen, daß das Sägeblatt flach an der Schmalseite anliegt. Mit der linken Hand (oben) die Schraube zur Tiefeneinstellung lösen, die sich an der Vorder- oder Rückseite des Geräts befindet. Mit der rechten Hand das Blatt heben oder senken, bis die Spitze des am tiefsten stehenden Zahnes die Markierung an der Schmalseite gerade erreicht; gleichzeitig den Handschutz mit dem Daumen anheben, so daß er nicht im Wege ist. Nach dem Ausrichten des Sägeblattes die Schraube wieder fest anziehen.

2 **Anbringen der Führung.** Die Säge mit der linken Hand in Schneideposition unmittelbar innerhalb einer der beiden auf dem Holz angerissenen Linien halten; mit der rechten Hand mit einem Prüfwinkel kontrollieren, ob die Bodenplatte der Säge genau rechtwinklig zur Holzkante ausgerichtet ist (oben). Den Prüfwinkel beiseite legen und den Punkt markieren, an dem sich die Bodenplatte der Säge mit der Holzkante schneidet. Den Abstand zwischen diesem Punkt und der Linie messen, entlang der gesägt werden soll, und diesen Abstand auf das andere Ende des Werkstücks übertragen. Mit dem Bleistift zwischen beiden Punkten eine gerade Linie reißen und entlang der Linie mit Schraubzwingen eine Führung befestigen.

3 **Anschneiden der Nut.** Die Handkreissäge so an die Kante des angerissenen Holzstücks halten, daß eine Seite der Bodenplatte an der Führung liegt und das Sägeblatt die Schmalseite des Holzes fast berührt. Das Gerät einschalten und so über die Holzoberfläche schieben, daß die Bodenplatte ständig Kontakt mit der Führung hat. Am anderen Ende des Werkstücks das Gerät herausheben und abschalten. Die Führung wie in Schritt 2 beschrieben an der anderen Seite der Nut anbringen und den zweiten Schnitt ausführen. Zwischen den beiden Einschnitten Parallelschnitte machen, bis der größte Teil des Holzes entfernt ist; den Rest mit dem Stechbeitel ausstemmen.

Aus Kästen werden Schubladen: Führungen und Griffe anbringen

Eine Schublade ist ein Kasten, der sich innerhalb eines größeren Kastens mühelos vor- und zurückbewegen läßt. Damit die Funktion auch tatsächlich gewährleistet ist, muß der in eine Schublade verwandelte Kasten mit Verbindungen gebaut werden, die für festen Halt sorgen, denn die meisten Schubladen werden stark beansprucht und sind großen Belastungen ausgesetzt. Außerdem muß der Kasten mit einer Gleitvorrichtung ausgerüstet werden, die die auftretende Reibung vermindert und die Bewegungen der Schublade steuert.

Eine einfache, stabile Schublade kann man aus Sperrholz oder Massivholz bauen, das stumpf aneinanderstößt und dann verleimt und genagelt wird. Anders als beim gewöhnlichen Kasten sollten jedoch Vorderstück und Hinterstück so eingesetzt werden, daß sie gegen die Seitenwände stoßen – sonst könnte sich das Vorderstück beim Ziehen von den Seitenwänden lösen. In die Ecken geleimte Klötze sorgen für zusätzliche Stabilität. Kräftigere Schubladen *(unten)* werden so gebaut, daß Hinterstück und Boden in Nuten eingefügt werden, während man das Vorderstück so in einen Falz einpaßt, daß es mit den Seitenwänden bündig abschließt. Bei jeder Konstruktionsart sollte das Material für die Seitenwände mindestens 10 mm und für den Boden mindestens 5 mm dick sein; dünneres Holz könnte reißen.

Es gibt zahlreiche Führungen für Schubladen. Am gebräuchlichsten sind Auszugführungen aus Metall oder Kunststoff, die gut funktionieren, leicht anzubringen und in verschiedenen Längen und unterschiedlicher Belastbarkeit erhältlich sind. Mit der sogenannten Rollschubführung *(S. 29–30)* läßt sich eine Schublade ganz herausziehen, ohne daß sie herunterfällt. Führungen dieser Art eignen sich jedoch nur für Schränke, die aus mindestens 10 mm dickem Holz gebaut wurden; in dünnerem Material finden die Befestigungsschrauben, die von der Innenseite her eingedreht werden müssen, keinen Halt.

Für Schränke aus dünnem Material sind von außen angeschraubte Leisten als Führung geeigneter *(S. 30–31);* die Schraubenköpfe werden versenkt und die Löcher mit Holzkitt ausgefüllt. Führungen dieser Art können auch in Schränken aus dickerem Holz anstelle der teureren Auszugführungen verwendet werden, sollten dann jedoch von innen angeschraubt werden.

Die Breite der Schublade richtet sich nach der gewählten Führung. Die auf Seite 29 bis 30 gezeigte Auszugführung zum Beispiel ist 12 mm dick; die Außenbreite der Schublade muß also 24 mm geringer sein als die Innenbreite des Schrankes. Werden Holzleisten als Führung benutzt, sollte zwischen Schublade und Schrankwand an beiden Seiten 3 mm Spielraum vorhanden sein.

Der letzte Arbeitsgang bei den meisten Schubladen ist das Anbringen einer sogenannten Aufdoppelung (auch Blende genannt). Sie kann mit den Seitenwänden bündig abschließen *(S. 32),* die Seitenwände des Schrankes teilweise überlappen oder genau in die Öffnung eingepaßt werden. Eine Aufdoppelung ist besonders bei Schubladen mit Auszugführungen zu empfehlen, weil sonst die Führungen in den Öffnungen zwischen der Schublade und den Seitenwänden des Schrankes sichtbar wären. (Wenn die Aufdoppelung in die Öffnung eingepaßt wird, muß beim Anbringen der Führung ihre Dicke berücksichtigt werden. Außerdem sollte sie 5 mm schmaler zugeschnitten werden, als die Öffnung breit ist, damit sie an den Seiten nicht klemmt.) Für die Aufdoppelung kann besseres Holz gewählt werden als das Material, aus dem die Schublade gebaut wurde; diese einfache Maßnahme trägt zur Verschönerung des Projekts bei und hält gleichzeitig die Kosten niedrig.

Eine Schublade mit genuteten und gefalzten Verbindungen

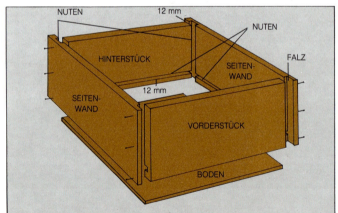

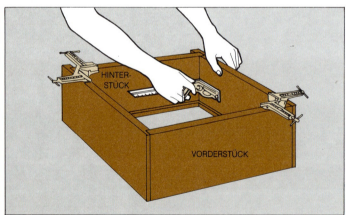

1 Fräsen der Nuten und Falze. Vorderstück, Hinterstück, Seitenwände und Boden der Schublade zuschneiden. Der Boden sollte 12 mm länger und 12 mm breiter sein als die Schublade nach ihren Innenmaßen. Anschließend in alle vier Teile die Nuten fräsen, in die der Boden eingesetzt wird, und zwar mindestens 10 mm von der Unterkante jedes Teiles entfernt. Die Nuten sollten 6 mm tief sein, ihre Breite muß der Dicke des Schubladenbodens entsprechen (gewöhnlich gleichfalls 6 mm). 12 mm von der Hinterkante der Seitenwände entfernt senkrechte Nuten fräsen, deren Breite der Dicke des Hinterstücks entspricht. Auch die Falze an der Vorderkante der Seitenwände sollten 6 mm tief sein und so breit wie das Vorderstück.

2 Ausrichten der Schublade. Die Teile der Schublade zusammenstecken, ohne sie vorerst zu leimen oder zu nageln. Eine der vorderen und eine der hinteren Ecken in Eckzwingen einspannen. Die Rechtwinkligkeit der Ecken durch Ansetzen eines Prüfwinkels in einer der nicht eingespannten Ecken kontrollieren *(oben).* Wenn der Winkel etwas größer ist als 90 Grad, ist das Vorderstück zu lang und muß behobelt werden. Ist der Winkel etwas kleiner als 90 Grad, ist das Hinterstück zu lang. Den Boden in die Nuten einsetzen; die Ecken überprüfen und die Kanten des Bodens gegebenenfalls behobeln. Die Schublade wieder auseinandernehmen.

3 **Zusammenbau der Teile.** Leim auf die Nut des Hinterstücks und einer Seitenwand auftragen. Hinterstück und Seitenwand zusammenfügen und den Boden einsetzen *(unten)*. Die Seitenwand an das Hinterstück nageln; die Nägel in Abständen von etwa 50 mm leicht schräg einschlagen. Die andere Seitenwand an Hinterstück und Boden leimen und die Seitenwand an das Hinterstück nageln. Zuletzt das Vorderstück anbringen und es dort, wo es auf die Seitenwände trifft, leimen und nageln; wo es auf den Boden trifft, nur leimen. Alle vier Ecken in Eckzwingen einspannen. Überschüssigen Leim mit einem feuchten Tuch abwischen und die Schublade zum Trocknen beiseite stellen.

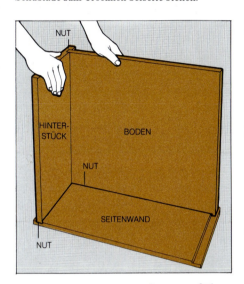

Führungslöcher für Schrauben

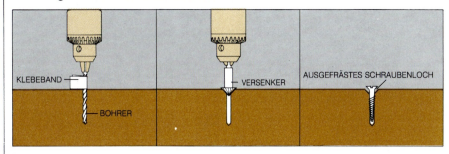

Die Haltekraft eines Nagels ist geringer als die einer Schraube. Schrauben sind nicht nur kräftiger, sondern überdies von Vorteil, wo ein Teil – wie zum Beispiel eine Auszugführung – versetzt werden muß oder ein Möbelstück auseinandergenommen und an anderer Stelle dann wiederum zusammengesetzt werden soll.

Für Schrauben sollten stets Löcher vorgebohrt werden. Sie verhindern das Reißen des Holzes und erleichtern das Eindrehen der Schrauben.

Um ein Führungsloch zu bohren, wählt man einen Bohrer, dessen Durchmesser etwas geringer ist als der Durchmesser der Schraube auf ungefähr halber Schafthöhe.

Dann wird die Schraube so an den Bohrer gehalten, daß die Bohrerspitze 2 mm über die Schraubenspitze hinausragt. Mit einem Stückchen Klebeband wird der Bohrer so umwickelt, daß die Unterkante des Klebebands die Stelle markiert, bis zu der das obere Ende des Schraubenschafts reicht; dann wird bis zu diesem Punkt das Loch gebohrt *(oben links)*.

Wenn der Schraubenkopf im Holz versenkt werden soll, wird die gebohrte Öffnung mit einem Versenker erweitert *(oben Mitte)*. Einfacher ist es, das Führungsloch und die Vertiefung für den Schraubenkopf in einem Arbeitsgang mit einer Kombination aus Bohrer und Versenker (dessen Loch genau Bohrerstärke haben muß) zu arbeiten. Dazu hält man die Schraube so an die Bohrerkombination, daß die Bohrerspitze 2 mm über die Schraubenspitze hinausragt und stellt den Versenker auf die Höhe des Schraubenkopfes ein.

Auszugführungen aus Metall oder Kunststoff

1 **Abmessen der Position.** In dem zur Schublade gehörenden Schrank einen Prüfwinkel so halten, daß der Anschlag am Oberboden liegt und das Lineal an einer der Seitenwände *(links)*. Mit dem Bleistift einen Punkt markieren, der der Schubladenhöhe plus 3 mm entspricht. Ein Beispiel: Ist die Schublade 100 mm hoch, den Punkt 103 mm unterhalb des Schrankoberbodens markieren. Den Prüfwinkel an der Seitenwand nach hinten verschieben und eine Reihe weiterer Markierungen anbringen, die jeweils 103 mm vom Oberboden entfernt sind. Mit Bleistift und Lineal eine Verbindungslinie zwischen den Punkten ziehen. Auf der gegenüberliegenden Seite ebenso verfahren.

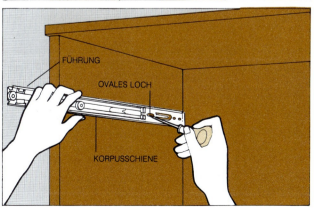

2 **Anzeichnen der Schraubenlöcher.** Die Unterkante des Korpusteils einer Auszugführung so an die Rißlinie halten, daß seine Vorderkante mit der Vorderkante des Schrankes bündig abschließt. (Achtung: Einige Auszugführungen sind nur für die Montage auf der rechten oder linken Seite geeignet.) Die Führung so weit ausziehen, daß alle Schraubenlöcher freiliegen; in der Regel sind es zwei ovale und mehrere runde Löcher. Die Führung festhalten, einen Spitz- oder Nagelbohrer in die Mitte jedes ovalen Loches stecken und die Löcher für die Schrauben vorstechen *(links)*. Bei Auszugführungen mit ausschließlich runden Löchern wird sinngemäß verfahren. Den Vorgang auf der anderen Seite wiederholen und die Korpusschiene mit zwei Schrauben befestigen.

3 **Anbringen der Schubladenschienen.** Die Schrauben für die Schubladenschienen in der Regel 15 mm von der Unterkante der Schublade entfernt anbringen (die Anweisung des Herstellers beachten). Den Anschlag eines Prüfwinkels gegen den Boden der Schublade drücken; dabei zeigt das Lineal nach oben. Mit dem Bleistift einen Punkt in 15 mm Höhe markieren und weitere Punkte auf ganzer Länge vom Vorderstück bis zum Hinterstück anbringen. Die Markierungen mit dem Bleistift verbinden. Die Schubladenschiene so halten, daß die Rißlinie in der Mitte der Schraubenlöcher sichtbar wird und die Schiene bündig mit dem Vorderstück abschließt. Mit Spitz- oder Nagelbohrer ein Loch in die Mitte jeder ovalen Schraubenöffnung stechen und die Schiene mit zwei Schrauben befestigen *(rechts)*. (In die restlichen Löcher vorerst keine Schrauben eindrehen.) Den Vorgang an der anderen Seite wiederholen.

4 **Überprüfen der Montage.** Die Schubladenschienen auf die Laufrollen der Korpusschienen schieben. Wenn die Schubladenschienen an die Stopper in den Korpusschienen stoßen, die Schublade vorn anheben, damit sie über die Stopper hinweg- und ganz in den Schrank hineingleiten kann. Zwischen dem Schrank und der Oberkante der Schublade sollten 3 mm Spielraum vorhanden sein, und das Vorderstück der Schublade sollte bündig mit der Vorderwand des Schrankes abschließen. Prüfen, ob die Schienen richtig angebracht sind, und die Schublade wieder herausnehmen.

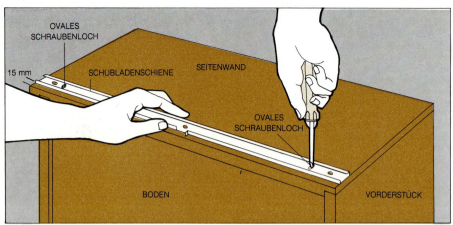

OVALES SCHRAUBENLOCH

15 mm

SCHUBLADENSCHIENE

SEITENWAND

OVALES SCHRAUBENLOCH

BODEN

VORDERSTÜCK

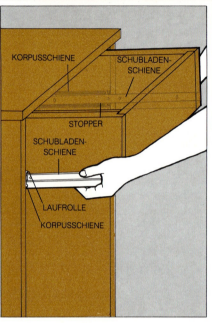

KORPUSSCHIENE

SCHUBLADEN-SCHIENE

STOPPER

SCHUBLADEN-SCHIENE

LAUFROLLE

KORPUSSCHIENE

KORPUSSCHIENE

SCHUBLADENSCHIENE

5 **Ausrichten der Führungen.** Sollte die Schublade nicht den richtigen Abstand zum Oberboden des Schrankes haben, die Schrauben an den Schubladenschienen lösen und die Führungen verschieben. Die Schrauben anziehen, die Schublade einführen und den Sitz überprüfen. Schließt die Schublade nicht bündig mit der Vorderwand des Schrankes ab, die Schrauben der Korpusschienen lösen; die Führungen nach vorn oder hinten verschieben und die Schrauben anziehen. Den Sitz überprüfen. Ist er einwandfrei, die Schublade herausziehen. Mit Spitz- oder Nagelbohrer in allen restlichen Schraubenöffnungen an Korpus- und Schubladenschienen Löcher vorstechen und die Führungen mit den restlichen Schrauben befestigen.

Hölzerne Führungen

1 **Zuschneiden und Anreißen der Führungen.** Um eine Schubladenführung in ihrer einfachsten Form – Leisten, auf denen die Schublade entlanggleitet – herzustellen, zwei Holzstücke von 18 x 18 mm genau der Tiefe des Schrankes entsprechend zuschneiden. Zum Abmessen der Position dieser Leisten – den in Schritt 1, Seite 29, für die Montage von Auszugführungen aus Metall oder Kunststoff gegebenen Anweisungen entsprechend – eine Reihe von Markierungen mit dem Bleistift anbringen. Eine Führungsleiste an die Seitenwand des Schrankes halten und die Oberkante der Leiste an den Markierungen ausrichten. Die Oberkante der Leiste als Lineal benutzen *(links)* und mit dem Bleistift eine Linie auf der Seitenwand des Schrankes anreißen. Den Vorgang für die zweite Führung an der anderen Seite wiederholen.

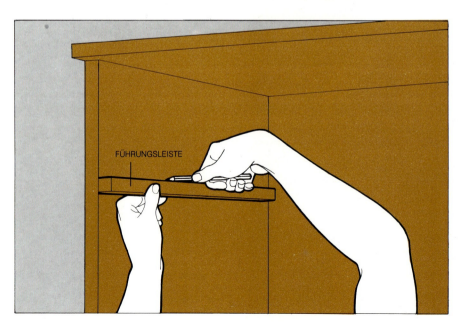

FÜHRUNGSLEISTE

2 Anzeichnen der Schraubenlöcher. Auf der Seitenwand des Schrankes einen Punkt 75 mm von der Vorderkante entfernt markieren. Den Anschlag eines Prüfwinkels so auf den Schrankoberboden legen, daß das Lineal an der Seitenwand anliegt *(rechts)*. Die Entfernung abmessen, die der Schubladenhöhe plus der Dicke des Schrankoberbodens plus der halben Führungshöhe sowie 3 mm Spielraum entspricht. Wenn die Schublade 100 mm hoch, der Oberboden des Schrankes 25 mm und die Führungsleiste 18 mm dick ist, muß die Entfernung vom Oberboden 137 mm betragen. Den Punkt mit dem Bleistift markieren. Eine entsprechende Markierung 75 mm von der rückwärtigen Kante des Schrankes entfernt anbringen, eine dritte in der Mitte zwischen beiden Markierungen. Mit einer Kombination aus Bohrer und Versenker auf den drei Markierungen Löcher durch die Schrankwand bohren. Den Vorgang auf der gegenüberliegenden Schrankwand wiederholen.

3 Anschrauben der Führung. Die Führung mit der Oberkante an der auf der Innenseite der Seitenwand angerissenen Linie ausrichten und fest andrücken. Dann von außen den Bleistift durch die drei in die Seitenwand gebohrten Löcher stecken und Markierungen auf der Führung anbringen. Die Führung auf dem Arbeitstisch befestigen und mit Spitz-oder Nagelbohrer die drei Markierungen zu Schraubenlöchern erweitern. Leim auf die Führung auftragen und die Leiste so an der Innenseite der Seitenwand anbringen, daß die drei Löcherpaare genau aufeinander liegen. Die Führung von außen mit Schrauben befestigen. Den Vorgang auf der anderen Schrankseite wiederholen. Die Schraubenlöcher mit Holzkitt ausfüllen und nach dem Trocknen überschüssigen Kitt abschleifen. Die Oberseiten der Führungsleisten mit Bohnerwachs einreiben. Für gutes Aussehen die Führungen von der Innenseite des Schrankes her befestigen. Die Führungen auf die richtige Länge zuschneiden und mit Bohrer und Versenker in jede Führung drei Löcher bohren. Um sie genau waagerecht anzubringen, Abstandhalter benutzen. Die Abstandhalter senkrecht an den Schrankoberboden stoßen lassen und die Führung dagegen drücken. Die Führung von innen anschrauben.

Nuten von Schubladen für hölzerne Führungen

1 Fräsen der Nuten. Schubladen lassen sich besser bewegen, wenn sie nicht auf der Oberfläche einer Leiste laufen, sondern Nuten in die Seitenwände der Schubladen gefräst wurden, in die die Leisten hineinragen. In diesem Fall die Schublade stets etwas schmaler bauen, damit genügend Spielraum für die Führungsleisten bleibt. Die Leisten in halber Schubladenhöhe plus der Dicke des Schrankoberbodens sowie der halben Höhe der Führung und 3 mm Spielraum anschrauben. In die Seitenwände der Schublade Nuten fräsen, die 18 mm breit sind und halb so tief, wie die Seitenwände dick sind. Die Oberkanten der Nuten sollten sich genau auf halber Höhe der Schubladen-Seitenwände befinden *(rechts)*.

2 Einpassen der Schublade. Die Schublade auf die Führungen schieben *(ganz rechts)*. Klemmt sie, die Nuten mit mittelfeinem Schleifpapier erweitern. Läßt sie sich mühelos bewegen, Führungen und Nuten mit Bohnerwachs einreiben.

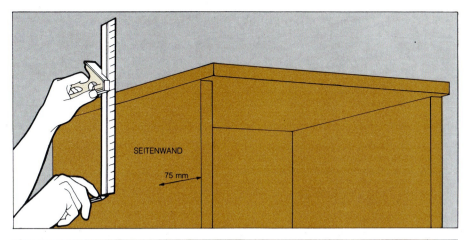

SEITENWAND

75 mm

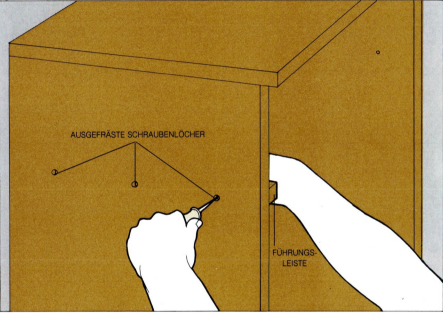

AUSGEFRÄSTE SCHRAUBENLÖCHER

FÜHRUNGS-LEISTE

FÜHRUNG FÜR OBERFRÄSE

SEITENWAND

HALBE SCHUBLADENHÖHE

HINTERSTÜCK

BODEN

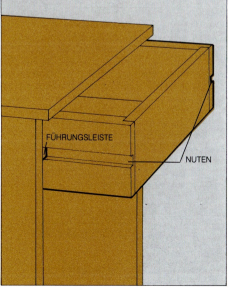

FÜHRUNGSLEISTE

NUTEN

Anbringen von Aufdoppelungen

1 Anreißen des Holzes. Den Schrank von der Außenkante einer Seitenwand bis zur Außenkante der anderen abmessen. Von einem Holzstück, das mindestens 25 mm breiter als die Schublade hoch ist, ein Stück absägen, dessen Länge genau der Schrankbreite entspricht. Dieses Holzstück so an das Vorderstück der Schublade halten, daß zwischen ihm und der Kante des Schrankoberbodens ein Spielraum von 3 mm bleibt; an den Außenkanten sollte die Aufdoppelung mit den Seitenwänden des Schrankes bündig abschließen. Die Aufdoppelung festhalten, die Schublade ein wenig aufziehen und auf der Aufdoppelung Ober- und Seitenkanten der Schublade markieren (unten).

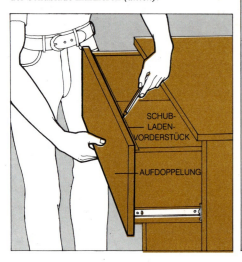

SCHUB-
LADEN-
VORDERSTÜCK

AUFDOPPELUNG

SCHRAUBEN-
LÖCHER

MARKIERTE
LINIEN

AUFDOPPELUNG

VORDER-
STÜCK

2 Zuschneiden und Anbringen der Aufdoppelung. Die Aufdoppelung mit der daraufgestellten Schublade auf den Arbeitstisch legen und die Schublade an den Führungslinien auf der Aufdoppelung ausrichten. Mit einer weiteren Linie die Unterkante der Schublade auf der Rückseite der Aufdoppelung markieren. Direkt neben dieser Rißlinie auf der Abfallseite der Aufdoppelung sägen.

Schublade und Aufdoppelung mit Zwingen zusammenspannen und am Arbeitstisch befestigen. Von innen (links) zwei Führungslöcher durch das Vorderstück und ein paar Millimeter in die Aufdoppelung bohren; ihre Position braucht nicht genau abgemessen zu werden. Da das Vorderstück meist nicht sehr dick ist, zu tiefes Bohren vermeiden. Zwei Schrauben eindrehen, die bis etwa in die Mitte der Aufdoppelung reichen.

Schubladengriffe

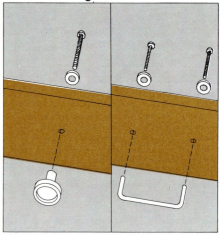

Anbringen von Griffen. An einer kleinen Schublade mit leichtem Inhalt einen Griff anbringen; bei größeren Schubladen mit schwererem Inhalt zwei Griffe verwenden. Knopfgriffe und Bügelgriffe (oben) eignen sich gleich gut. Die Position der Griffe richtet sich teils nach dem persönlichen Geschmack, teils nach dem Größenverhältnis zwischen Schublade und Griffen. Man sollte sie jedoch auf gleicher Höhe wie die Führungen anbringen, dann lassen sich die Schubladen am leichtesten öffnen und schließen. Ein einzelner Griff sollte in der Mitte angebracht werden. Bringt man zwei Griffe an, beträgt die Entfernung zu den Seitenwänden in der Regel 50 bis 75 mm. Eine genaue Montageanleitung findet sich auf Seite 97.

Einen Bohrer auswählen, der den gleichen Durchmesser hat wie die Griffschraube. Die Schublade am Arbeitstisch befestigen und durch die Schublade und die Aufdoppelung bohren; untergelegte Stücke Abfallholz verhindern das Bohren bis in den Arbeitstisch. Dann die Schrauben von der Innenseite der Schublade einführen und die Griffe an ihnen befestigen.

Probleme mit Schubladen

☐ KLEMMENDE SCHUBLADEN. Um die kritischen Stellen zu finden, Kreide auf den Ober- und Unterkanten der Schublade und gegebenenfalls in den Nuten verreiben. Die Schublade mehrere Male öffnen und schließen. An den unebenen Stellen, an denen die Schublade klemmt, reibt sich die Kreide ab. Folgen diese Unebenheiten dem Faserverlauf, werden sie mit dem Hobel geglättet; liegen sie quer zur Faser, das Holz mit mittelfeinem Schleifpapier bearbeiten. Außerdem sollte man die Schublade ganz herausziehen, nach vorstehenden Nagelköpfen absuchen und diese gegebenenfalls mit einem Senkstift versenken.

☐ GELOCKERTER BODEN. Stoßen die Seitenwände stumpf auf den Boden, schiebt man einen Keil – zum Beispiel die Spitze eines Schraubenziehers – an der lockeren Stelle zwischen Boden und Seitenwand und bringt etwas Leim ein. Anschließend die nachgeleimte Stelle mit Nägeln sichern. Für eingenutete Böden gelten die unten für das Reparieren von gelockerten Verbindungen gegebenen Anweisungen.

☐ GELOCKERTE VERBINDUNGEN. Bei Verbindungen, die sich gelockert, aber noch nicht ganz gelöst haben, kann man mit Hilfe eines Zahnstochers Leim auftragen. Eine Eckzwinge anbringen, die Verbindung nageln und die Ecke gegebenenfalls mit Holz oder Winkelbeschlägen (S. 23) sicher verstärken.

☐ GELOCKERTE GRIFFE. Handelt es sich um einen von außen befestigten Griff, die Schrauben herausdrehen. Die Schraubenlöcher mit Holzkitt füllen oder mit Leim bestrichene Streichholz- oder Zahnstocherstücke einsetzen. Die Schrauben wieder eindrehen und den Holzkitt oder Leim trocknen lassen, bevor die Schublade wieder benutzt wird. Eine dauerhaftere Lösung, die das Problem am solidesten behebt, ist das Auswechseln der Griffe gegen solche, die von hinten befestigt werden (oben rechts).

Aus Kästen werden Schränke: Türen anbringen

Es gibt im Prinzip nur zwei Möglichkeiten, Kästen so zu verschließen, daß sie zu Schränken werden – mit angeschlagenen Türen *(unten)* und mit Schiebetüren *(S. 38–39)*. Zwar haben beide Methoden ihre Vorteile, die erste jedoch bietet verschiedene Möglichkeiten, eine Tür an einem Kasten zu befestigen. Die wichtigsten davon sind:

☐ STUMPF VORSCHLAGEND. Eine sogenannte stumpf vorschlagende Tür ist nicht in die Schranköffnung eingepaßt, sondern bedeckt die gesamte Vorderfront des Schrankes. Sie ist am leichtesten zuzuschneiden und anzubringen, weil sie nicht unbedingt exakt abgemessen werden muß und außerdem kleine Unregelmäßigkeiten am Schrank selbst verdeckt.

☐ TEILWEISE VORSCHLAGEND. Diese für Schränke mit Innenrahmen *(S. 24)* geeignete Variante muß mit Spezialbeschlägen wie dem auf Seite 36 abgebildeten halbverdeckten Band befestigt werden.

☐ ZWISCHENSCHLAGEND. Da diese Tür innerhalb der Schranköffnung liegt, muß sie sehr sorgfältig zugeschnitten und befestigt werden, wenn sie sich reibungslos öffnen und schließen lassen soll.

☐ ÜBERFÄLZT. Dieser Türtyp schließt besonders dicht ab, weil er halb in die Türöffnung eingepaßt ist und halb vorschlägt. Der vorschlagende Teil entsteht gewöhnlich durch einen Falz *(S. 18)* an allen vier Türkanten; eine überfälzte Tür entsteht aber auch, wenn man zwei Platten miteinander verleimt. Da die Bänder oder Scharniere genau in den Falz passen müssen, sollten sie zuerst gekauft und dann der Falz entsprechend geschnitten werden.

☐ ANEINANDERSTOSSENDE TÜREN. Hier stoßen zwei Türen in der Mitte einer großen Öffnung zusammen. Für diese Lösung sollte man sich stets entscheiden, wenn die Breite der Türöffnung ihre Höhe übersteigt, damit die Bänder oder Scharniere nicht überbeansprucht werden und möglicherweise brechen. Doppeltüren können vorschlagend, zwischenschlagend oder überfälzt angebracht werden. Die Mittelkanten können – wie hier abgebildet – so überfälzt werden, daß sie genau ineinanderpassen, aber auch stumpf aneinanderstoßen.

☐ GETRENNTE TÜREN. Dieser Schrank hat eine Mittelstrebe, die ihm größere Stabilität verleiht. Bänder oder Scharniere können an jeder beliebigen Kante – oben, unten, rechts oder links – angebracht werden. In der Regel werden die Beschläge, die zum Befestigen der Türen dienen, seitlich verankert – ob rechts oder links, richtet sich nach Standort und Verwendungszweck.

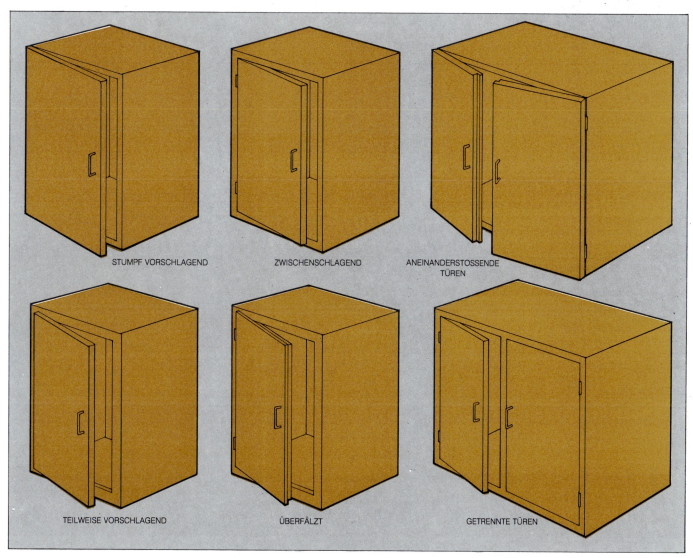

STUMPF VORSCHLAGEND

ZWISCHENSCHLAGEND

ANEINANDERSTOSSENDE TÜREN

TEILWEISE VORSCHLAGEND

ÜBERFÄLZT

GETRENNTE TÜREN

Beschläge: Typen und Techniken

Zum Anschlagen von Türen wird am häufigsten das einfache Gelenkband verwendet; es besteht aus zwei Schraublappen, einem Stift und dem Gewerbe – den um den Stift gerollten Lappenkanten. Bänder sind Beschläge, deren Lappen nicht fest miteinander verbunden sind und die sich auseinandernehmen lassen; bei Scharnieren sind die Lappen unlösbar miteinander verbunden. Für Gelenkbänder gibt es zwei Anbringungsmöglichkeiten: auf der Außenseite des Schrankes, so daß sie voll zu sehen sind, oder zwischen Tür und Schrank verborgen, so daß bei geschlossener Tür nur das Gewerbe sichtbar ist. Im zweiten Fall werden die Lappen „eingelassen", es werden also flache Vertiefungen ausgestemmt und die Lappen so eingepaßt, daß sie bündig mit der Holzoberfläche abschließen. Wer einmal gelernt hat, Gelenkbänder nach beiden Methoden anzubringen, kann die gleichen Techniken für jeden anderen Scharnier- oder Bandtyp anwenden.

Gelenkbänder eignen sich nur für zwischenschlagende Türen und für vorschlagende Türen, die die gesamte Vorderfront des Schrankes bedecken. Für überfälzte und teilweise vorschlagende Türen sind andere Beschläge erforderlich. Einige von ihnen werden in Verbindung mit den geeigneten Türen neben anderen Beschlägen auf Seite 36 und 37 vorgestellt.

Außer den abgebildeten gibt es noch weitere Bänder und Scharniere, die teils aufgesetzt, teils eingelassen werden. Für alle Arten von Bändern und Scharnieren mit Ausnahme von Klavierband *(S. 36 und 91)* gelten zwei Faustregeln: An jeder Tür, die länger ist als 600 mm, sollten drei Bänder oder Scharniere angebracht werden, und die Gesamtlänge der Lappen sollte etwa ein Sechstel der angeschlagenen Kante betragen. Ist eine Tür zum Beispiel 600 mm lang, verwendet man zwei 50-mm-Bänder; für eine 1800 mm lange Tür sollten drei 100-mm-Bänder genommen werden. Sind nur zwei Bänder erforderlich, werden sie gewöhnlich ein Viertel der Gesamtlänge der Tür von Ober- und Unterkante entfernt angebracht. Müssen drei Bänder verankert werden, montiert man eines in der Mitte und die anderen beiden 100 bis 125 mm von Ober- und Unterkante der Tür entfernt.

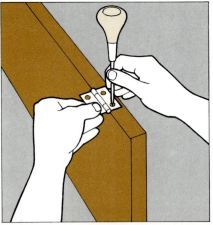

Aufgesetzte Gelenkbänder – Vorschlagende Türen

1 **Anbringen der Bänder an der Tür.** Den Lappen eines Bandes so an der Türkante ausrichten, daß das Gewerbe genau an der hinteren Kante liegt. Mit Spitz- oder Nagelbohrer die Schraubenlöcher vorstechen. Den Lappen anschrauben und den Vorgang mit dem oder den anderen Bändern wiederholen.

2 **Befestigen der Tür am Schrank.** Den Schrank auf die Rückwand und die Tür auf die Öffnung legen. An der Seitenwand des Schrankes mit Spitz- oder Nagelbohrer Löcher vorstechen und die Lappen der Bänder anschrauben.

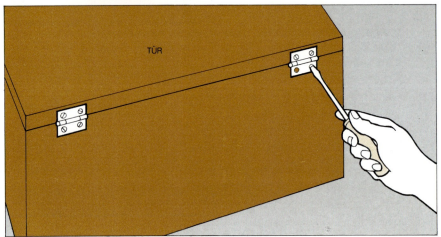

TÜR

Aufgesetzte Gelenkbänder – Zwischenschlagende Türen

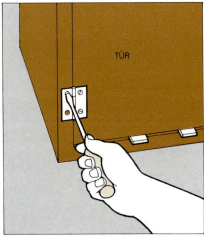

TÜR

1 **Anbringen der Bänder an der Tür.** Den Lappen eines Bandes so an der Vorderseite der Tür ausrichten, daß das Gewerbe genau an der Kante liegt. Schraubenlöcher vorstechen, den Lappen anschrauben und den Vorgang mit dem oder den anderen Bändern wiederholen.

2 **Befestigen der Tür am Schrank.** Den Schrank aufrecht hinstellen, die Tür in die Öffnung einpassen und mit kleinen Holzkeilen sichern, außer an der anzuschlagenden Seite, an der die Tür dicht an der Schrankwand anliegen sollte. An den auf der Schrankvorderkante aufliegenden Lappen Löcher vorstechen und danach die Lappen anschrauben.

Eingelassene Gelenkbänder – Vorschlagende Türen

1 Anreißen der Vertiefung. Bei einem zerlegbaren Band die beiden Teile zur Arbeitserleichterung voneinander lösen. Einen Lappen so auf die Rückseite der Tür legen, daß nur das Gewerbe über die hintere Türkante vorsteht. Den Umriß des Lappens mit dem Bleistift anreißen.

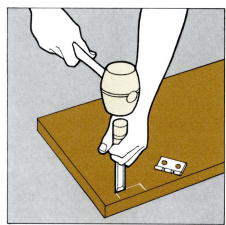

2 Ausstemmen der Vertiefung. Mit Stechbeitel und Holz- oder Gummihammer auf der angerissenen Linie einen Einschnitt machen, der ungefähr der Dicke des Lappens entspricht. Dabei den Stechbeitel genau senkrecht zur Fläche halten und die Fase dem auszustemmenden Stück zuwenden. Dann den Stechbeitel mit der Fase nach unten im flachen Winkel auf das Holz setzen und das Holz in kleinen Spänen herausstemmen; mit vielen kleinen, flachen Schnitten wird die Vertiefung glatter als mit wenigen großen. Zum Schluß die Vertiefung nur mit dem Stechbeitel auf die erforderliche Tiefe bringen, so daß der Lappen bündig mit der Holzoberfläche abschließt.

3 Anbringen des Lappens. Den Lappen in die Vertiefung legen und so ausrichten, daß nur das Gewerbe über die Türkante vorsteht. Löcher vorstechen und den Lappen anschrauben. Schritt 1 bis 3 für den oder die anderen Lappen wiederholen.

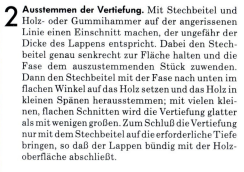

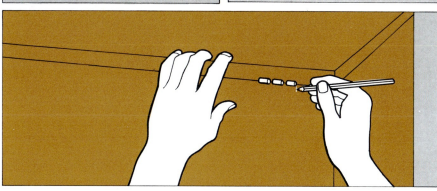

4 Befestigen der Tür am Schrank. Den Schrank auf die Rückwand und die Tür auf die Öffnung legen. Die Kanten aller angebrachten Lappen auf der Seitenwand des Schrankes markieren; die Tür beiseite stellen. Die Markierungen als Anhaltspunkte benutzen, die anderen Lappen auf die Vorderkante der Seitenwand legen und ihre Umrisse markieren. Innerhalb der angerissenen Linien Vertiefungen ausstemmen. Die Lappen anschrauben und die Teile der Bänder wieder verbinden. (Wird mit Scharnieren gearbeitet, deren Teile sich nicht lösen lassen, wie angegeben verfahren, die Umrisse der Lappen jedoch mit einem Prüfwinkel auf die Schrankwand übertragen.)

Eingelassene Gelenkbänder – Zwischenschlagende Türen

1 Anbringen der Bänder an der Tür. Die Lappen der Bänder an der Seitenkante der Tür entsprechend den oben in Schritt 1 bis 3 gegebenen Anweisungen einlassen. Darauf achten, daß das Gewerbe über die Vorderkante der Tür hinausragt.

2 Befestigen der Tür. Den Schrank aufrecht hinstellen, die Tür in die Öffnung einpassen und an der Ober- und Unterkante mit dünnen Holzkeilen sichern. Die Kanten der Lappen an der Vorderseite des Schrankes markieren und die Tür herausnehmen. Die an der Vorderseite des Schrankes angebrachten Markierungen als Anhaltspunkte benutzen und die Lappen so an die Schrankinnenseite legen, daß die Gewerbe herausragen. Die Umrisse der Lappen anreißen und die Vertiefungen ausstemmen. Die Lappen anschrauben. (Bei Scharnieren entsprechend den für vorschlagende Türen in Schritt 4 gegebenen Anweisungen verfahren.)

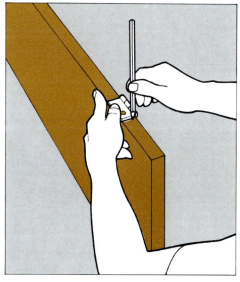

TÜR

Spezielle Beschläge

Halbverdecktes Band. Bei diesem Bandtyp ist nach der Montage ein Lappen zu sehen, der andere nicht. Er eignet sich für überfälzte und teilweise vorschlagende Türen. Den sichtbaren Lappen auf der Vorderseite des Schrankes aufsetzen, den verdeckten, gekröpften Lappen in die Rückseite der Tür einlassen. (Bei überfälzten Türen muß der verdeckte Lappen doppelt gekröpft sein.)

Klavierband. Dieser Beschlag – der Fachausdruck lautet „Stangenscharnier" – ist im Grunde ein Gelenkscharnier, das sich über die gesamte Türlänge erstreckt. Es wird meist an zwischenschlagenden Türen verwendet und braucht nicht eingelassen zu werden. Die Tür so ausrichten, daß das geschlossene Scharnier zwischen Tür und Schrank liegt. Die Montage *(S. 91)* unterscheidet sich von der des Gelenkbands. Klavierbänder sind in verschiedenen Größen erhältlich und können mit einer Metallsäge zugeschnitten werden.

Winkelband. Dieser Beschlag ist an Sperrholzschränken die bessere Lösung als ein einfaches Gelenkband. Mit seinem gekröpften Lappen braucht er nicht an der Sperrholzkante befestigt zu werden, in der Schrauben schlecht halten, sondern kann auf die Oberflächen sowohl der Tür als auch des Schrankes geschraubt werden. Winkelbänder, die sich für vor- und zwischenschlagende Türen eignen, stets einlassen. Beim Einkauf darauf achten, daß die Kröpfung des Bandes der Sperrholzdicke genau entspricht.

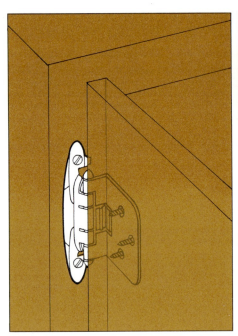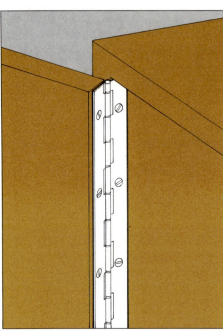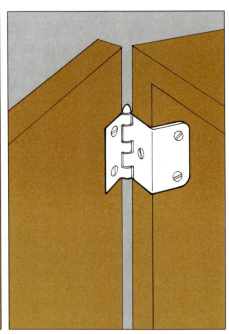

Topfband. Dieser von außen völlig unsichtbare Beschlag ist für stumpf vorschlagende Türen geeignet und kann auch dort angebracht werden, wo zwei Türen direkt nebeneinander liegen. Da der Drehpunkt eines Topfbandes innerhalb der Tür liegt, läßt sie sich öffnen, ohne zusätzlichen Platz zu beanspruchen. Um ein Topfband anzubringen, zeichnet man auf der Innenseite der Tür den Umriß des Topfes und auf der Innenseite der Schrankwand die Schraubenlöcher für die Verstellplatte an. Dabei ist sorgfältiges Ausrichten unerläßlich. Das Topfloch mit einem Forstnerbohrer in der vom Hersteller angegebenen Tiefe ausbohren, die Löcher für die Verstellplatte bohren und die Platte anschrauben. Die Tür von einem Helfer halten lassen, den Topf in das Loch einsetzen und die Bandteile verbinden. Zum Schluß die Tür mit Hilfe der Verstellplatte ausrichten.

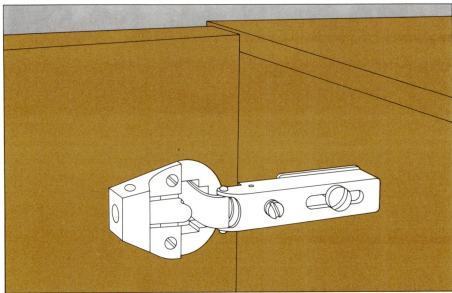

Schnäpper und Riegel. Ein beliebter Schnäppertyp *(unten)* besteht aus einer pfeilförmigen Halterung, die an die Tür geschraubt wird, und einer Haltevorrichtung mit Sprungfeder zum Befestigen an der Innenseite des Schrankes. Damit beide Teile genau ineinanderpassen, ist exaktes Abmessen unerläßlich. Nicht ganz so genaues Arbeiten ist bei dem ebenfalls allgemein gebräuchlichen Magnetschnäpper erforderlich *(unten Mitte)*. Ein Fallriegel *(unten rechts)* oder ein Schubriegel wird an der Außenseite einer zwischenschlagenden Tür angebracht und dient als Verschluß und Griff.

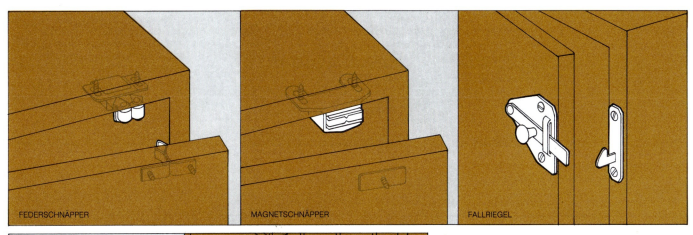

FEDERSCHNÄPPER

MAGNETSCHNÄPPER

FALLRIEGEL

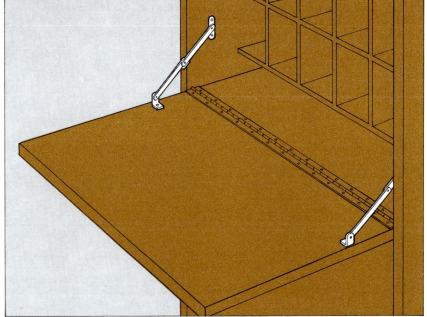

Klappenhalter. In Verbindung mit Bändern oder Scharnieren verwendete Klappenhalter sorgen dafür, daß sich eine Klappe nicht über das gewünschte Maß hinaus öffnet – gleich, ob sie, wie abgebildet, unten oder aber seitlich angeschlagen ist. Im Handel sind verschiedene Typen erhältlich, deren Anbringung teils einfach, teils auch schwieriger ist, alle werden jedoch an der Innenseite des Schrankes und der Klappe angeschraubt.

Probleme mit Türen

Es gibt zwar viele Gründe für schlechtes Funktionieren von Türen, aber im Grunde nur zwei Symptome: Sie lassen sich entweder schwer öffnen oder bleiben nicht geschlossen. Im folgenden werden die häufigsten Problempunkte zusammen mit Lösungsmöglichkeiten in der Reihenfolge aufgeführt, in der sie überprüft werden sollten:

☐ VERZOGENE TÜR. Die beste Lösung besteht natürlich darin, die Tür durch eine neue zu ersetzen; man kann sich aber auch durch Anbringen eines Riegels helfen.

☐ GELOCKERTE SCHRAUBEN. Alle Schrauben, mit denen die Scharniere oder Bänder befestigt sind, durch längere ersetzen, oder – wenn längere Schrauben das Holz vollständig durchdringen würden – die Schraubenlöcher mit Holzsplittern (etwa Streichhölzern) und Leim füllen und die alten Schrauben wieder einsetzen.

☐ TÜRKANTE KLEMMT. Um den Punkt zu entdecken, an dem eine Türkante klemmt, Kreide auf den Kanten verreiben und die Tür mehrere Male schließen. An den Stellen, an denen sie klemmt, wird die Kreide abgerieben. Die Tür abschrauben und die Unebenheiten mit Hobel oder Schleifpapier glätten.

☐ SCHIEFSITZENDER SCHNÄPPER. Die Halterung von der Tür abschrauben und nach genauem Abmessen wieder anbringen. Möglicherweise müssen die alten Schraubenlöcher mit Holzkitt ausgefüllt und glattgeschliffen werden.

Führungsschienen: Eine Alternative zu Beschlägen

Wie die Abbildungen rechts zeigen, gibt es verschiedene Möglichkeiten, Führungsschienen für Schiebetüren herzustellen: indem man im Handel erhältliche Schienen montiert, Nuten fräst oder Leisten aufsetzt. (Anstatt mit der Oberfräse kann man die Nuten auch mit einem Nuthobel arbeiten.) Maschinell hergestellte Führungsschienen sind in der Regel die beste und einfachste Lösung. Sie sind nicht nur leicht anzubringen, sondern auch so glatt und gerade, daß die Türen immer einwandfrei funktionieren. Von den beiden anderen Methoden ist das Ausfräsen von Nuten die bessere. Weil die Führungsschienen in den Schrank eingefräst und nicht – wie bei der anderen Methode – angenagelt werden, sehen sie hübscher aus und fallen weniger ins Auge. Wer jedoch keine fertigen Schienen anbringen will und weder eine Fräse noch einen Nuthobel besitzt, kann Leisten annageln.

Da Schiebetüren nicht so dick sein müssen, daß sie Schrauben Halt bieten, können sie aus dünnerem Holz hergestellt werden als angeschlagene Türen. Außerdem lassen sich Türen aus dünnem Holz leichter bewegen als solche aus dickerem Material, weil sie weniger wiegen und weniger Reibung erzeugen. Da sich dünnes Holz jedoch leicht verzieht und eine verzogene Tür sich nur schlecht bewegen läßt, sollte nur Material verwendet werden, das sich praktisch nicht verziehen kann. Für die meisten Schränke ist Sperrholz bester Qualität von 9 oder 12 mm Dicke (S. 58) geeignet; wo es auf das Aussehen nicht ankommt, kann auch 6 mm dicke Spanplatte verwendet werden.

Alle Arten von Führungsschienen sollten vor dem Zusammenbau des Schrankes angebracht werden. Dabei sollte man jedoch stets die vorgesehene Methode des Zusammenbaus beachten. So dürfen zum Beispiel die Führungsschienen in der Regel nicht über die ganze Holzbreite laufen, weil an den Kanten noch genügend Platz für die vorgesehenen Verbindungen bleiben muß.

Damit die Türen passen, sollten sie erst nach dem Zusammenbau des Schrankes genau zugeschnitten und eingepaßt werden (gegenüberliegende Seite).

Als Faustregel kann gelten, daß nur solche Schränke mit Schiebetüren ausgestattet werden sollten, die nicht viel höher als 600 mm und mindestens doppelt so breit wie hoch sind. Auf hölzernen Führungsschienen laufende Schranktüren sind schwerer zu bewegen; die Schienen sollten deshalb nicht länger sein als 1200 mm. Damit man die Türen einsetzen und ausheben kann (gegenüberliegende Seite, Schritt 2), müssen die oberen Führungsschienen mindestens 5 mm tiefer sein als die unteren.

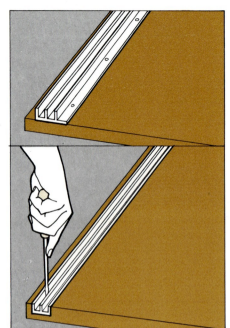

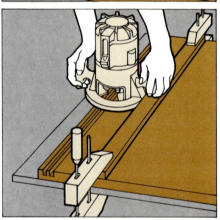

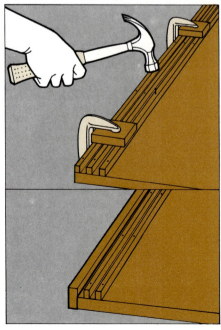

Führungsschienen anbringen

Aus Metall oder Kunststoff. Maschinell hergestellte Führungsschienen werden gewöhnlich paarweise angeboten: eine flache untere und eine tiefere obere Schiene. Sie sind in verschiedenen Längen erhältlich und können mit einer Metallsäge auf jedes gewünschte Maß zugeschnitten werden. Führungsschienen aus Metall oder Kunststoff können aufgesetzt (links oben) oder des besseren Aussehens wegen in Nuten eingepaßt werden, die zuvor in Oberboden und Boden des Schrankes gefräst wurden (unten). Sollen Nuten gefräst werden, muß das Material, aus dem der Schrank besteht, mindestens 10 mm dicker sein als die tiefere Nut. Außerdem sollten die Nuten mindestens 10 mm von der Vorderkante des Oberbodens und des Bodens entfernt angebracht werden.

Gefräste Schienen. Da diese Führungsschienen in den Schrank gearbeitet werden, muß der Schrank aus mindestens 18 mm dickem Material bestehen, damit in den Boden 8 mm tiefe Nuten und in den Oberboden 13 oder 14 mm tiefe Nuten gefräst werden können. An beiden Schrankteilen die erste Nut 12 mm von der Vorderkante entfernt arbeiten und die zweite 6 mm hinter der ersten. Einen Finger- oder Nutenfräser verwenden und die Oberfräse an einer geradkantigen Führung entlangschieben, die zuvor an dem Werkstück befestigt wurde. Die Nuten mit Bohnerwachs einreiben.

Schienen aus Holzleisten. Hierfür werden in der Regel drei Massivholzleisten verwendet (links). Unten drei Leisten von 10 x 12 mm so anbringen, daß zwei 12 mm tiefe Führungen entstehen; oben mit 10 x 18 mm dicken Leisten 18 mm tiefe Führungen arbeiten. Jede Leiste sollte von der nächsten so weit entfernt sein, daß die Tür genau in die Vertiefung paßt; als Maß ein Stück vom Türmaterial verwenden. Die Leisten anleimen, mit Zwingen sichern und nageln. Eine andere Möglichkeit (links unten) besteht darin, die äußere Leiste durch ein Brett zu ersetzen, das an die Vorderkante des Schrankes genagelt wird. In jedem Fall die Führungen mit Bohnerwachs einreiben.

Anfertigen der Türen

1 Ausmessen und Zuschneiden. Zum Bestimmen der Höhe beider Türen *(unten)* den Abstand vom Boden einer unteren Führung bis zur Außenkante der entsprechenden oberen Führung messen und 6 mm addieren, damit die eingesetzten Türen in die obere Führung hineinragen. Zum Ermitteln der Breite der ersten Tür *(unten rechts)* die halbe Länge der Führungsschiene errechnen. Für die zweite Tür etwa 10 mm zugeben, damit sie die erste überlappt. Die Türen anschließend nach den errechneten Maßen zuschneiden.

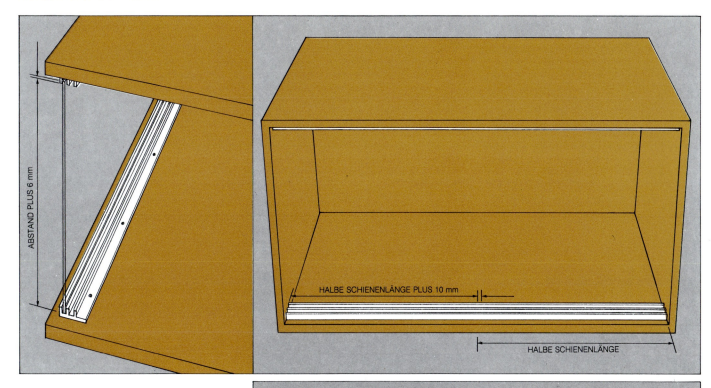

2 Fertigstellen und Einsetzen. Um die Reibung zu verringern, die Türkanten so glatt wie möglich schleifen und die Unterkanten mit Bohnerwachs einreiben. Zwei Griffmuscheln anbringen, die nicht tiefer sind als die Tür dick ist. Eine Muschel nahe dem linken Ende der linken Tür, die andere auf gleicher Höhe und mit dem entsprechenden Abstand an der rechten Tür anbringen. Dazu eine Öffnung in jede Tür bohren oder stemmen, die der Form der einzusetzenden Muschel genau entspricht. Zum Einsetzen jede Tür bis zum Anschlag in die obere Führungsschiene stecken und dann in die untere absenken. Die breitere Tür kommt in die innere Führung, damit die Türen in geschlossenem Zustand gleich breit erscheinen.

Die vertikale Dimension: Platz an den Wänden

Fast alle Gegenstände – vom Bücherregal bis zum Bett –, die wertvollen Platz auf dem Fußboden einnehmen, lassen sich günstiger unterbringen, indem man sie an der Wand befestigt. In der Regel sind Möbelstücke, die an einer Wand angebracht werden, nicht sehr tief, damit man ihren Inhalt bequem sehen und erreichen kann. Und damit man sich möglichst wenig hochrecken oder bücken muß, werden sie meist im Bereich zwischen Hüfthöhe und Reichweite der Arme aufgehängt. Um von der Vertikalen sinnvollen Gebrauch machen zu können, muß man sich über den Wandtyp orientieren sowie über das geeignetste Befestigungsmaterial zum Anbringen eines bestimmten Objekts.

Von außen sehen fast alle Wände gleich aus, aber in ihrer Bauweise gibt es beträchtliche Unterschiede. Die meisten Wände sind massiv und bestehen aus Vollziegeln, Kalksandvollsteinen oder Beton. Andere Wände sind hohl – sie wurden aus Hohlziegeln oder -steinen errichtet oder aus einem Plattenmaterial (zumeist Gipskarton) über einer Unterkonstruktion aus Holz oder Metall. Um

festzustellen, aus welchem Material eine Wand eigentlich besteht, bohrt man an einer möglichst unauffälligen Stelle ein kleines Loch hinein. An dem herausfallenden Bohrstaub kann man dann mit Hilfe der Tabelle auf Seite 42 erkennen, aus welchem Material die Wand errichtet wurde.

Zum Bohren in massiven Wänden werden Steinbohrer mit Hartmetallschneiden benötigt. Ist die Wand hohl, muß man feststellen, wie dick ihre Schale und wieviel Raum im Innern vorhanden ist, um das richtige Befestigungsmaterial wählen zu können.

Dazu biegt man die Spitze eines dünnen Drahtes ganz knapp rechtwinklig um und schiebt den Draht so weit wie möglich in das Testloch hinein. Der Abstand von der umgebogenen Spitze des Drahtes bis zur Außenseite der Wand zeigt, wie groß der Hohlraum plus Schale ist. Danach zieht man den Draht so weit heraus, daß das umgebogene Ende auf die Innenseite der Wand trifft; der Abstand vom umgebogenen Ende des Drahtes bis zur Außenseite der Wand entspricht nun der Schalendicke.

Als nächstes muß bedacht werden, welches Gewicht die Wand zu tragen hat. Einige Materialien – zum Beispiel die Mörtelfugen zwischen Ziegel- oder Betonsteinen – können keine Lasten tragen, deren Gewicht über 50 kg pro Quadratmeter hinausgeht. Aber alles mit Ausnahme kleiner Nippsachen wiegt wesentlich mehr – Bücher zum Beispiel etwa 100 kg pro Quadratmeter, ein 30 cm hoher Stapel Langspielplatten mehr als doppelt so viel; sechs 5-Liter-Kanister Farbe haben ein Gewicht von rund 110 kg. Mit der Badezimmerwaage kann man das Gewicht fast aller Gegenstände feststellen, die an die Wand gehängt werden sollen.

Wenn die Belastung relativ gering ist oder die Wand auf einer Unterkonstruktion aus Holzpfosten errichtet wurde (S. 42), genügen Nägel oder Holzschrauben als Befestigungsmaterial. In anderen Fällen muß man jedoch zu speziellen Befestigungsmaterialien wie den unten und rechts abgebildeten greifen. Wie aus der Tabelle auf Seite 43 ersichtlich, ist die Wahl des Befestigungsmaterials abhängig vom Wandtyp und der Belastung.

Befestigungsmaterialien

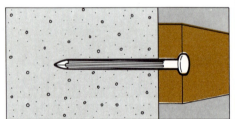

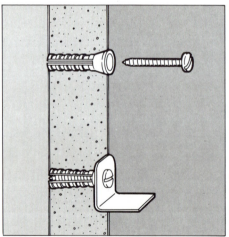

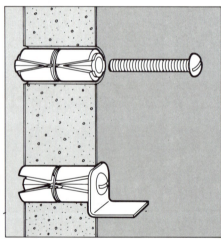

Stahlnägel. Diese Nägel eignen sich für das Einschlagen in Wände aus Vollziegeln, Kalksandsteinen oder Betonsteinen. Stahlnägel sind oft auf ganzer Länge des Schaftes fein gerillt; sie können mit einer dünnen Zinkschicht versehen (galvanisiert) sein, die das Rosten verhindert. Will man ein Stück Holz mit einem Stahlnagel auf einer massiven Wand befestigen, empfiehlt es sich, ein Loch im Holz vorzubohren, dessen Durchmesser etwas geringer ist als der des Nagels an seiner dicksten Stelle. Dadurch wird verhindert, daß sich das Holz eventuell spaltet. Den Nagel durch das vorgebohrte Holz in die Wand einschlagen.

Spreizdübel. Dübel sind Hüllen, die sich ausdehnen, wenn passende Schrauben eingedreht werden. Der gebräuchlichste Typ (oben) wird aus hochwertigem Kunststoff gefertigt; er ist aufgespalten, so daß er sich spreizen kann, und gerippt, damit er nicht aus der Wand herausrutscht. Spreizdübel sind vielseitig verwendbar und für massive Wände jeder Art geeignet. Zum Anbringen ein der Länge und dem Durchmesser des Dübels genau entsprechendes Loch bohren. Den Dübel einschlagen, eine Schraube in die Dübelöffnung stecken und fest eindrehen. Weniger gebräuchlich sind Dübel aus Faserstoff. Aus einem eingesetzten Faserdübel können Schrauben beliebig oft ein- und ausgedreht werden.

Dübel mit Spreizkonus. Dieser Dübeltyp, der für das Aufhängen schwerer Lasten in massiven Wänden geeignet ist, besteht meist aus Messing. Er ist in verschiedenen Ausführungen erhältlich, funktioniert aber stets nach dem gleichen Prinzip: Wird eine Keilschraube in der Hülse angezogen, spreizt sich der Konus des Dübels in der Wand. Bei dem oben abgebildeten Typ werden beim Eindrehen der Keilschraube Keile an beiden Enden des Dübels zur Mitte hingezogen und spreizen einen mit Draht zusammengehaltenen Konus. Hierfür ein der Länge und dem Durchmesser des Dübels entsprechendes Loch bohren. Den Dübel einschlagen und die Keilschraube fest anziehen. Die Schraube muß so lang sein, daß sie durch das anzubringende Objekt plus die Dübellänge reicht.

Holzdübel und Holzschrauben. Selbst hergestellte Holzdübel sind geeignet, relativ schwere Lasten in massiven Wänden zu tragen, und haben sich vor allem bei älteren und leicht bröckeligen Wänden bewährt. Von 20 bis 25 mm dickem Dübelholz ein 50 bis 75 mm langes Stück abschneiden. Mit einem Steinbohrer ein Loch in die Wand bohren – ebenso lang wie der Dübel, aber mit etwas geringerem Durchmesser. Den Dübel mit einem Hammer einschlagen. Ein Loch ins Zentrum des Dübels bohren, eine Holzschraube durch das aufzuhängende Objekt stecken und in den Dübel eindrehen. Dabei erweitert sich der in der Wand sitzende Dübel und sitzt unverrückbar fest.

Krallendübel. Die Schraube steckt in einer Umhüllung, die sich beim Eindrehen der Schraube zusammenzieht; so findet sie in hohlen Wänden festen Halt. Die Länge des Krallenschafts muß der Dicke der Mauer genau entsprechen. In die Wand ein Loch mit dem gleichen Durchmesser wie dem des Krallenschafts bohren und die Kralle einsetzen *(oben)*. Einige Typen besitzen einen Kragen um den Schraubenkopf, in dessen Schlitze man einen Schraubenzieher steckt, um die Schraube festzuhalten, während sie mit einem zweiten Schraubenzieher eingedreht wird *(Mitte)*. Die Schraube nicht zu fest anziehen. Die Schraube herausdrehen, durch das anzubringende Objekt stecken und wieder in die Hülle einschrauben.

Kippdübel. Wie Krallen sind auch Kippdübel zum Befestigen von Gegenständen an hohlen Wänden geeignet, können aber schwerer belastet werden. Ein gebräuchlicher Typ ist der Federkippdübel; seine Hülle besteht aus zwei mit einer Feder verbundenen Balken, die in der Wand aufspringen. Das Bohrloch muß den gleichen Durchmesser haben wie der geschlossene Dübel. Mit einem Draht kontrollieren, ob in der Wand genügend Platz vorhanden ist, damit sich die Balken öffnen können. Vor dem Einsetzen den Kippmechanismus abschrauben und die Schraube durch den aufzuhängenden Gegenstand stecken. Den Kippmechanismus wieder anschrauben, die Schraube in das Loch eindrehen und fest anziehen.

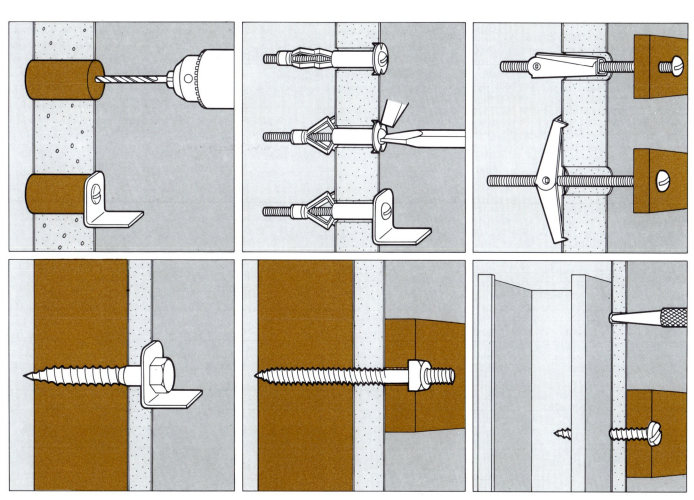

Schlüsselschrauben. Schrauben dieser Art eignen sich zum Aufhängen besonders schwerer Gegenstände wie etwa Schränken an hölzernen Stützpfosten oder – in Verbindung mit Spreizdübeln – an massiven Wänden. Sie sind in verschiedenen Durchmessern und Längen bis zu 400 mm erhältlich; ihr sechskantiger Kopf wird nicht mit einem Schraubenzieher, sondern mit einem Schraubenschlüssel gedreht. Will man eine Schlüsselschraube in einen Holzpfosten eindrehen, ein Loch, dessen Durchmesser etwas geringer ist als der der Schraube, durch die Wand in den Pfosten bohren, die Schraube durch das aufzuhängende Objekt – meist kräftige Stahlwinkel oder andere metallene Tragarme – führen und mit einem passenden Schlüssel eindrehen.

Stockschrauben. Dieser Schraubentyp besitzt an einem Ende ein grobes Holzschraubengewinde, am anderen ein metrisches Gewinde wie eine Maschinenschraube. Auch Stockschrauben dienen zum Aufhängen schwerer Gegenstände an hölzernen Stützpfosten. Ein Loch, dessen Durchmesser etwas geringer ist als der der Schraube, durch die Wand bis in den Pfosten bohren, das Ende mit dem groben Gewinde hineinschieben und die Schraube anziehen, indem man das gewindelose Mittelstück mit einer Greif- oder Kombizange dreht. Dieses Mittelstück und der Teil mit dem feineren Gewinde müssen außerhalb der Wand bleiben. Ein Loch durch den aufzuhängenden Gegenstand bohren, ihn auf die Schraube aufstecken und mit einer Mutter sorgfältig sichern.

Blechschrauben. Diese Schrauben werden bei Wänden benötigt, die über einer Unterkonstruktion aus Metall errichtet wurden. Das Gewinde erstreckt sich über die gesamte Schaftlänge, der Kopf kann mit Längs- oder Kreuzschlitzen versehen sein. Zum Einsetzen einer Blechschraube zuerst ein Loch in die Wand bohren, bis man auf den Metallpfosten trifft. Mit einem Körner eine kleine Vertiefung als Ansatzpunkt für den Bohrer ins Metall schlagen. Mit einem HSS (Hochleistungs-Schnellstahl)-Bohrer ein Loch in den Pfosten bohren, dessen Durchmesser nur halb so groß ist wie der der Schraube. Die Schraube durch den aufzuhängenden Gegenstand und die Wand in den Pfosten eindrehen – sie schneidet sich ihr Gewinde selbst.

Zur Wand passende Befestigungen

Die Tabelle rechts gibt an, wie man die verschiedenen Wandtypen erkennt; auf der gegenüberliegenden Seite finden sich Hinweise auf die den Wandtypen entsprechenden Befestigungsmaterialien. Die Tabelle rechts wird folgendermaßen benutzt: Man bohrt ein Loch in die Wand und sucht in der linken Spalte nach einer Entsprechung für den herausfallenden Bohrstaub und den Widerstand, auf den man beim Bohren stößt; die rechte Spalte gibt an, um welchen Wandtyp es sich handelt. Anschließend muß festgestellt werden, wie schwer der aufzuhängende Gegenstand ist, dann wählt man anhand der Tabelle auf der gegenüberliegenden Seite das geeignetste Befestigungsmaterial aus.

Die Befestigungsmaterialien in der Spalte „Leichte Belastung" sind in erster Linie für Arbeiten auf dem Gebiet der Innenausstattung wie das Anbringen von Paneelen, Fußleisten und dergleichen sowie das Aufhängen von Bildern gedacht.

In die Rubrik „Leichte bis mittlere Belastung" gehören Gegenstände wie kleine Vitrinen und Borde für Kofferradios, Zierteller und dekoratives Küchengerät. Viele der in dieser Spalte erwähnten Befestigungsmaterialien können an massiven Wänden jedoch auch schwerere Lasten tragen.

Die für „Schwere Belastung" geeigneten Materialien tragen Schränke mit Schallplatten oder Porzellan, aber auch Regale mit Büchern oder einer Stereoanlage.

Am tragfähigsten sind massive Holzpfosten (unten). Bei Wänden in Leichtbauweise, die nicht auf einer hölzernen Unterkonstruktion errichtet wurden, müssen allerdings den Baustoffen entsprechende Spezialbefestigungen gewählt werden.

Feststellen des Wandtyps

Erscheint beim Bohren eines Testlochs . . .	dann wurden verwendet . . .
Zuerst weißer, dann grauer Staub; zuerst mäßiger, dann starker Widerstand	Putz über Kalksandsteinen oder Betonsteinen
Dunkler oder bräunlichgrauer Staub; gleichmäßig starker Widerstand	Kalksandsteine oder Betonsteine
Bräunlichgrauer Staub; gleichbleibend sehr starker Widerstand (der Bohrer dringt kaum in die Wand ein)	Massiver Beton
Weißer, dann rötlicher Staub; mäßiger, beim Erscheinen des rötlichen Staubes dann starker Widerstand	Putz über Vollziegeln oder Hochlochziegeln
Weißer Staub; anhaltend mäßiger Widerstand (Bohrer unter 75 mm Länge dringen nicht durch)	Dicker Putz (sogenannte „geworfene Wand")
Weißer Staub; wenig Widerstand, Bohrer dringt rasch durch	Gipskarton
Schwärzlicher Staub; geringer Widerstand	Schlackensteine, Bimsdielen oder -platten
Weißgrauer Staub; geringer Widerstand	Bläh- oder Gasbeton
Weißer Staub; anhaltend geringer Widerstand	Gipsdielen
Weißer Staub, Holzmehl; geringer, beim Erscheinen des Holzmehls mäßiger Widerstand	Gipskarton über Unterkonstruktion aus Holz
Weißer Staub, Metallspäne; geringer, beim Erscheinen der Metallspäne starker Widerstand	Gipskarton über Unterkonstruktion aus Metall

Auffinden von Stützpfosten. Zu einer Unterkonstruktion aus Holz gehörende Stützpfosten sind in der Regel – von Mitte zu Mitte gemessen – 350 bis 500 mm voneinander entfernt; meist sind sie in gleichmäßigen Abständen angebracht, so daß man die Position der anderen durch Messung auf der Wand ermitteln kann. Gelegentlich läßt sich die Position durch Klopfen auf die Wand ermitteln; besser ist es, ein kleines Loch in spitzem Winkel zur Wandfläche zu bohren und ein mindestens 500 mm langes Stück steifen Draht in das Loch zu stecken (rechts). Wo der Draht auf Widerstand stößt, steht ein Pfosten. Den Draht an der Stelle fassen, an der er in die Wand führt, und aus dem Loch herausziehen. Den Draht außerhalb des Loches im gleichen Winkel wie beim Einschieben an die Wand halten; sein Ende bezeichnet die Innenkante des Pfostens.

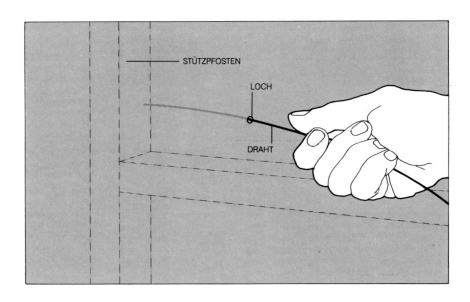

STÜTZPFOSTEN

LOCH

DRAHT

Die Wahl des richtigen Befestigungsmaterials

Wandtyp	Leichte Belastung	Leichte bis mittlere Belastung	Schwere Belastung
Kalksandsteine, massive Betonsteine	Stahlnagel bis 75 mm Holz- oder Kunststoffdübel mit passender Schraube	Kunststoffdübel oder Faserdübel, Schraubendurchmesser 3,5–4 mm	Kunststoffdübel oder Faserdübel, Schraubendurchmesser 6–8 mm Dübel mit Spreizkonus, Schraubendurchmesser 6 mm oder mehr
Ziegelsteine, Gas- oder Blähbeton	Stahlnagel bis 75 mm	Kunststoffdübel oder Faserdübel, Schraubendurchmesser 3,5–4 mm Holzdübel, Schraubendurchmesser 3,5–4 mm	Kunststoffdübel oder Faserdübel, Schraubendurchmesser 5–8 mm Dübel mit Spreizkonus, Schraubendurchmesser 6 mm oder mehr Holzdübel mit Schlüsselschraube, Durchmesser 6 mm oder mehr
Mörtelfugen zwischen Beton-, Ziegel- und Kalksandsteinen	Stahlnagel bis 75 mm Holzkeile für Nägel oder Schrauben	Kunststoffdübel oder Faserdübel, Schraubendurchmesser 4–5 mm	Nicht zu empfehlen
Lochziegel	Metall-Kippdübel, der durch aufzuhängendes Objekt plus Wandschale reicht	Kunststoff-Kippdübel mit passender Holzschraube Metall-Kippdübel, der durch aufzuhängendes Objekt plus Wandschale reicht	Kippdübel mit Schraube von 6 mm Durchmesser oder mehr
Dicker Putz	Stahlnagel 35–50 mm	Kunststoffdübel oder Faserdübel, Schraubendurchmesser 4–5 mm	Nicht zu empfehlen
Hohlräume in Betonsteinen	Stahlnagel 50 mm	Kunststoffdübel oder Faserdübel, Schraubendurchmesser 3,5–4 mm Kunststoff-Kippdübel mit passender Holzschraube Metall-Kippdübel, der durch aufzuhängendes Objekt plus Wandschale reicht	Dübel mit Spreizkonus, Schraubendurchmesser 6 mm oder mehr
Gipskarton Putz auf Putzträger	Krallendübel oder Nietanker entsprechend der Wanddicke	Krallendübel oder Nietanker entsprechend der Wanddicke Kunststoff-Kippdübel mit Schraube, Durchmesser 3,5–4 mm Metall-Kippdübel, der durch aufzuhängendes Objekt plus Wandschale reicht	Nicht zu empfehlen
Holzpfosten hinter Plattenmaterial	Kistennagel, der so lang ist, daß er zwei Drittel des Pfostens durchdringt	Kistennagel, der so lang ist, daß er zwei Drittel des Pfostens durchdringt Schraube mit 3,5–4 mm Durchmesser, Länge wie oben	Schraube, Durchmesser 5 mm oder mehr, die so lang ist, daß sie zwei Drittel des Pfostens durchdringt Schlüsselschraube, Durchmesser 6 mm oder mehr, Länge wie oben
Metallpfosten hinter Plattenmaterial	Blechschraube, Durchmesser 3 mm	Blechschraube, Durchmesser 3,5 mm	Blechschraube, Durchmesser 4 mm

Aufhängen von Regalen und Schränken

Wenn man weiß, aus welchem Material eine Wand besteht, und das geeignete Befestigungsmaterial zum sicheren Anbringen eines Schrankes oder Regals ausgewählt hat *(Tabellen S. 42 und 43),* muß man dafür sorgen, daß der Schrank oder das Regal auch vollkommen gerade befestigt wird. Je nach Belastung sollten die Tragarme im Abstand von 500 bis 800 mm angebracht werden. Ist der Abstand größer als 800 mm, biegen sich die meisten Regalborde durch. Außerdem sollten Bordenden nicht mehr als 200 mm über die äußeren Tragarme hinausragen, weil sie sich sonst leicht verziehen.

Sofern es sich um eine auf einer Unterkonstruktion aus Holz oder Metall errichtete Wand handelt, müssen zuerst den Anweisungen auf Seite 42 entsprechend die Stützpfosten lokalisiert werden, um die Tragarme daran zu befestigen. Da die Pfosten meist in Abständen von 350 bis 500 mm gesetzt werden, genügt es bei nicht allzu schwer belasteten Regalen, sie nur an jedem zweiten Pfosten zu befestigen.

Beim Anbringen eines Schrankes oder Regals an der Wand sollte man sich nicht auf sein Augenmaß verlassen, sondern mit einer Wasserwaage arbeiten *(Schritt 1 und 4).* Selbst in Neubauten sind Wände, Fußböden und Decken nur selten gerade.

Die gebräuchlichste Methode beim Anbringen von Regalen an den Wänden besteht darin, Tragarme zu verwenden, die entweder direkt an der Wand befestigt oder in Lochschienen eingehängt werden, die man zuvor an die Wand geschraubt hat. Tragarme allein werden meist dann verwendet, wenn nur ein einziges Brett als Wandbord befestigt werden soll. Hierfür eignen sich kräftige Stahlwinkel wie der rechts abgebildete oder ähnliche, dekorativere Metallwaren; ungeachtet ihrer äußeren Form werden sie im Prinzip immer auf die gleiche Weise angebracht.

Lochschienen und andere Haltevorrichtungen werden gewöhnlich benutzt, wenn mehrere Borde so angebracht werden sollen, daß sie nach Bedarf versetzt werden können. Wie Lochschienen an der Wand befestigt werden, ist auf Seite 46 erläutert. In bezug auf Form und Anbringungsmethode der Tragarme gibt es jedoch beträchtliche Unterschiede; einige Typen werden mit Montageanleitung auf Seite 47 vorgestellt.

Selbstverständlich kann man Borde auch in Schränken und Ecken, in Fensterleibungen und schmalen Korridoren anbringen, wo sie anstatt an der Rückkante an den Seitenkanten befestigt werden können. Hierfür gibt es spezielle Bordträger, von denen einige auf Seite 48 abgebildet sind.

Um schwere Möbelstücke sicher aufzuhängen – und im Bedarfsfall wieder abnehmen zu können –, kann man abgeschrägte Querleisten anbringen. Dazu schneidet man Leisten mit einem Querschnitt von etwa 25 x 100 mm im Winkel von 45 Grad auf und befestigt die eine Leiste an der Wand, die andere

an der Rückwand des aufzuhängenden Schrankes. Die Anleitung für die Herstellung solcher Leisten findet sich auf Seite 49.

Natürlich kann man Gegenstände nicht nur mit Hilfe von Schränken und Regalen an den Wänden unterbringen. Eine Möglichkeit, die Vertikale zu nutzen, besteht in der Verwendung von gelochter Hartfaserpappe, die in einer Dicke von 3,2 mm erhältlich ist. Die in Abständen von 15 oder 25 mm eingestanzten Löcher haben Durchmesser von 3 oder 4,5 mm. Außerdem gibt es Lochplatten aus Metall mit einer Dicke von 1,5 mm; die Löcher haben einen Durchmesser von 4,5 mm und sind in Abständen von 15 mm eingestanzt. Lochplatten lassen sich leicht an der Wand befestigen, indem man die Schrauben durch die bereits vorhandenen Löcher einführt. Um für Haken den nötigen Abstand zwischen Lochplatte und Wand zu erhalten, kann man einen Rahmen aus Leisten oder Gummistopper zwischen Wand und Lochplatte anbringen. In Metallwaren- und Heimwerkergeschäften gibt es für die verschiedenen Materialdicken passende Haken und Klemmen.

Mit einiger Phantasie kann man Lochplatten auf sehr unterschiedliche Weise nutzen und alle erdenklichen Gegenstände an ihnen aufhängen. Für große, sperrige Dinge hingegen kann man Eisenwinkel als Haken verwenden, während Holzdübel als Aufhängevorrichtung für kleinere Gegenstände in der Garage oder für Topfpflanzen auf der Terrasse dienen können.

Anbringen eines Wandbords

1 Ausrichten des ersten Tragarms. Den ersten Tragarm an der für das Bord vorgesehenen Stelle an die Wand und eine Wasserwaage senkrecht an Wand und Tragarm halten. Die Wasserwaage so ausrichten, daß die Luftbläschen in den Endlibellen genau in der Mitte stehen. Mit Spitz- oder Nagelbohrer durch jedes Schraubenloch hindurch ein Loch in der Wand vorstechen. Bei einer massiven Wand den Tragarm beiseite legen und die Löcher mit einem Steinbohrer bohren, und zwar genau auf dem markierten Punkt, denn schon eine kleine Abweichung kann das vorherige Ausrichten nutzlos machen. Den Tragarm mit geeignetem Material befestigen *(Tabelle S. 43).*

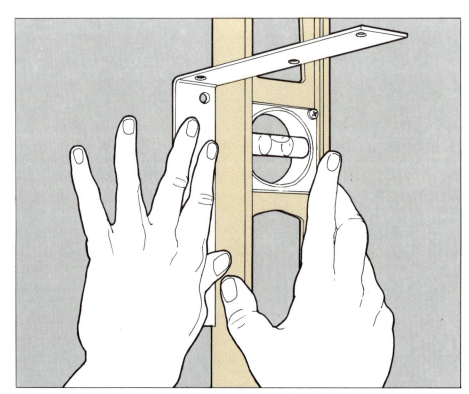

2 Anzeichnen der übrigen Tragarme. Sind für das Bord nur zwei Tragarme erforderlich, entscheiden, wie weit es seitlich über die Arme hinausragen soll. Diese Entfernung von beiden Enden des Bordes abmessen und auf der Unterseite markieren. Benötigt man mehr als zwei Tragarme, die Positionen der Tragarme an den Enden auf die gleiche Weise markieren. Dann den Abstand zwischen den Markierungen messen und die Zahl durch die Anzahl der zusätzlichen Tragarme plus eins teilen. Das Ergebnis ist ein gleichmäßiger Abstand zwischen allen Tragarmen.

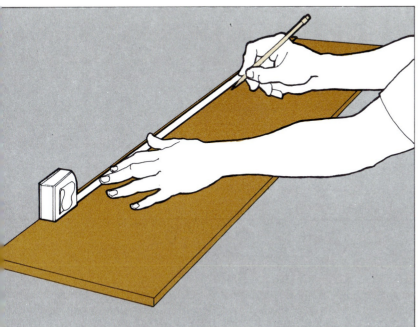

3 Anbringen des zweiten Tragarms. Den Tragarm auf eine der Markierungen auf dem Bord setzen (ausgenommen dort, wo der bereits an der Wand befestigte Tragarm angeschraubt werden muß). Den Tragarm an der Hinterkante des Bordes wie abgebildet mit einem Prüfwinkel ausrichten. Mit Spitz- oder Nagelbohrer Löcher durch die Schraubenlöcher vorstechen und den Tragarm mit Holzschrauben am Bord befestigen. Weitere Tragarme ebenso anschrauben, und zwar so, daß sie jeweils genau auf der zuvor auf der Unterseite des Bordes angebrachten Markierung ausgerichtet sind.

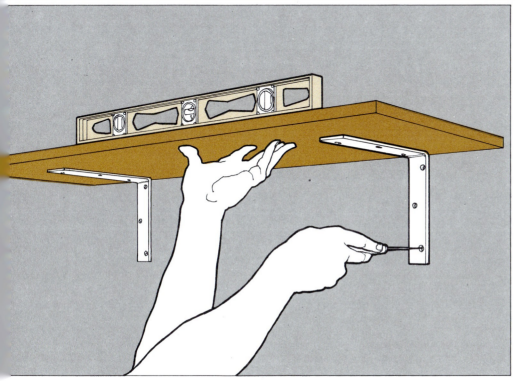

4 Ausrichten des Wandbords. Das Wandbord mit den bereits angeschraubten Tragarmen so auf den an der Wand befestigten Tragarm legen, daß die Mitte des Tragarms mit der angebrachten Markierung zusammentrifft. Eine Wasserwaage auf das Bord legen und das Bord so ausrichten, daß die Luftblase genau im Zentrum der mittleren Libelle steht. Die Schraubenposition mit Spitz- oder Nagelbohrer durch die Schraubenlöcher an der Wand markieren. Falls erforderlich, das Bord beiseite legen und Löcher für Dübel und Schrauben in die Wand bohren. Das Bord wieder auflegen und die Tragarme an der Wand befestigen. Durch die Löcher des zuerst an der Wand befestigten Tragarms mit Spitz- oder Nagelbohrer Löcher im Bord vorstechen und Holzschrauben eindrehen.

Anbringen von Borden mit Wandschienen

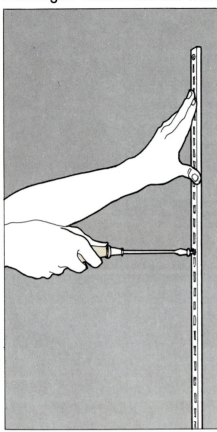

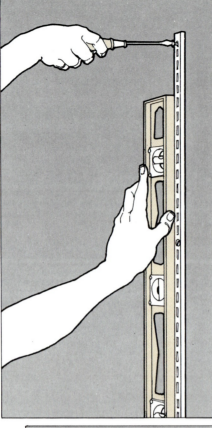

2 **Anbringen der Schiene.** Die Schiene mit der Wasserwaage in der Vertikalen ausrichten. Die Position der anderen Schraubenlöcher markieren und zum Bohren gegebenenfalls die Schiene zur Seite schieben. Darauf achten, daß genau im Zentrum der Markierungen gebohrt wird. Die übrigen Schrauben eindrehen.

3 **Einhängen der Borde.** Einen Tragarm in die eben angebrachte Schiene einhängen und einen weiteren in die entsprechenden Löcher einer zweiten Schiene. Die zweite Schiene so an die Wand halten, daß sie in der Mitte an der zuvor angebrachten Markierung ausgerichtet ist, und das Bord mit einer daraufliegenden Wasserwaage auf die Tragarme legen. Das Bord ausrichten, bis die Luftblase im Zentrum der mittleren Libelle steht. Ober- und Unterkante der zweiten Schiene auf der Wand anzeichnen; falls sie dazu zu lang ist, das nächstgelegene Schraubenloch auf der Wand markieren. Das Bord beiseite legen und die zweite Schiene wie in Schritt 1 und 2 beschrieben anbringen. Falls mehr als zwei Schienen erforderlich sind, Schritt 1 bis 3 wiederholen.

1 **Anzeichnen der ersten Schiene.** Den für das Regal vorgesehenen Platz auf der Wand markieren. Die Position der Endschienen und gegebenenfalls der Mittelschienen wie auf Seite 45 in Schritt 2 beschrieben berechnen, aber nicht auf den Borden, sondern auf der Wand markieren. Eine Schiene an einer für eine Endschiene angebrachten Markierung an die Wand halten. (Darauf achten, daß das richtige Ende nach oben zeigt; manche Schienen sind nur in einer Richtung zu gebrauchen.) Ein Schraubenloch markieren – das mittlere, sofern mehr als zwei vorhanden sind – und geeignetes Befestigungsmaterial anbringen. Die Schraube nicht zu fest anziehen, damit sich die Schiene zur Seite schieben läßt.

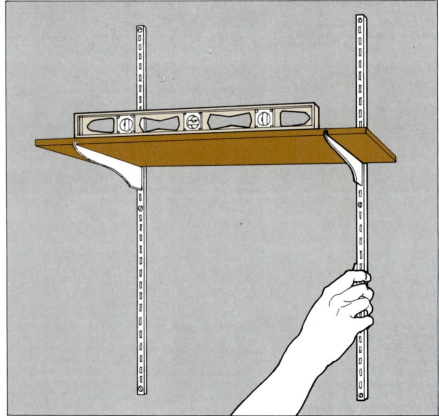

Beispiele für Schienen und Tragarme

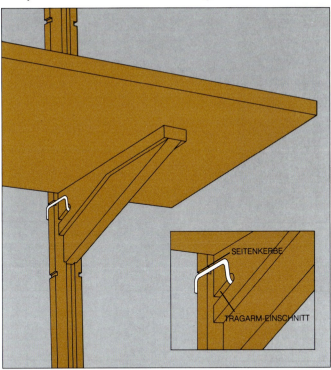

Klemmen anbringen. Hölzerne Tragarme werden mit metallenen Klemmen an Schienen befestigt, die gleichfalls aus Holz bestehen. Dazu steckt man das eine Ende der Klemme in eine Seitenkerbe der Schiene und dreht dann behutsam das andere Ende so weit, daß es in die andere Seitenkerbe einrastet. Die vorstehende Kante des Tragarms in die Mittelrille einführen und den Tragarm herunterschieben, bis er auf die Klemme trifft. Die Klemme so anheben, daß sie in den aufwärts gerichteten Einschnitt an der Unterseite des Tragarms gleitet. Damit die Borde unverrückbar festsitzen, empfiehlt es sich, die Oberflächen der Tragarme mit selbstklebenden Kissen zu belegen.

Gleitkiele einsetzen. Bei diesem System sind die Tragarme mit zweiteiligen Kunststoffkeilen ausgerüstet, die in mit einer Rille versehene Metallschiene eingesetzt werden. Die Tragarme können in jeder beliebigen Höhe angebracht werden. Um einen Tragarm zu befestigen, führt man einen Keil in die Schienenrille ein *(kleine Zeichnung)* und schiebt ihn bis zur gewünschten Höhe herunter, wobei Schiene und Tragarm im spitzen Winkel zueinander stehen müssen. Dann drückt man die Spitze kräftig herab, bis sich der Keil verklemmt und der Tragarm festsitzt. Um einen Tragarm abzunehmen oder zu versetzen, löst man die Verbindung, indem man einfach die Spitze des Tragarms nach oben drückt.

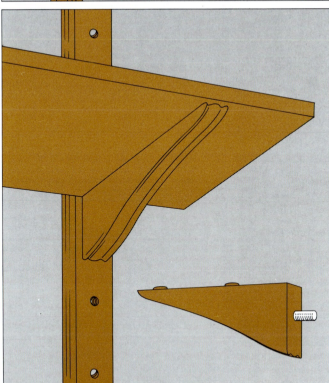

Schrauben eindrehen. Dieses dekorative System besteht aus hölzernen, mit Schrauben versehenen Tragarmen und Holzschienen mit den entsprechenden Schraubenlöchern. Um einen Tragarm zu befestigen, steckt man die Schraube in ein Loch und dreht den ganzen Tragarm, bis er festsitzt und waagerecht ist. Gummikissen auf der Oberfläche der Tragarme geben den Borden festen Halt.

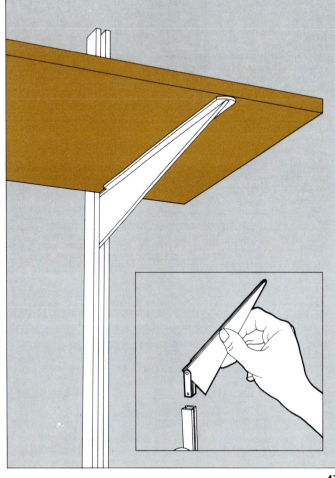

Seitliche Auflagen für Borde

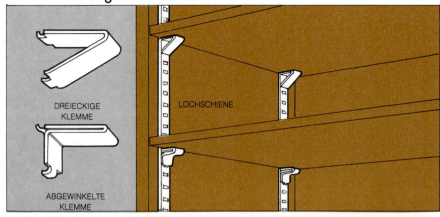

DREIECKIGE KLEMME

ABGEWINKELTE KLEMME

LOCHSCHIENE

Lochschienen und Klemmen. Lochschienen können an die Seitenwände eines Bücherregals oder an eine Wand geschraubt oder genagelt werden; man kann sie des besseren Aussehens wegen auch in Nuten einfügen, so daß sie bündig mit der Wand eines Möbelstücks abschließen. Die Klemmen mit einer Zange in die Löcher einführen. Die dreieckige Klemme *(oben)* ist wesentlich tragfähiger als die abgewinkelte *(unten).*

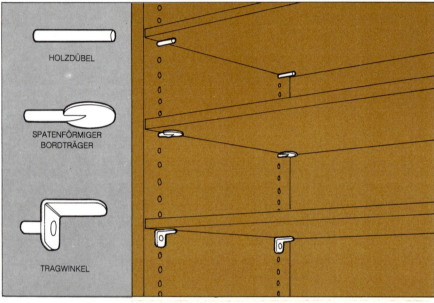

HOLZDÜBEL

SPATENFÖRMIGER BORDTRÄGER

TRAGWINKEL

Bordträger. Diese Träger in Löcher einsetzen, die ihrem Durchmesser entsprechend gebohrt werden. Holzdübel *(oben)* kann man wie auf Seite 41 beschrieben herstellen; ihre Länge und Dicke richtet sich nach der vorgesehenen Belastung des Bordes. Schaufelförmige Bordträger *(Mitte)* und Tragwinkel *(unten)* bieten im Gegensatz zu Dübeln eine ebene Auflagefläche. Beim Anzeichnen der Bohrlöcher unbedingt mit Wasserwaage und Lineal arbeiten. Werden die Borde kaum je versetzt, braucht keine Lochreihe gebohrt zu werden.

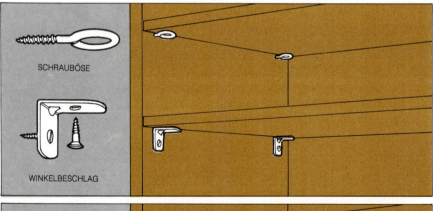

SCHRAUBÖSE

WINKELBESCHLAG

Schraubösen und Winkelbeschläge. Für geringere Lasten sind Schraubösen *(oben)* geeignet, die sich leicht in eine hölzerne Wand schrauben lassen; werden sie in Dübel gesetzt *(S. 40)*, sind sie auch für massive Wände geeignet. Kleine Winkelbeschläge fallen an den meisten Wänden kaum auf; je nach Größe sind sie für Belastungen bis zu 5 kg geeignet. Beide Lösungen sind nicht gerade dekorativ, erfüllen aber in einer Garage oder Bodenkammer ihren Zweck.

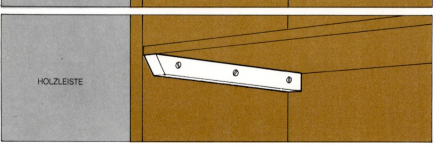

HOLZLEISTE

Holzleisten. Für stärkste Belastungen Leisten mit einem Querschnitt von 15 x 20 mm so zuschneiden, daß sie ungefähr 10 mm kürzer sind, als das Bord tief ist. Vor dem Anbringen der Leisten die Vorderkanten im Winkel von 45 Grad absägen. Bei besonders großer Belastung eine dritte Leiste als Versteifung unter der Hinterkante des Bordes befestigen und das Bord dann auf die angebrachten Leisten setzen. Borde, die nicht versetzt werden, mit kleinen, schräg eingeschlagenen Stauchkopfnägeln auf den Leisten befestigen.

Abgeschrägte Leisten als Aufhängevorrichtung

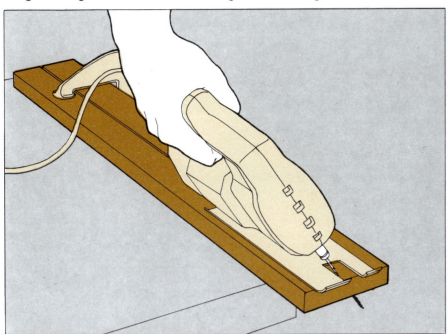

1 **Zuschneiden der Leisten.** Ein Stück Leiste mit einem Querschnitt von 25 x 100 mm, das etwas kürzer ist als die Rückwand des aufzuhängenden Schrankes, mit Zwingen am Arbeitstisch befestigen. Mit dem Fuchsschwanz oder einer auf einen Winkel von 45 Grad eingestellten Handkreis- oder Stichsäge die Leiste, wie abgebildet, durchsägen. Der Schnitt braucht nicht exakt zu sein, da die Schnittkanten auf jeden Fall zusammenpassen. Dabei die Säge natürlich so führen, daß sie nicht in den Arbeitstisch schneidet; falls es sich nicht vermeiden läßt, die Zwingen während des Schnittes lösen und etwas versetzen.

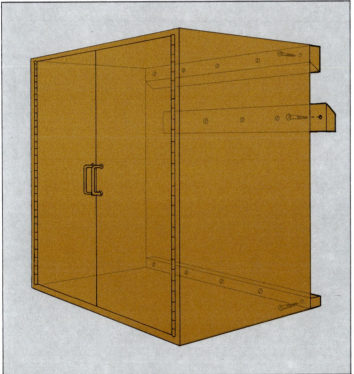

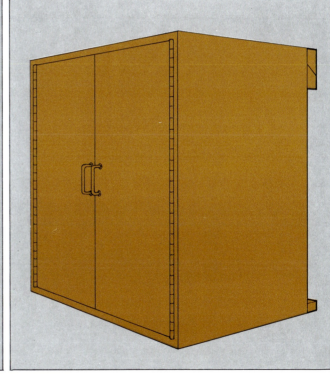

2 **Anbringen der Leisten.** Eine der Leisten, wie abgebildet, mit der abgeschrägten Seite nach oben an der Wand befestigen. Die zweite Leiste – mit der Abschrägung nach unten – mit Holzschrauben von innen so am Schrank anbringen, daß ihre Oberkante bündig mit der Oberkante der Schrankrückwand abschließt und die Schrauben mindestens 10 mm tief in die Leiste reichen. Damit der Schrank gerade hängt, an der Unterkante der Rückwand ein weiteres Stück Leiste mit einem Querschnitt von 25 x 25 mm befestigen.

3 **Aufhängen des Schrankes.** Den Schrank so auf die an der Wand angebrachte Leiste hängen, daß die abgeschrägten Seiten der Leisten genau aufeinanderliegen. Beim Bau eines solchen Schrankes kann man die Leisten verdecken, indem man Oberboden und Seitenwände so arbeitet, daß sie etwa 20 mm über die Rückwand hinausragen. Sollen sie nachträglich verdeckt werden, die Leisten ein paar Millimeter kürzer als eigentlich erforderlich zuschneiden und sie verkleiden, indem man Streifen aus dünnem Sperrholz aufnagelt.

600 mm

600mm

600mm

133mm

564mm

18mm

900mm

747mm

20mm

600

556mm

600mm

115mm

600 mm

75mm

600mm

Vom Start bis zum Ziel. Die Konstruktionszeichnungen *(Hintergrund links)* sind der Ausgangspunkt für den Bau dieses Allzweckschranks. Er ist so stabil gebaut, daß er in der Küche, im Wohnzimmer oder in der Werkstatt verwendet werden kann – je nachdem, wie seine Oberfläche bearbeitet wird. Das abgebildete Stück weist eine Schublade und ein versetzbares Bord auf, aber Abwandlungen sind ohne weiteres möglich: Man kann weitere Schubladen oder Borde einplanen, die hölzerne Griffleiste durch Griffe aus Metall oder Kunststoff ersetzen oder die freiliegenden Sperrholzkanten mit einem dekorativen Umleimer versehen.

Bevor man mit der Realisierung eines Projekts beginnt, sollte man sich drei grundsätzliche Fragen stellen: Welche Abmessungen soll das Stück, das man bauen möchte, haben? Wie sollen die einzelnen Teile zusammengefügt werden? Welches Material ist am geeignetsten? Die Antworten auf diese wesentlichen Fragen, und zwar eine nach der anderen und – wie im folgenden Kapitel – in ihrer logischen Abfolge gegeben, entscheiden letztendlich darüber, ob die vorgenommene Arbeit sinnvoll und darüber hinaus wirtschaftlich bewältigt wird.

Dieser grundlegende Planungsprozeß wird anhand des auf der gegenüberliegenden Seite abgebildeten Allzweckschranks erläutert, der auf erstaunliche Weise außerordentlich vielen Wünschen gerecht wird und zudem eines der einfachsten Projekte dieses Buches ist. Der Schrank dient als Beispiel für ein Projekt, das als bloße Idee seinen Anfang genommen hat und bis zum letzten Handgriff in der Realität verwirklicht wurde. Die gleiche Methode kann aber auch bei bereits existierenden Plänen angewendet werden, die man abwandeln möchte – möglicherweise, weil es sich herausgestellt hat, daß sie in der vorliegenden Form nicht so gut verwertbar sind wie zuvor gedacht. Dazu lassen sich auch die für die verschiedenen Projekte in diesem Buch gegebenen Anleitungen gebrauchen.

In jedem Fall – ob bereits vorhandene Pläne abgewandelt oder eigene ausgearbeitet werden sollen – besteht der erste Schritt im Anfertigen vollständiger Konstruktionszeichnungen *(S. 54–57).* Diese zweidimensionalen Darstellungen des Projekts – von der Seite, von vorn, von oben, von unten und von hinten – müssen die Abmessungen der einzelnen Teile genau erkennen lassen. In ihrer Funktion ähneln sie den Blaupausen des Architekten, aber man sollte sich von dieser Aufgabe dadurch nicht abschrecken lassen. Das Herstellen solcher Konstruktionszeichnungen ist bei weitem nicht so schwierig, wie es scheint, und man braucht kein gelernter technischer Zeichner zu sein, um brauchbare Ergebnisse zu erzielen.

Die Konstruktionszeichnungen haben ausschließlich den Zweck, alle notwendigen Informationen zu liefern, bevor man mit der eigentlichen Arbeit beginnen kann. Anfänger auf dem Gebiet der Holzbearbeitung sollten die Zeichnungen auf Millimeterpapier anfertigen, das in jedem Schreibwarengeschäft erhältlich ist und das maßstabgerechte Zeichnen zweifellos außerordentlich erleichtert.

Wer bereits einige Stücke gebaut hat, wird feststellen, daß er die Zeichnungen auch auf gewöhnlichem Papier anfertigen kann; wichtig ist einzig und allein, daß alle Abmessungen, Einzelteile und Verbindungen exakt notiert werden und damit sämtliche Beziehungen, in denen die verschiedenen Teile zueinander stehen; dazu gehört auch die Berücksichtigung des zur Verfügung stehenden Raumes, also zum Beispiel angrenzender Wände und Möbelstücke, da sonst unter Umständen auch die exaktesten Berechnungen hinfällig sein können, wenn etwa ein im Zimmer stehender großer Tisch den bequemen Zugang zum Schrank versperrt.

Mit der Fertigstellung der Konstruktionszeichnungen sind zugleich auch die ersten beiden Fragen beantwortet, nämlich die nach den Abmessungen und dem Zusammenbau; und für die Beantwortung der dritten Frage – welches Material? – sind bereits die Grundlagen geschaffen. Anhand der Konstruktionszeichnungen kann man nun eine Liste zusammenstellen, die alle erforderlichen Materialien enthält. Auch dafür liefert dieses Buch die notwendigen Informationen *(S. 58–61),* mit deren Hilfe man beim Holzhändler und in Heimwerkergeschäften genau spezifizieren kann, was man für die anfallenden Arbeiten benötigt.

Der erste Schritt:
Genormte Maße beim Festlegen von Abmessungen

Wer mit der Planung eines Projekts beginnt, hat meist schon eine ungefähre Vorstellung von der gewünschten Größe und von der Art, wie es sich in einen Raum einfügen soll. Bevor man jedoch mit der Ausarbeitung der Konstruktionszeichnungen beginnt, muß man die genauen Abmessungen eines Möbelstücks festlegen: Höhe, Breite und Tiefe.

Glücklicherweise braucht man dabei nicht aufs Geratewohl vorzugehen, denn es gibt die sogenannten Gebrauchsmaße im Möbelbau, die auf den Durchschnittsmaßen erwachsener Männer und Frauen basieren. Die Maße, die bei dieser Planung in erster Linie berücksichtigt werden müssen, sind in der Tabelle rechts zusammengestellt. Bei Behältnissen jeder Art sollten auch die Abmessungen der Gegenstände berücksichtigt werden, die man in ihnen unterzubringen beabsichtigt. Beim Bau von Möbelstücken für Kinder darf jedoch eines nicht vergessen werden: Die Proportionen des kindlichen Körpers schwanken je nach Alter erheblich; deshalb sollte man von den gleichen Anhaltspunkten ausgehen wie bei einem Erwachsenen, aber die Maße entsprechend reduzieren und auch das Wachstum berücksichtigen, denn ein Kind zwischen fünf und 16 Jahren wächst im Durchschnitt jährlich um 50 mm.

Der auf Seite 50 abgebildete Schrank, der auf den folgenden Seiten Schritt für Schritt geplant wird, geht von zwei Gebrauchsmaßen aus. Seine Höhe – 900 mm – setzt die Arbeitsfläche in einer Höhe an, die die meisten Menschen beim Arbeiten im Stehen als bequem empfinden; diese Höhe liegt einige Zentimeter niedriger als das Maß, das bei Männern und Frauen den durchschnittlichen Abstand zwischen Fußboden und Ellenbogen angibt (rechts). Die Schranktiefe – 600 mm – sorgt dafür, daß alles, was sich in oder auf dem Schrank befindet, bequem zu erreichen ist, weil sie gut 100 mm unter der Durchschnittslänge des ausgestreckten Armes liegt. Da es sich um Standardmaße handelt, paßt der

Schrank auch zu den meisten Küchen- und anderen Einbaumöbeln, die anhand der gleichen Normen entworfen wurden. (Für die ebenfalls gebräuchliche Arbeitshöhe von 850 mm müssen die Maße entsprechend abgewandelt werden.)

Natürlich spielen bei der Festlegung der endgültigen Größe weitere Faktoren eine Rolle: der verfügbare Raum, das Aussehen und das gewünschte Fassungsvermögen. Außerdem sollte man versuchen, das Material – Platten oder Massivholz (S. 60) – möglichst zweckentsprechend zu wählen und auch auf diese Weise zu nutzen.

Und schließlich sollte man das klassische Dilemma jenes Mannes vermeiden, der im Keller ein Boot baut und dann entscheiden muß, ob er, um es herauszubekommen, das Boot zerstören oder das Haus niederreißen soll. Man vergewissere sich beizeiten, daß das Möbelstück für den Transport an seinen Standort nicht zu groß ist. Dabei sollte nicht nur die lichte Weite von Türen in Betracht gezogen werden, sondern auch der Raum, der zum Wenden in Korridoren erforderlich ist. Bei großen Projekten muß der Zusammenbau in dem Raum erfolgen, in dem das Möbelstück stehen soll.

Normen des menschlichen Körpers. Die rechts in Millimetern angegebenen Abmessungen sind Durchschnittswerte, die auf Forschungen von Gesundheitsbehörden, Normenausschüssen und anderen Institutionen in England, Frankreich und Deutschland beruhen. Wer einen Gegenstand bauen will, auf dessen Maße einige dieser Angaben zutreffen, kann die Zahlenangaben in den Zeichnungen als Ausgangspunkt benutzen. Er sollte jedoch auch die entsprechenden Messungen bei sich selbst und seinen Angehörigen vornehmen, um zu gewährleisten, daß das Endprodukt von denen, die es am häufigsten benutzen werden, bequem zu handhaben ist.

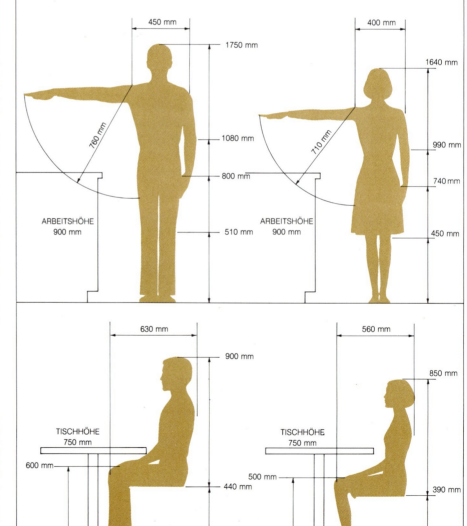

Normen für erwachsene Männer und Frauen

450 mm · 1750 mm · 760 mm · 1080 mm · 800 mm · ARBEITSHÖHE 900 mm · 510 mm

400 mm · 1640 mm · 710 mm · 990 mm · 740 mm · ARBEITSHÖHE 900 mm · 450 mm

630 mm · 900 mm · TISCHHÖHE 750 mm · 600 mm · 440 mm

560 mm · 850 mm · TISCHHÖHE 750 mm · 500 mm · 390 mm

Abmessungen von Gebrauchsgegenständen (in mm)

Normen von Gebrauchsgegenständen. Viele der rechts aufgeführten Gegenstände des täglichen Bedarfs sind natürlich in sehr unterschiedlichen Abmessungen erhältlich, aber im ersten Stadium der Planung eines Projekts liefert die Tabelle einige Anhaltspunkte dafür, wieviel Raum zur Unterbringung solcher Gegenstände erforderlich ist. Es empfiehlt sich, eine Liste der unterzubringenden Dinge anzulegen und ihre Abmessungen zu notieren, bevor man endgültig über die Innenmaße eines Projekts entscheidet. Die in der Tabelle benutzten Abkürzungen H, B, T und L stehen für Höhe, Breite, Tiefe und Länge.

Küche
Bratpfanne, 250 bis 500 L (mit Griff) × 150 bis 300 Durchmesser
Schnellkochtopf, 400 L (mit Griff) × 180 bis 220 Durchmesser
Bräter, 100 bis 140 H × 320 bis 420 L
Rührschüsseln, 100 bis 150 H × 150 bis 300 Durchmesser
Kasserolle, 80 bis 180 H × 200 bis 400 L

Schrank
Kleiderbeutel, 1500 H × 200 bis 600 B × 500 T
Mantel, 1200 H × 600 B
Anzug (Hose gefaltet), 1000 H × 500 B
Hose (in voller Länge aufgehängt), 1100 H × 400 B
Rock, 700 H × 400 B

Boden, Keller oder Garage
Werkzeugkasten, 200 bis 240 H × 400 bis 550 L
Besen, 1250 bis 1500 H × 200 bis 300 B
Harke, 1250 bis 1500 H × 400 bis 500 B
Skier, 1200 bis 2000 H × 80 B
Tennisschläger, 650 H × 250 B
Fahrrad, 1000 H × 450 B × 1500 L
Reisekoffer, 300 H × 1000 B × 450 T
Handkoffer, 450 H × 750 B × 250 T
Schuhkarton, 90 bis 115 H × 180 bis 300 B × 300 T
Stiefel, 450 H × 250 B × 300 L
Kinderwagen, 950 bis 1050 H × 700 B × 1400 L
Schubkarre, 600 B × 1200 L
Rasenmäher, 400 B × 450 bis 850 L (mit Grasfangkorb)
Liegestuhl, 500 bis 600 B × 1500 H

Standardabmessungen der gebräuchlichsten Möbel (in mm)

Normen von Möbeln. Für die Proportionen jedes Möbelstücks, das man selbst bauen will, liefern die genormten Abmessungen der Industrie gute Anhaltspunkte. Bei allen aufgeführten Stücken mit Ausnahme von Betten und Schubladen stellt die Höhe den kritischsten Faktor dar; deshalb sollte sie nach Möglichkeit nicht mehr als ein paar Zentimeter von den angegebenen Zahlen abweichen. Die Höhenangaben sind darauf abgestimmt, daß die Möbel von den meisten Leuten bequem benutzt werden können. Tiefe und Breite spielen keine so große Rolle und können dem für das Möbelstück vorhandenen Platz und dem benötigten Speicherraum angepaßt werden.

Möbelstück	Höhe (über dem Boden)	Breite (von Seite zu Seite)	Tiefe (von vorn bis hinten od. von Kopf bis Fuß)
Anrichte	730–850	1000–2050	450–550
Bett: Doppelbett	500	1500–1800	1900–2000
Bett: Einzelbett	500	900–1000	1900–2000
Bett: Übergröße	500	2000	2000
Bücherschrank	2000	beliebig	250–450
Eßtisch	750	beliebig	beliebig
Kleiderschrank	2000–2400	beliebig	550–600
Kommode	850–1400	750–1050	450–500
Küchenherd	850–900	500–600	500–600
Nachttisch	400–500	400	400–500
Nähtisch	650–750	beliebig	400–500
Schrank mit Arbeitsfläche	850–900	400–1200	600
Schreibmaschinentisch	650–700	beliebig	600–650
Schreibtisch	700–750	1500–1550	750–800
Schublade	—	beliebig	350–600
Stuhl	400–450 (Sitz) 750 (Lehne)	450–500	450–500
Toilettentisch	600–700	900–1000	350–500
Wandschrank	2400 (maximal)	beliebig	350–550
Werkbank	700–800	beliebig	600–650

Der zweite Schritt:
Anfertigen der Arbeitszeichnungen

Ein Satz Arbeitszeichnungen hilft, das Ziel auf dem schnellsten Weg zu erreichen. Das Herstellen der Zeichnungen ist nicht schwierig, und man kann dabei alle wichtigen Entscheidungen im voraus treffen – welche Arten von Verbindungen die Teile zusammenhalten, wo die Borde angebracht werden, welche Abmessungen Türen und Schubladen haben sollen und an welcher Seite die Türen angeschlagen werden.

Die Zahl der Zeichnungen hängt davon ab, wie kompliziert das Projekt ist. Meist besteht ein Satz Konstruktionszeichnungen aus zweidimensionalen Ansichten der Außenseite unter jedem Blickwinkel: von vorn, hinten, oben, unten und von den Seiten. Außerdem sollte für jeden Kasten innerhalb des eigentlichen Kastens – Schubladen oder andere Behälter – ein eigener Satz Zeichnungen angefertigt werden, doch genügt es in diesem Fall, wenn man ihn von oben, vorn und von den Seiten darstellt.

Am leichtesten lassen sich solche Zeichnungen auf Millimeterpapier anfertigen, wobei jedes Kästchen auf dem Papier 10 mm entspricht. Zuerst werden die Umrisse jedes Schrankteils aufgezeichnet (*graue Linien, gegenüberliegende Seite*) und dann innerhalb dieser Umrisse alle relevanten Maße eingetragen (*schwarze Linien*). Alle Abmessungen unter 10 mm können beim Zeichnen geschätzt werden, aber die eingetragenen Maße müssen millimetergenau stimmen. Ein weiterer Satz Zeichnungen – Ausschnittzeichnungen wie die auf Seite 56 und 57 abgebildeten – wird für innenliegende Teile benötigt oder für Details, die so klein sind, daß sie auf den Außenansichten nicht deutlich erkennbar sind. Solche Detailzeichnungen verdeutlichen zum Beispiel, wie Teile zusammenpassen und wie Schubladen, Türen und andere bewegliche Teile innerhalb des Möbelstücks funktionieren. Es empfiehlt sich, die Detailzeichnungen im Maßstab 1:1 auszuführen, das heißt, ein Kästchen auf dem Papier entspricht 1 mm.

Um sowohl auf den Außen- wie auf den Detailansichten die genauen Maße notieren zu können, muß man sich von vornherein entscheiden, aus welcher Art von Material jedes Teil angefertigt werden soll – aus Massivholz oder aus Plattenmaterial. In diesem Stadium braucht man sich hinsichtlich der Qualität des Materials (*S. 58–59*) noch keine Gedanken zu machen, aber seine Dicke muß in den Zeichnungen berücksichtigt werden.

Da Massivholz in der Regel nicht in Breiten erhältlich ist, wie sie für größere Projekte gebraucht werden, und für Holzverbindungen in der Breite genaue Materialkenntnisse und sehr viel handwerkliches Geschick erforderlich sind, werden diese Teile zumeist aus Plattenmaterial angefertigt. Das für die hier beschriebenen Projekte überwiegend verwendete Sperrholz ist in verschiedenen Abmessungen erhältlich, deren Länge zwischen 1250 und 1830 mm und deren Breite zwischen 1250 und 3100 mm liegen kann; die Abmessungen der sogenannten „Multiplex-Platten" betragen immer 1500 x 3000 mm. Die gebräuchlichsten Stärken sind 6, 9, 12, 15, 18 und 21 mm, einige Materialien sind auch in Stärken von 19 und 20 mm erhältlich. Für die größeren Teile, die der stärksten Belastung ausgesetzt sind und deshalb sehr stabil sein müssen – Oberboden und Boden, Seitenwände und Borde – ist in der Regel 18 oder 19 mm dickes Material erforderlich. Weniger stark belastete Teile können auch aus dünnerem Material hergestellt werden.

Die Abmessungen von Plattenmaterial wie Sperrholz sind leicht zu kalkulieren, da sie vom Hersteller genormt werden. Schwieriger ist es dagegen bei Massivholz, da man hier unter Umständen Verlust durch Behobeln in Rechnung stellen muß. Bei den hier beschriebenen Projekten wurde Massivholz in erster Linie für kleinere Innenteile verwendet; bei dem Schrank auf der gegenüberliegenden Seite zum Beispiel bestehen die Schubladen-Seitenwände, Schubladen-Führungen und -Griff, die Sockelleisten und die Verbindungs-Versteifungen aus Massivholz.

Um bereits vorliegende Pläne – einschließlich der in diesem Buch für die verschiedenen Projekte gelieferten – den eigenen Erfordernissen anzupassen, müssen natürlich die in den Konstruktionszeichnungen angegebenen Abmessungen entsprechend abgewandelt werden. Dabei ist jedoch zu bedenken, daß bei einer wesentlichen Vergrößerung eines Projekts möglicherweise sogar ein Rahmen eingebaut werden muß (*S. 24*).

Normmaße von Kanthölzern und Balken

Für die Teile eines Projekts, die nicht aus Plattenmaterial, sondern aus Massivholz bestehen sollen, wird in der Regel weiches Nadelholz, wie zum Beispiel Fichte oder Kiefer, verwendet, das preiswerter und leichter zu verarbeiten ist als hartes Laubholz wie Eiche oder Buche, die zu den wertvollsten Hölzern zählen.

Gelegentlich kommt es vor, daß man rohes Holz verwenden will, das vor der Weiterverarbeitung noch behobelt werden muß und dadurch dünner wird.

In der Regel kann man von einer Differenz von 5 mm zwischen unbehobeltem und behobeltem Holz ausgehen; diese Differenz kann jedoch je nach Holzart und Behobelungsmethode um einige Millimeter schwanken. Leisten werden ausschließlich in behobeltem Zustand verkauft. Hartholz ist zwar auch unbehobelt erhältlich; es empfiehlt sich aber, nur behobeltes Material zu kaufen, weil es für den Heimwerker auch bei bestem Willen fast unmöglich ist, Hartholz mit dem ihm zur Verfügung stehenden Werkzeug zu behobeln. Die Breite variiert bei Hartholz von Brett zu Brett, aber die Stärken sind in 5-mm-Abständen genormt. Wenn Hartholz in Zwischenstärken benötigt wird, muß man es vom Holzhändler oder im Heimwerkermarkt auf die gewünschte Dicke behobeln lassen.

Kantholz (in cm)	Balken (in cm)
6 × 6	10 × 20
6 × 8	10 × 22
6 × 12	12 × 20
8 × 8	12 × 24
8 × 10	16 × 20
8 × 12	18 × 22
8 × 16	20 × 20
10 × 10	20 × 24
10 × 12	22 × 22
12 × 12	22 × 24
12 × 14	22 × 26
12 × 16	24 × 24
14 × 14	24 × 26
14 × 16	24 × 28

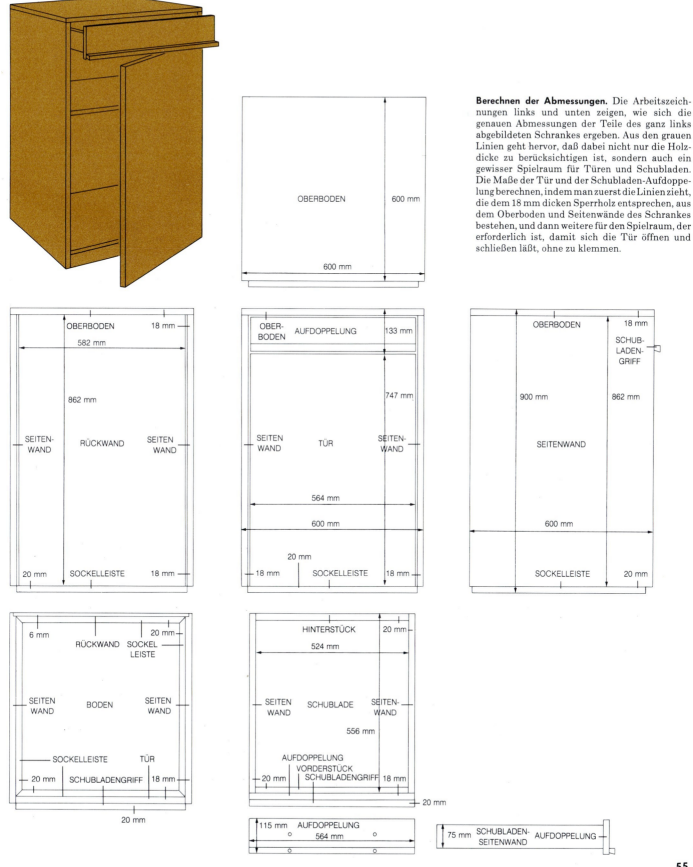

Berechnen der Abmessungen. Die Arbeitszeichnungen links und unten zeigen, wie sich die genauen Abmessungen der Teile des ganz links abgebildeten Schrankes ergeben. Aus den grauen Linien geht hervor, daß dabei nicht nur die Holzdicke zu berücksichtigen ist, sondern auch ein gewisser Spielraum für Türen und Schubladen. Die Maße der Tür und der Schubladen-Aufdoppelung berechnen, indem man zuerst die Linien zieht, die dem 18 mm dicken Sperrholz entsprechen, aus dem Oberboden und Seitenwände des Schrankes bestehen, und dann weitere für den Spielraum, der erforderlich ist, damit sich die Tür öffnen und schließen läßt, ohne zu klemmen.

Anfertigen der Detailzeichnungen

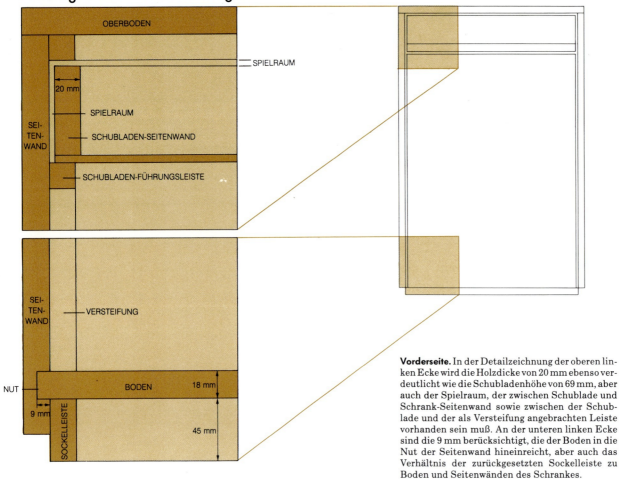

Vorderseite. In der Detailzeichnung der oberen linken Ecke wird die Holzdicke von 20 mm ebenso verdeutlicht wie die Schubladenhöhe von 69 mm, aber auch der Spielraum, der zwischen Schublade und Schrank-Seitenwand sowie zwischen der Schublade und der als Versteifung angebrachten Leiste vorhanden sein muß. An der unteren linken Ecke sind die 9 mm berücksichtigt, die der Boden in die Nut der Seitenwand hineinreicht, aber auch das Verhältnis der zurückgesetzten Sockelleiste zu Boden und Seitenwänden des Schrankes.

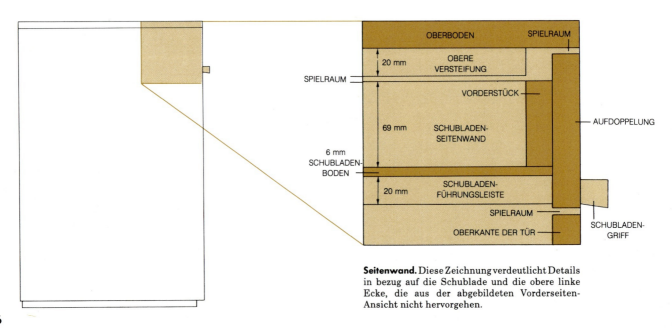

Seitenwand. Diese Zeichnung verdeutlicht Details in bezug auf die Schublade und die obere linke Ecke, die aus der abgebildeten Vorderseiten-Ansicht nicht hervorgehen.

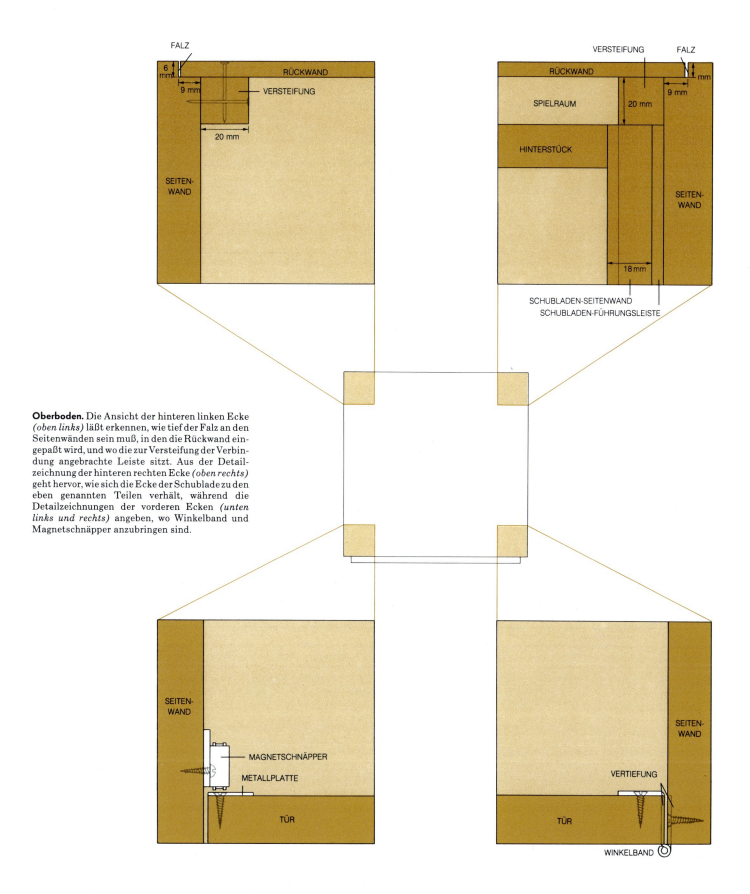

FALZ

6 mm

9 mm

RÜCKWAND

VERSTEIFUNG

20 mm

SEITEN-WAND

VERSTEIFUNG

FALZ

mm

RÜCKWAND

SPIELRAUM

20 mm

9 mm

HINTERSTÜCK

SEITEN-WAND

18 mm

SCHUBLADEN-SEITENWAND

SCHUBLADEN-FÜHRUNGSLEISTE

Oberboden. Die Ansicht der hinteren linken Ecke *(oben links)* läßt erkennen, wie tief der Falz an den Seitenwänden sein muß, in den die Rückwand eingepaßt wird, und wo die zur Versteifung der Verbindung angebrachte Leiste sitzt. Aus der Detailzeichnung der hinteren rechten Ecke *(oben rechts)* geht hervor, wie sich die Ecke der Schublade zu den eben genannten Teilen verhält, während die Detailzeichnungen der vorderen Ecken *(unten links und rechts)* angeben, wo Winkelband und Magnetschnäpper anzubringen sind.

SEITEN-WAND

MAGNETSCHNÄPPER

METALLPLATTE

TÜR

SEITEN-WAND

VERTIEFUNG

TÜR

WINKELBAND

57

Der dritte Schritt: Einkauf des benötigten Materials

Wenn alle Konstruktionszeichnungen für ein Projekt fertig vorliegen, wird eine Materialliste zusammengestellt. Das Beispiel auf Seite 60 bezieht sich auf den auf den vorangegangenen Seiten dargestellten Allzweckschrank. In der Liste wird angegeben, welches Massivholz oder Plattenmaterial benötigt wird und welche Abmessungen es haben muß. Informationen über Eigenschaften und Verwendungsmöglichkeiten dieser Materialien liefern die Tabellen auf dieser und der gegenüberliegenden Seite.

Die Tabelle unten gibt Aufschlüsse über die drei am häufigsten verwendeten Pattenmaterialien, während die beiden Tabellen auf den gegenüberliegenden Seiten einige Laub- und Nadelhölzer vorstellen. Da das Holzangebot jedoch von Ort zu Ort und von Händler zu Händler stark schwanken kann, empfiehlt es sich, vor der endgültigen Planung beim Holzhändler nachzufragen.

Das vielseitigste Plattenmaterial dürfte Sperrholz sein. Es ist in verschiedenen Abmessungen und Stärken erhältlich und für eine Vielzahl von Projekten geeignet – von Regalen und Kleiderschränken bis hin zu Geräteschuppen und Zimmerdecken.

Sperrholz, auch Furnierplatte genannt, besteht aus mehreren dünnen Holzschichten, sogenannten Furnieren, die unter Druck miteinander verleimt wurden. Die Zahl der Furnierschichten ist immer ungerade, und jedes Blatt wird jeweils um 90 Grad gedreht auf das vorhergehende geleimt. Auf diese Weise entsteht eine kräftige, stabile Platte, die sich kaum verziehen kann. Die Anzahl der Furnierschichten liegt zwischen drei und elf; die Schichten können verschieden dick sein.

Sperrholzplatten können aus Nadelhölzern, wie zum Beispiel Fichte und Kiefer, hergestellt werden wie auch aus einer ganzen Reihe von Laubhölzern. Der Preis richtet sich nach der Qualität der äußeren Furniere. Die Kennzeichnung der Qualitäten kann allerdings verschieden sein, da Sperrholz häufig aus den unterschiedlichsten Ländern importiert wird. In der Regel finden sich auf den Rückseiten die Ziffern I, II, III oder die Buchstaben A, B, C in verschiedenen Kombinationen für Vorder- und Rückseite.

Weiterhin gibt es bei Sperrholz Unterschiede hinsichtlich der Verwendbarkeit, die in erster Linie durch die Verleimung bedingt sind. Für Innenarbeiten vorgesehenes Sperrholz widersteht der normalen, im Haus vorhandenen Feuchtigkeit. Das teurere, wasserfest verleimte Sperrholz ist für Außenarbeiten ebenso gedacht wie für Innenarbeiten in sehr feuchten Räumen, wie etwa Badezimmern oder auch Küchen.

Tischlerplatte ist gleichfalls ein beliebtes Material. Sie besteht aus einer Mittellage in Form von Holzstäbchen oder Holzblöcken und je einem Deckfurnier. Die Stabilität der Tischlerplatte entspricht in etwa der von Sperrholz; sie wird wie dieses für Projekte verwendet, die stärkerer Belastung ausgesetzt sind. Sie ist in verschiedenen Dicken und Abmessungen sowie mit unterschiedlichen Außenfurnieren erhältlich.

Spanplatten bestehen aus zusammengepreßten Holzspänen und Kunstharzbindemitteln. Obwohl nicht so stabil wie Sperrholz- und Tischlerplatten, werden Spanplatten heute oft verwendet, weil sie vielseitig und relativ preiswert sind. Man unterscheidet ein-, drei- und fünfschichtige Platten. Bei den fünfschichtigen Platten besteht der Kern aus gröberen Partikeln, während sich die daran anschließenden Schichten aus allmählich immer feiner werdenden Partikeln zusammensetzen.

Die dreischichtige Spanplatte ist ähnlich aufgebaut, doch liegt zwischen den beiden Außenschichten aus feinen Spänen nur eine einzige gröbere Schicht. Die einschichtige Platte weist in ihrer ganzen Dicke ein einheitliches Gefüge auf; sie eignet sich für Projekte, bei denen es nicht auf das Aussehen ankommt. Spanplatten sind auch mit Edelholzfurnieren und Kunststoffbeschichtungen erhältlich, außerdem in verschiedenen Gewichtsklassen sowie in Verleimungen für Trocken- und Feuchträume.

Wie Sperrholz wird auch Massivholz heute aus vielen Ländern der Erde importiert; dementsprechend kann auch die Sortierung schwanken. Da es teurer und zum Teil schwerer zu verarbeiten ist, wird Laubholz in erster Linie für hochwertige Tischlerarbeiten verwendet, während Nadelholz für fast alle Projekte benutzt werden kann. Bei jeder Holzart kommt es vorrangig darauf an, ob sie für das jeweilige Vorhaben geeignet ist oder nicht. Das bedeutet natürlich, daß bei der Auswahl stets auf die speziellen Eigenschaften und Merkmale einer bestimmten Holzart Rücksicht genommen werden muß.

Arbeiten mit Plattenmaterialien

	Sperrholz	Tischlerplatte	Spanplatte
Sägen	Weniger als 6 mm dicke Platten mit Feinsäge, dickere mit feinem Fuchsschwanz sägen. Beim Schneiden quer zur Faser die Schnittlinie mit einem scharfen Messer anreißen.	Fuchsschwanz oder Kreissäge verwenden. Beim Zuschneiden darauf achten, daß die Holzteile der Mittellage immer parallel zur längsten Abmessung verlaufen.	Wegen des Kunstharzgehalts Kreis- oder Stichsäge mit hartmetallbestücktem Blatt verwenden. Handsägen stumpfen rasch ab und müssen häufig nachgeschärft werden. Bei furnierten Platten die Schnittlinie mit einem scharfen Messer anreißen.
Verbinden	Platten von mehr als 9 mm Dicke können wie Massivholz verbunden werden; das Verbinden schmaler Streifen ist jedoch nicht zu empfehlen.	Alle Dicken können wie Massivholz verbunden werden; das Verbinden schmaler Streifen ist nicht zu empfehlen.	Zu empfehlen ist nur das Nuten und Falzen größerer Teile.
Nageln	In die Plattenfläche nageln, nicht in die Kanten.	In die Plattenfläche nageln, nicht in das Hirnholz der Mittellage.	Durch die Plattenfläche in die darunterliegende Schicht nageln, nicht in die Kanten.
Schrauben	Löcher vorbohren; die Köpfe versenken oder Unterlegscheiben benutzen. In die Plattenfläche bohren, nicht in die Kanten.	An den Kanten entlang und in die Fläche schrauben, nicht in das Hirnholz der Mittellage.	Zu empfehlen sind spezielle Spanplattenschrauben, die auch in die Kanten geschraubt werden können, wenn die Spanplatte nicht zu dünn ist.
Leimen	Die Oberfläche mit feinem Schleifpapier glätten (Leim haftet auf glatten Flächen am besten). Gleichmäßig auftragen und stetigen Druck ausüben.	Jeder Holzleim ist geeignet. Am Hirnholz der Mittellage kommt keine verläßliche Verbindung zustande.	Zu empfehlen ist PVA-Leim, es kann aber auch jeder andere Holzleim verwendet werden.

Nadelhölzer

Holzart	Eigenschaften	Nageln	Schrauben	Leimen	Oberflächen-behandlung	Verwendung
Douglasie (Oregon Pine)	Stabil und dauerhaft. Geradfaserig und besonders wasserfest.	Befriedigend	Befriedigend	Befriedigend	Befriedigend zu beizen und zu mattieren, schlecht zu lackieren.	Sperrholz, Fußböden, Fenster, Türen, Treppen.
Fichte	Geradfaserig, fein strukturiert, aber gewöhnlich mit kleinen Ästen.	Schlecht	Befriedigend	Befriedigend	Gut zu beizen, schlecht zu polieren.	Bau- und Möbelholz, Sperrholz, Furniere, Kisten.
Hemlock	Eines der zähesten und kräftigsten Nadelhölzer. Feine Struktur, gerade Faser.	Gut	Gut	Gut	Gut für jede Art von Oberflächenbehandlung.	Bau- und Möbelholz, Fußböden, Türen.
Kiefer (Weißkiefer)	Gute Qualität mit gerader Faser und feiner Struktur. In vielen Abmessungen erhältlich.	Befriedigend, mit Sorgfalt arbeiten.	Gut	Gut	Gut zu beizen, mattieren und lackieren.	Sperrholz, Vertäfelungen, Möbel, Fußböden, Bauholz.
Redwood (Sequoia)	Leichtes, aber relativ hartes und festes Holz. Geradfaserig mit deutlichen Jahresringen.	Gut	Gut	Befriedigend	Befriedigend	Fenster, Türen, Fußböden, Gartenmöbel, Vertäfelungen.
Western Red Cedar (Riesen-Lebensbaum)	Weiches, leichtes, gut zu verarbeitendes Holz. Geradfaserig mit deutlichen Jahresringen.	Schlecht	Befriedigend	Befriedigend	Gut zu beizen und – mit Vorsicht – zu lackieren.	Türen, Fußleisten, Vertäfelungen, Dachschindeln.

Laubhölzer

Holzart	Eigenschaften	Nageln	Schrauben	Leimen	Oberflächen-behandlung	Verwendung
Birke	Relativ weiches Holz, fein strukturiert und durchweg geradfaserig. Neigt zum Verwerfen, ist aber kräftig und dauerhaft.	Befriedigend, mit Sorgfalt arbeiten.	Befriedigend, mit Sorgfalt arbeiten.	Schlecht	Für alle Arten von Behandlung gut geeignet.	Sperrholz, Furniere, Möbel, Drechsel- und Schnitzarbeiten.
Buche	Hartes, dauerhaftes Holz. Geradfaserig und fein strukturiert, splitterfest.	Recht gut	Recht gut	Gut	Für jede Behandlung hervorragend geeignet.	Schränke und andere Möbel, Werkzeugstiele, Fußböden.
Eiche	Hart und überaus dauerhaft, vielseitig verwendbar. Grob strukturiert, geradfaserig und durchweg astfrei.	Gut, mit Sorgfalt arbeiten.	Gut	Schlecht	Mit Vorsicht für alle Arten hervorragend geeignet.	Möbel, Fußböden, Türen, Fenster, Bauholz.
Esche	Eines der zähesten, festesten und härtesten Hölzer. Gut zu biegen, geradfaserig.	Recht gut	Recht gut	Gut	Hervorragend zu polieren, schlecht zu beizen.	Möbel, Furniere, Sportgeräte, Rahmen, Borde, Werkzeugstiele.
Limba	Relativ grobe, unregelmäßige Struktur. Kräftiges, durchweg geradfaseriges Holz.	Gut	Gut	Recht gut	Gut zu beizen und zu polieren.	Sperrholz, Möbel, Vertäfelungen, Furniere.
Linde	Geradfaserig, keine gleichmäßige Struktur. Sehr weich, aber dauerhaft. Neigt zum Verwerfen.	Gut	Gut	Gut	Sehr gut zu beizen und zu polieren.	Küchengerät, Schnitz- und Drechselarbeiten, Musikinstrumente, Furniere.
Sapelli (Afrikanisches Mahagoni)	Hart, mittelfein strukturiert und kräftig. Gelegentlich unregelmäßiger Faserverlauf, oft streifig. Splitterfest.	Gut	Gut	Gut	Gut zu beizen und zu polieren.	Möbel, Vertäfelungen, Fußböden, Drechselarbeiten, Intarsien.
Teak	Gewöhnlich geradfaserig, grobe, fettige Struktur. Sehr dauerhaftes und wertvolles Holz.	Gut	Gut	Schlecht	Schlecht zu beizen und zu lackieren.	Möbel, Fußböden, Vertäfelungen, Küchengerät, Furniere, Bauholz.
Ulme (Rüster)	Sehr kräftig, dauerhaft und splitterfest. Grobe Struktur, nicht immer geradfaserig. Wasserfest.	Recht gut	Recht gut	Recht gut	Befriedigend zu beizen, schlecht zu polieren.	Vertäfelungen, Möbel, Borde, Drechselarbeiten, Fußböden.

Materialliste für den Schrank

1 Sperrholzplatte, 2440 × 1220 × 18 mm
1 Sperrholzplatte, 2440 × 1220 × 6 mm
2 Stück Massivholz, 2440 × 20 × 20 mm
1 Stück Massivholz, 2440 × 45 × 20 mm (unbehobelt)
1 Stück Massivholz, 2440 × 69 × 20 mm (unbehobelt)
2 Winkelbänder
1 Magnetschnäpper
1 Türgriff

4 Bordträger
600 g Stauchkopfnägel, 25 mm
125 g Stauchkopfnägel, 30 mm
250 g Stauchkopfnägel, 40 mm
125 g Kistennägel, 25 mm
24 Senkkopfschrauben, 4 × 30 mm
12 Senkkopfschrauben, 4 × 25 mm
PVA-Leim

Ein Plan zum wirtschaftlichen Zuschneiden des Holzes

Um festzustellen, wieviel Massivholz oder Plattenmaterial für ein Projekt benötigt wird, sollte man stets einen Zuschneideplan wie den rechts für den Allzweckschrank wiedergegebenen anfertigen. Auf diesem Plan wurde jedes aus Sperrholz zuzuschneidende Teil auf ein Stück Papier gezeichnet, das den Abmessungen des verwendeten Materials maßstabsgetreu entspricht. (Hier wurden Platten von 2440 x 1220 mm verwendet; bei anderen Abmessungen müssen die Pläne entsprechend abgeändert werden.)

Das Anfertigen eines Zuschneideplans beginnt damit, daß man ein Blatt Millimeterpapier maßstäblich auf eine Größe von 2440 x 1220 mm (oder ein anderes Plattenmaß) zuschneidet (S. 54). Dann schneidet man aus einem zweiten Blatt Millimeterpapier alle für das Projekt erforderlichen Sperrholzteile im gleichen Maßstab aus und ordnet sie auf dem der Plattengröße entsprechenden Blatt so an, wie es am sinnvollsten ist, damit möglichst wenig abfällt. Gleichzeitig sollten die Teile so gelegt werden, daß beim Zuschneiden die ersten Schnitte in geraden Linien über die ganze Länge der Platte führen. Diese Schnitte werden – wie auf unserem Plan – als Schnitt Nr. 1, Schnitt Nr. 2 und so weiter bezeichnet. Auch die Maserung des Holzes darf nicht außer acht gelassen werden – die Teile müssen so zugeschnitten werden, daß mit der Maserung der gewünschte Effekt erzielt wird.

Wenn alle Einzelteile ihren Platz gefunden haben, überträgt man ihre Umrisse auf das große Blatt Millimeterpapier, wobei man jeweils 3 mm für den Schnittverlust zugibt. Um sicherzugehen, daß der Schnittverlust berücksichtigt ist, sollte er während des Zuschneidens jedes Teil noch einmal nachgemessen werden, bevor man sägt.

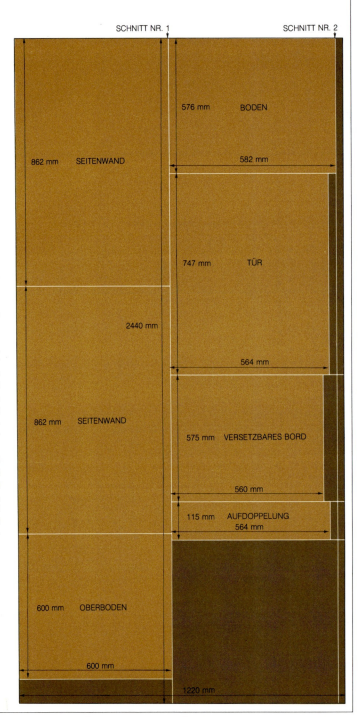

Materialien für Zusammenbau und abschließende Arbeiten

Die Materialliste für ein Projekt ist erst vollständig, wenn sie die zum Verbinden der Teile erforderlichen Nägel, Schrauben und Leime ebenso wie den Holzkitt und das Schleifpapier für die abschließenden Arbeiten, die neben der groben handwerklichen Tätigkeit auch anfallen.

Schrauben besitzen eine sehr viel größere Haltekraft als Nägel und sind immer dort erforderlich, wo Verbindungen stark belastet werden. Außerdem eignen sie sich zum Befestigen von Teilen, die später vielleicht wieder abgenommen werden sollen. Für fest anzubringende Teile reichen Nägel in der Verbindung mit Leim in der Regel jedoch völlig aus.

Für die Länge von Nägeln und Schrauben gibt es eine einfache Faustregel: Ein Nagel oder eine Schraube sollten so lang sein, daß der Schaft zu zwei Dritteln in das zweite der miteinander zu verbindenden Teile eindringt. Schrauben sind in Dicken von 1,8 bis 8 mm erhältlich; für Tischlerarbeiten am häufigsten gebraucht werden die Dicken von 3 bis 6 mm. In den meisten Fällen verwendet man Holzschrauben mit flachen Köpfen, die im Holz versenkt und, wo erforderlich, sogar völlig unsichtbar gemacht werden können *(S. 29)*.

Von den vielen im Handel erhältlichen Nageltypen sind für Tischlerarbeiten im Haus eigentlich nur drei erforderlich: Kistennägel, Stauchkopfnägel und Paneelnägel. Kistennägel besitzen relativ große Köpfe und werden nur dort verwendet, wo sie nicht zu sehen sind. Stauchkopf- und Paneelnägel dagegen haben kleine Köpfe, die mit einem Senkstift unter die Holzoberfläche getrieben werden können *(S. 14, Schritt 7);* sie werden vor allem an Außenteilen benutzt, die möglichst makellos erhalten bleiben sollen.

Leim kann – im Verein mit Nägeln oder Schrauben – einer Verbindung einen so festen Zusammenhalt geben, daß bei Gewaltanwendung eher das Holz bricht, als daß die Verbindung „aus dem Leim" geht. Überschüssiger Leim sollte stets sofort abgewischt werden, weil er sonst die Poren des Holzes verstopft und das Holz dann nicht mehr aufnahmefähig ist (etwa für Beize). Bei der Holzverarbeitung sind vier Leimtypen am gebräuchlichsten:

□ POLYVINYLACETAT-LEIME, gewöhnlich kurz als PVA-Leime oder Weißleime bezeichnet, kommen gebrauchsfertig in den Handel und sind feuchtfest und elastisch. Sie sind für die meisten Tischlerarbeiten hervorragend geeignet; nur bei Projekten, die starker Feuchtigkeit oder hohen Temperaturen ausgesetzt sind, kann man sie nicht verwenden. PVA-Leim auf beide miteinander zu verbindenden Flächen auftragen; die Teile mit Zwingen zusammenhalten, bis der Leim abgebunden hat (nach etwa 30 Minuten).

□ HARNSTOFF-FORMALDEHYDHARZ-LEIME (HF-Leime) sorgen für noch dauerhaftere, wasserfeste Verbindungen. Sie sind flüssig und pulverförmig erhältlich und werden in Verbindung mit pulverförmigen Härtern verwendet. Die Abbindezeit liegt zwischen zwei und acht Stunden.

□ GLUTINLEIME werden aus Haut-, Leder- oder Knochenabfällen von Tieren hergestellt. Sie wurden bereits in der Antike verwendet, sind heute aber nur noch da sinnvoll, wo wertvolle Furniere aufgeleimt oder alte Verbindungen repariert werden müssen. Besonders im letzteren Fall ist es wichtig, einen Glutinleim zu verwenden, da die neuen Leime Verbindungen, die früher einmal mit einem tierischen Leim gearbeitet wurden, meist nicht verläßlich zusammenhalten.

Glutinleime sind perl- und pulverförmig erhältlich. Sie werden mit kaltem Wasser angesetzt und nach einer Quellzeit von 30 bis 60 Minuten oder länger (je nach Produkt) auf eine Temperatur von 30° bis 40° C erhitzt. Sie sind gebrauchsfertig, sobald sie zu einer zähflüssigen Masse geschmolzen sind. Die Verbindungen brauchen nicht unbedingt mit Zwingen gesichert zu werden, aber es dauert bis zu zwölf Stunden, bevor der Leim abgebunden hat.

□ KONTAKTKLEBER besitzen eine sehr starke Haltekraft, binden aber so schnell ab, daß bei ihrer Verarbeitung besondere Sorgfalt geboten ist. Sie eignen sich zum Beispiel zum Aufkleben von Kunststoffplatten *(S. 94)* und zum Anbringen von Umleimern ohne Schmelzkleber, vor allem solchen aus Kunststoff oder Metall. Da Kontaktkleber sofort abbinden, ist Pressen der Teile nicht erforderlich – sie müssen nur gut angedrückt werden. Die miteinander zu verklebenden Teile müssen jedoch vor dem Zusammenfügen sehr sorgfältig

ausgerichtet werden, weil sie sich nicht verschieben lassen. Bei jedem Kontaktkleber müssen die Anweisungen des Herstellers genau beachtet werden; in der Regel ist eine bestimmte Ablüftzeit einzuhalten. Zum Teil sind sie auch leicht entzündlich und verströmen schädliche Dämpfe. Deshalb sollte man sie sicherheitshalber stets im Freien oder in einem gut belüfteten Raum ohne offenes Feuer verarbeiten.

Nach dem Zusammenbau vor der Oberflächenveredelung alle Spalten und Kratzer sowie die durch das Versenken von Nagel- oder Schraubenköpfen entstandenen Vertiefungen mit Holzkitt ausfüllen. Die Wahl des Kittes richtet sich nach der vorgesehenen Oberflächenveredelung. Sehr gebräuchlich sind der in Pastenform erhältliche Holzkitt und das sogenannte „Flüssigholz", die es für viele Holzarten gibt. Die ausgekitteten Stellen nach dem Trocknen des Kittes gründlich abschleifen.

Bei porösen Holzarten, wie zum Beispiel Mahagoni oder Esche, empfiehlt es sich, einen Porenfüller zu verwenden, der ins Holz eindringt und den Grund der Poren schließt. Damit wird bewirkt, daß das zur Oberflächenveredelung vorgesehene Material (besonders Lack) nicht von der Holzfaser aufgesogen wird; Beizen ist danach allerdings nicht mehr möglich.

Vor der Veredelung alle Oberflächen mit Schleifpapier glätten. Die für die Projekte dieses Buches erforderlichen Körnungen sind in der Tabelle unten zusammengestellt. Die gebräuchlichsten Schleifmittel stellen Glas, Granat und Korund (Aluminiumoxid) dar. Für das Schleifen von Holz wird zumeist Korundpapier benutzt, das dauerhafter ist als die billigeren Glas- oder Granatpapiere. Die Größe der Körnung wird durch Nummern ausgedrückt, die von 12 (sehr grob) bis 600 (staubfein) reichen.

Schleifpapiere und ihre Verwendung

	Körnung	Verwendung
Sehr grob	40 60	Beseitigen von Kratzern und größeren Unebenheiten, Säubern alten Holzes von Schmutz oder Farbe.
Grob	80 100	Erstes Abschleifen von Massivholz und Platten vor einem deckenden Anstrich.
Mittelfein	120 150	Letztes Abschleifen von Massivholz und Platten vor einem deckenden Anstrich.
Fein	180 220	Abschleifen von Massivholz oder Platten vor dem Lackieren oder Mattieren.
Sehr fein	240 280	Letztes Abschleifen vor dem Lackieren oder Mattieren. Schleifen zwischen den einzelnen Lack- oder Mattierungsaufträgen.

Der letzte Schritt: Zuschnitt und Zusammenbau

Nach der Planung eines Projekts und dem Einkauf des dafür benötigten Materials kann die eigentliche Arbeit beginnen – das Zuschneiden und Zusammenfügen der Teile. Auf dieser und den folgenden Seiten wird erklärt, wie der in diesem Kapitel als Beispiel gewählte Allzweckschrank gebaut wird.

Für diesen Schrank sollte als erstes die 18 mm dicke Sperrholzplatte entsprechend dem Plan auf Seite 60 zugeschnitten werden; sie liefert Oberboden, Boden, Seitenwände, Bord, Tür und Aufdoppelung für die Schublade. Anschließend wird auf jedes Teil ein Stückchen Klebeband mit der Teilebezeichnung aufgeklebt, um bei den Vorarbeiten an

Seitenwänden, Boden und Bord Irrtümer auf jeden Fall zu vermeiden.

Die aus Massivholz bestehenden Teile werden erst zugeschnitten, wenn sie gebraucht werden, nachdem die für sie vorgesehene Position noch einmal genau vermessen wurde und man sich vergewissert hat, daß die vorgesehenen Abmessungen stimmen. Schon geringfügige Abweichungen können dazu führen, daß die Abmessungen eines genau einzupassenden Teiles geändert werden müssen.

Die meisten Holzhändler und Heimwerkermärkte sind bereit, gegen einen geringen Aufpreis das Material zuzuschneiden.

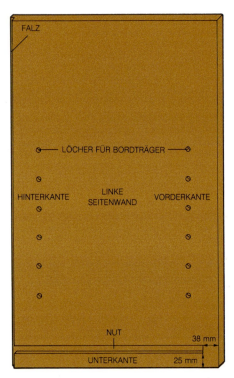

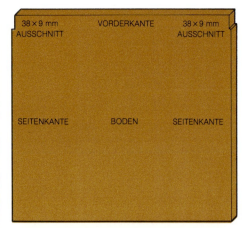

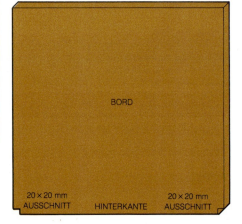

Vorarbeiten an den Seitenwänden. An der Hinterkante beider Seitenwände Falze arbeiten, in die später die Rückwand eingepaßt wird. Sie müssen 9 mm tief und 6 mm breit sein. Als nächstes an beiden Seitenwänden Nuten für den Boden fräsen, und zwar jeweils 25 mm oberhalb der Unterkante. Jede Nut sollte am Falz beginnen, 38 mm von der Vorderkante entfernt enden, 18 mm breit und 9 mm tief sein. Außerdem in beide Seitenwände Löcher für die Bordträger bohren. Die eine Reihe sollte 80 mm von der Vorderkante, die andere 60 mm vom Falz der Hinterkante entfernt sein. Das erste Loch in jeder Reihe 175 mm oberhalb der Nut bohren, fünf weitere Löcher im Abstand von jeweils 75 mm vom darunterliegenden Loch bohren.

Ausschnitte in Boden und Bord arbeiten. Die vorderen Ecken des Bodens ausschneiden, da der Boden über die in die Seitenwände gefrästen Nuten hinausreicht. Die ausgeschnittenen Ecken müssen 9 mm breit (von den Seitenkanten gemessen) und 38 mm tief sein (von der Vorderkante gemessen). Auch die hinteren Ecken des Bordes ausschneiden, damit das Bord in die Versteifungen an der Schrank-Rückwand eingepaßt werden kann. Jeder Ausschnitt mißt 20 x 20 mm.

Zusammensetzen der Teile

1 Anbringen der Versteifungen. Von der 20 x 20 mm dicken Leiste zwei 819 mm lange Stücke zuschneiden; sie dienen als Versteifung und erleichtern das Verbinden der Seitenwände mit der Rückwand. 30-mm-Nägel in Abständen von 100 mm in die Leisten einschlagen, bis ihre Spitzen gerade zum Vorschein kommen. Auf die Leistenseiten mit den vorstehenden Nagelspitzen PVA-Leim auftragen, die Leisten an den Falzen zwischen Nut und Oberkante ausrichten und die Nägel vollends einschlagen. Anschließend die oberen Versteifungen auf eine Länge von 556 mm zuschneiden und an der Oberkante jeder Seitenwand so anleimen und nageln, daß sie stumpf an die bereits angebrachten Versteifungen stoßen.

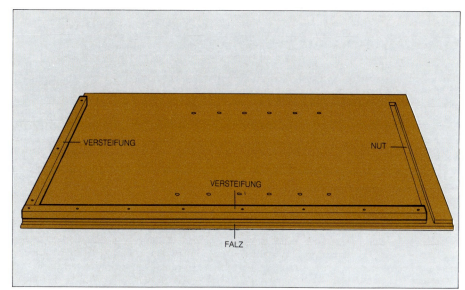

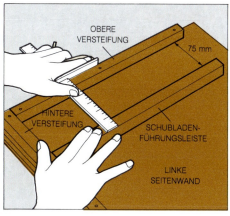

2 Anbringen der Schubladenführungen. Zwei Stücke von 20 x 20-mm-Leisten als Schubladenführungen 556 mm lang zuschneiden. Mit Hilfe eines Prüfwinkels (*oben*) eine Leiste so an einer Seitenwand ausrichten, daß sie 75 mm unterhalb der oberen Versteifung und parallel zu ihr verläuft. Die Führung festhalten, als Lineal benutzen und in ganzer Länge der Führung quer über die Seitenwand eine 75 mm von der oberen Versteifung entfernte Linie reißen. Den Vorgang an der anderen Seitenwand wiederholen. Beide Führungen an dieser Linie anleimen und nageln und dabei mit Sorgfalt darauf achten, daß ihre Hinterkanten auch an die hinteren Versteifungen stoßen.

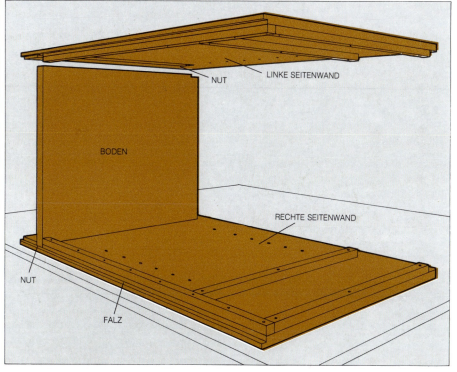

3 Anleimen des Bodens an die Seitenwände. Eine Seitenwand auf den Arbeitstisch legen, Leim auf die Nut auftragen und ebenso auf diejenige Kante des Bodens, die in die Nut eingefügt wird. Die Bodenkante in die Nut einsetzen; darauf achten, daß sie nicht in den Falz hineinragt. Anschließend Leim auf die gegenüberliegende Bodenkante und die Nut der anderen Seitenwand auftragen und die Teile zusammensetzen. Die verbundenen Teile aufrecht hinstellen und zum nächsten Schritt übergehen, bevor der Leim abgebunden hat.

4 Anbringen des Oberbodens. Den Oberboden mit Eckzwingen an den Seitenwänden halten und mit Schrauben an den Versteifungen befestigen. Um dafür die Mitte der Versteifungen auf dem Schrank-Oberboden zu markieren, mit einem Prüfwinkel *(rechts)* 28 mm von den Seitenkanten entfernt eine Linie anreißen. Auf diesen Linien die Schraubenpositionen durch Querstriche festlegen, die von Vorder- und Hinterkante je 50 mm entfernt sind und Abstände von 100 mm aufweisen. An jedem Schnittpunkt ein Loch für eine 4 x 30-mm-Schraube vorbohren und ausfräsen, damit die Schraubenköpfe versenkt werden können.

5 Anbringen der zweiten oberen Versteifung. Um die Rückwand am Oberboden zu befestigen, ein Stück Leiste von 20 x 20 mm auf eine Länge von 524 mm zuschneiden. Den Schrank mit dem Oberboden nach unten hinstellen und die Leiste an den Oberboden leimen und nageln, und zwar 6 mm von der Hinterkante des Oberbodens entfernt, so daß sie mit den an den Seitenwänden angebrachten Versteifungen bündig abschließt.

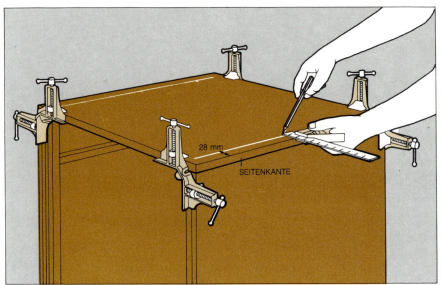

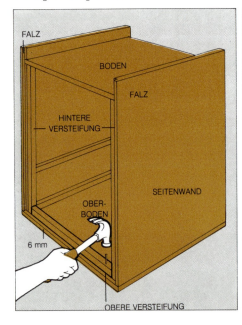

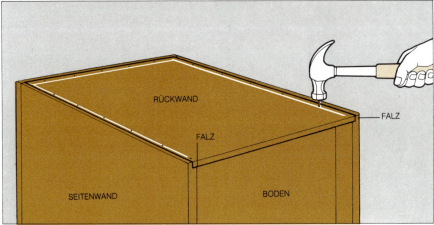

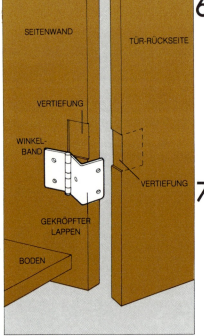

6 Anbringen der Rückwand. Für die Rückwand aus 6 mm dickem Sperrholz ein 862 x 582 mm großes Stück zuschneiden. Den Schrank mit der Vorderkante nach unten hinlegen und die Rückwand so auflegen, daß sie in die Falze an den Seitenwänden paßt und gegen den Oberboden stößt. Mit Hilfe eines Prüfwinkels, wie in Schritt 4 beschrieben, 28 mm von den Kanten der Seitenwände und des Oberbodens entfernt Linien anreißen, die ganz genau die Mitte der darunterliegenden Versteifungen markieren. Anschließend die Rückwand in Abständen von 100 mm mit 25-mm-Kistennägeln an die Versteifungen nageln.

7 Anbringen der Tür. Mit Winkelbändern *(S. 36)* die Tür anbringen, entsprechend den auf Seite 35 für das Einlassen von Bändern an zwischenschlagenden Türen gegebenen Anweisungen. Dabei den vorgesehenen Standort des Schrankes bedenken, um zu entscheiden, ob die Tür rechts oder links angeschlagen werden muß. In jedem Fall die Bänder 190 mm von der Ober- und Unterkante der Tür entfernt anbringen. Das gekröpfte Bandteil wie abgebildet an der Tür anschrauben; der Lappen des Bandes, der auf der Rückseite der Tür aufliegt, braucht nicht eingelassen zu werden. Zum Schluß die Tür mit einem Magnetschnäpper *(S. 37)* und einem Griff versehen.

8 Bau der Schublade. Für die Schublade von den 20 x 69 mm-Brettern zwei Stücke von 556 mm Länge für die Seitenwände und zwei 524 mm lange Stücke für Vorder- und Hinterstück zuschneiden. Der Boden besteht aus 6 mm dickem Sperrholz und mißt 564 x 556 mm. Die Schublade den Anweisungen auf Seite 28 entsprechend zusammensetzen, aber die Aufdoppelung noch nicht anbringen. Die vier Schubladenwände mit 40-mm-Stauchkopfnägeln verbinden, den Boden mit 25-mm-Stauchkopfnägeln an die Seitenwände nageln.

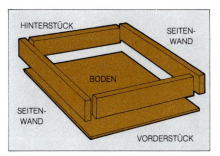

9 Anbringen des Schubladengriffs. Der für unser Beispiel gewählte Holzgriff besteht aus einem 564 mm langen Stück Leiste von 20 x 20 mm. Die Leiste mit einer Zwinge 6 mm von der Unterkante entfernt an der Außenseite der Aufdoppelung befestigen. Die Aufdoppelung umdrehen und in einen Schraubstock einspannen *(rechts)*. Um die Mitte der Griffleiste zu markieren, 16 mm von der Oberkante entfernt auf der Rückseite der Aufdoppelung eine Linie anreißen. Auf ihr die Schraubenpositionen markieren, und zwar jeweils 50 mm von den Kanten entfernt und dazwischen in Abständen von 100 mm. An den Markierungen behutsam die erforderlichen Löcher vorbohren und die Griffleiste mit 30-mm-Schrauben befestigen.

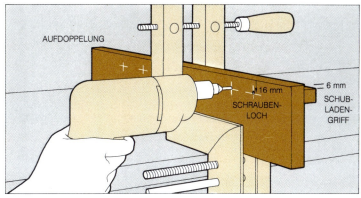

10 Anbringen der Aufdoppelung. Die Schublade in den Schrank einsetzen und die Aufdoppelung dagegenhalten. Die Schubladen-Unterkante als Führung benutzen *(links)* und eine Linie auf der Rückseite der Aufdoppelung anreißen.

Die Schublade wieder aus dem Schrank nehmen. Den Boden der Schublade an der Markierung auf der Aufdoppelung ausrichten und die Aufdoppelung mit Zwingen an der Schublade befestigen. An der Innenseite des Vorderstücks mit Spitz- oder Nagelbohrer zwei Löcher vorstechen, und zwar jeweils 38 mm von der Oberkante und 50 mm von der Seitenkante entfernt. Anschließend Löcher für 30-mm-Schrauben bohren und die Teile verbinden.

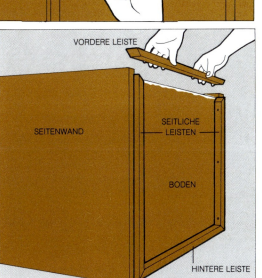

11 Anbringen der Sockelleisten. Der Sockel besteht aus 20 x 45 mm dicken Leisten. Für vorn und hinten zwei 564 mm lange Stücke zuschneiden; die seitlichen Leisten sind 576 mm lang. Die Enden aller Leisten den Anweisungen auf Seite 21 entsprechend auf Gehrung schneiden. Den Schrank auf die Rückwand legen. Die hintere Leiste in den Ausschnitt im Schrankboden einpassen und anleimen; dieser Teil des Sockels braucht nicht genagelt zu werden. Die Seitenteile des Sockels so anbringen, wie bereits für die Versteifungen in Schritt 1 *(S. 63)* beschrieben; zum Nageln 25-mm-Kistennägel verwenden. Zuletzt die vordere Leiste an den Schrankboden leimen und vom Schrankinnern aus mit 40-mm-Stauchkopfnägeln sichern.

Vor Behandlung der Oberflächen mit Beize, Lack, Mattierung oder dergleichen alle Nagel- und Schraubenlöcher mit Holzkitt ausfüllen und alle Oberflächen schleifen *(S. 16)*.

3

Vielzweck-Raumteiler. Die Bett-Schrank-Kombination links hat die Aufgabe, Ordnung in dem Durcheinander zu schaffen, das oft entsteht, wenn sich zwei Kinder mit ihren Besitztümern ein Zimmer teilen müssen. Dieses Projekt nutzt den zwischen Fußboden und Decke vorhandenen Raum voll aus. Mit je einer Schlafkoje sowie Schrankraum und Arbeitsplatz auf jeder Seite trennt das Möbelstück nicht nur das Zimmer in zwei Teile und schafft damit für jedes Kind ein eigenes Revier, sondern erlaubt auch mehr Bewegungsfreiheit. Die Arbeitsanleitungen für den Bau des Raumteilers beginnen auf Seite 68.

Die Kombination aus Kojenbetten und Raumteiler auf der gegenüberliegenden Seite bietet Platz zum Schlafen und zum Unterbringen von Gegenständen in der normalerweise ungenutzten Vertikalen mitten in einem relativ kleinen Zimmer. Auf diese Weise entsteht ohne kostspielige Umbauten ein neuer, separater Raum.

Zum Bau dieses Raumteilers braucht man nur die in diesem Buch erläuterten Grundtechniken anzuwenden – und ein paar spezielle Kunstgriffe der Möbeltischlerei, die sich leicht erlernen lassen. Das gleiche gilt für die anderen in diesem Kapitel beschriebenen Projekte. Am besten wandert man einfach einmal durchs ganze Haus, vom Dachboden bis zum Keller, und versucht herauszufinden, wo der Platz auf dem Fußboden knapp bemessen oder schlecht genutzt ist und die Möglichkeit besteht, durch Einbeziehung der Vertikalen zu besseren Lösungen zu gelangen. Vieles läßt sich zum Beispiel in einer Schrankwand wie der auf Seite 84 bis 97 beschriebenen unterbringen.

Sowohl die Kombination aus Kojenbetten und Raumteiler als auch die Schrankwand erfüllen Aufgaben, die sonst auf mehrere, im Zimmer herumstehende Möbelstücke verteilt werden; sie nehmen weniger Platz ein und machen das Zimmer übersichtlicher. Außerdem läßt sich mit ihrer Hilfe ein Kinderschlafzimmer oder ein Wohnzimmer reizvoller gestalten, weil sie die Möglichkeit bieten, Plastiken, Bücher, Pflanzen und dergleichen mehr zur Schau zu stellen. Da beide Projekte aus mehreren Einzelteilen zusammengesetzt sind, kann die Anordnung der einzelnen Teile und ihr Verhältnis zueinander nach Belieben abgewandelt werden; natürlich kann man sich auch darauf beschränken, nur die einzelnen Teile davon zu bauen, die tatsächlich gebraucht werden.

Eine andere Möglichkeit, mehr Wohnraum zu gewinnen, besteht darin, vorhandenen Stau- und Speicherraum sinnvoller zu nutzen. Ein breiter Einbauschrank mit Schiebetüren zum Beispiel kann so umgebaut werden, daß er Schubladen und ein herausziehbares Regal bekommt, ohne daß man deshalb weniger Kleidungsstücke darin aufhängen kann *(S. 114);* eine Alternative dazu wird auf Seite 115 gezeigt. Küchenschränke können mit auf Auszugführungen laufenden Einsätzen versehen werden *(S. 102),* die nicht nur die Unterbringung von sehr viel mehr Gegenständen ermöglichen, sondern sie überdies leichter zugänglich machen.

Auf Laufrollen montierte praktische Behälter in dem oft schlecht genutzten oder sogar ganz vergeudeten Platz unter einer Kellertreppe oder einer anderen offenen Treppe *(S. 112)* bieten Raum für nur zeitweilig gebrauchte Dinge wie Skier oder Angelgerät. Wer einen Bodenraum mit nicht begehbarem Fußboden und Ecken hat, die von einer Falltür aus nur schwer und nicht ohne Gefahr zu erreichen sind, kann auf beweglichen Plattformen eine Menge unterbringen *(S. 110).*

In manchen Räumen sind Nischen vorhanden. Um sie sinnvoll zu nutzen, kann man offene Regale einbauen, in denen sich Bücher oder andere Gegenstände unterbringen lassen. Man kann auch einfach ein rechteckiges Regal in einer Zimmerecke an den Wänden befestigen *(S. 98).* Sehr dekorativ wirken in Zimmerecken angebrachte dreieckige Regale *(S. 100),* auf denen sich hübsche Dinge aufstellen lassen.

Alle Projekte kann man in den in diesem Kapitel gegebenen Formen und Abmessungen bauen, indem man den Anweisungen genau folgt. Man kann sie aber aber auch mit Hilfe der im Kapitel über die Projektplanung gegebenen Hinweise *(S. 50–65)* den speziellen Bedürfnissen entsprechend abwandeln oder völlig anders gestalten.

Bau von Kojenbetten und Raumteiler

Die auf Seite 66 abgebildete und hier in Sprengzeichnungen dargestellte Kombination von Kojenbetten und Schränken ist geeignet, das Raumproblem zu lösen, das oft auftritt, wenn sich zwei Kinder ein Zimmer teilen müssen. Das Projekt, das in einem 2,50 m hohen Raum fast bis zur Decke reicht und auf beiden Seiten ein Bett enthält, nimmt nicht nur weniger Platz ein als zwei einzelne Betten, sondern teilt darüber hinaus das Zimmer so auf, daß jedes Kind sein eigenes Reich und seinen eigenen Schrank besitzt. Um das Projekt beweglicher zu gestalten und zur Erleichterung der Arbeit, wurde jeder der fünf Bestandteile für sich konzipiert. Die Einzelteile können wie auf dem Photo abgebildet zusammengestellt oder beliebig kombiniert werden.

Nach dem Zusammenbau ist der Bettenteil 2440 mm hoch, 986 mm tief und 1986 mm breit; die Bettmaße sind auf Matratzen von 900 x 1900 mm abgestimmt. Für die drei Schubladen auf jeder Seite sind 12 mm dicke Auszugführungen vorgesehen; beim Einkauf muß auf die richtige Dicke der Führungen geachtet werden.

Die Kombination aus Bücherregal und Schrank *(gegenüberliegende Seite unten)* wird zweimal völlig gleich gebaut. Jede dieser Kombinationen ist 2037 mm hoch, 986 mm breit und 455 mm tief; jede enthält einen 611 mm breiten Schrank und daneben fünf Borde sowie eine Schreibplatte. Die Borde – außer demjenigen, an dem die Schreibplatte befestigt ist – sind versetzbar. Der Aufsatzschrank *(gegenüberliegende Seite unten)*, der

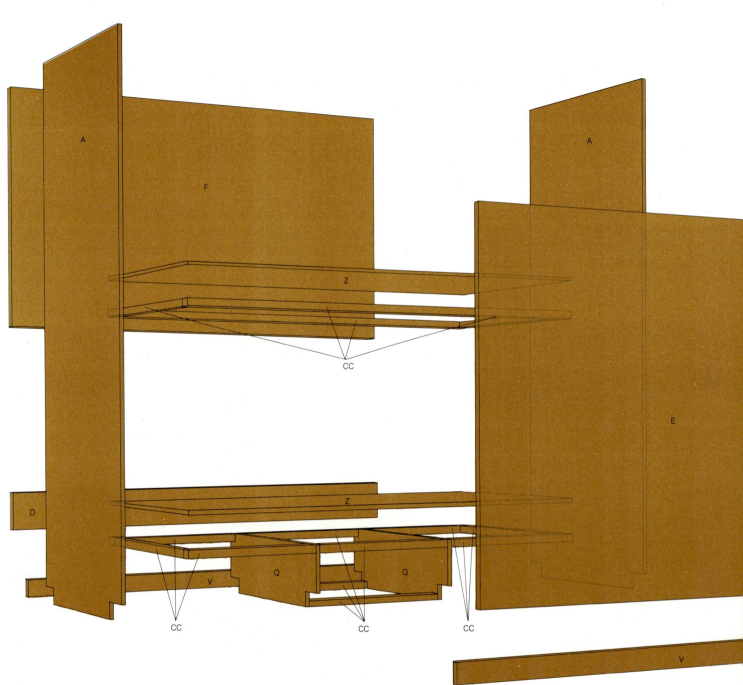

gleichfalls zweimal zu bauen ist, wird auf die Kombination aus Bücherregal und Schrank gestellt. Jeder dieser Aufsatzschränke ist 400 mm hoch, 986 mm breit und 455 mm tief und ist in ein offenes und ein mit einer Tür versehenes Fach unterteilt.

Wird das Projekt so gebaut, daß es bis an dieDecke reicht und damit den Raum vollständig teilt, muß in beiden Raumhälften für Belüftungs- und Heizungsmöglichkeit sowie Licht gesorgt sein. Wenn der Raumteiler jedoch nicht bis zur Decke reichen soll, kann man die Höhe verringern, indem man die Aufsatzschränke wegläßt und

den Kojenteil 400 mm niedriger baut. Bei höheren Räumen kann man die Aufsatzschränke entsprechend höher bauen.

Auch andere Abwandlungen sind möglich. Man kann Länge und Breite der Kojenbetten den Matratzenmaßen (zum Beispiel Spezialanfertigungen) anpassen, muß dann jedoch die Abmessungen der anderen Teile entsprechend ändern. Da sich jede Änderung der Abmessungen bis in die Details hinein auswirkt, sollte man unbedingt den Hinweisen auf Seite 54 bis 57 und 60 folgen und einen neuen Satz Zuschneidepläne und Arbeitszeichnungen anfertigen.

Alle größeren Teile der hier abgebildeten Kombination aus Kojenbetten und Raumteiler bestehen aus 18 mm dickem Birkensperrholz, das einen Anstrich aus Leinöl erhalten kann, der die natürliche Schönheit des Holzes voll zur Geltung bringt.

Soll das Möbelstück deckend lackiert werden, kann man Geld sparen, indem man Sperrholz mit weniger guter Oberfläche kauft (siehe die Informationen über Sperrholz auf Seite 58). Sperrholz, das dünner ist als 18 mm, sollte jedoch keinesfalls verwendet werden, weil dem Projekt sonst die nötige Stabilität und Standfestigkeit fehlen würde.

Schlüssel zu den Teilen. Der untenstehende Schlüssel bezeichnet die Einzelteile der Kombination aus Kojenbetten und Raumteiler, hier in einer Sprengzeichnung dargestellt. Die Buchstaben, mit denen die Teile bezeichnet sind, entsprechen weitgehend der Reihenfolge, in der sie zugeschnitten werden (S. 70). Beim Zuschneiden der Teile zweckmäßigerweise an jedem ein Stückchen Klebeband anbringen und darauf den jeweiligen Buchstaben notieren; wo es zweckmäßig ist, außerdem die Seite markieren, die nach dem Zusammenbau zum größeren Teil zu sehen ist, und mit einem Pfeil auf die Oberkante des Teiles verweisen.

A) Seitenwände Kojenbett (2mal)
B) Linke Seitenwände Bücherregal-Schrank (2mal)
C) Rechte Seitenwände Bücherregal-Schrank (2mal)
D) Vorderblende unteres Kojenbett
E) Rückwand, unteres Kojenbett
F) Rückwand, oberes Kojenbett
G) Linke Seitenwände Aufsatzschrank (2mal)
H) Rechte Seitenwände Aufsatzschrank (2mal)
I) Türen Schrank (2mal)
J) Türen Aufsatzschrank (2mal)
K) Oberböden Bücherregal-Schrank (2mal)
L) Böden Bücherregal-Schrank (2mal)
M) Oberböden Aufsatzschrank (2mal)
N) Böden Aufsatzschrank (2mal)
O) Schreibplatten (2mal)
P) Fest eingebaute Borde für Schreibplatten (2mal)
Q) Zwischenwände für Schubladenführungen (2mal)
R) Schreibplattenstützen (4mal)
S) Versetzbare Borde (10mal)
T) Vorder- und Hinterstücke für Schubladen (12mal)
U) Seitenwände für Schubladen (12mal)
V) Sockelleisten für Kojenbetten (2mal)
W) Sockelleisten für Bücherregal-Schrank (4mal)
X) Rückwände Schrank (2mal)
Y) Zwischenwände Aufsatzschrank (2mal)
Z) Böden Kojenbett (2mal)
AA) Böden für Schubladen (6mal)
BB) Rohrlager für Schrank (4mal)
CC) Bodenstützen für Kojenbett (14 Teile in 3 Längen)

Materialliste

- 2 Tischlerplatten, 2440 × 1220 × 18 mm
- 12 Sperrholzplatten, 2440 × 1220 × 18 mm
- 1 Sperrholzplatte, 2440 × 1220 × 9 mm
- 1 Sperrholzplatte, 2440 × 1220 × 6 mm
- 5 Massivholz-Leisten, 3000 × 45 × 45 mm
- 2 Dübel, 415 × 25 mm
- 1 Dübel, 250 × 25 mm
- 18,5 m Massivholz-Leisten, 20 × 20 mm
- 60 m Kantenumleimer mit Schmelzkleber, 19 mm breit
- 2 Hartholz-Bretter, 1520 × 125 × 18 mm
- 4 Hartholz-Bretter, 450 × 80 × 18 mm
- 6 Paar Schubladen-Auszugführungen, 500 mm
- 8 Metall-Lochschienen, 1311 × 12 × 5 mm
- 8 Metall-Lochschienen, 597 × 12 × 5 mm
- 250 g Drahtstifte zum Befestigen der Schienen
- 32 Bordträger aus Metall
- 10 Drehzapfenscharniere für 18 mm dicke vorschlagende Türen
- 2 Magnetschnäpper, 32 mm
- 2 Magnetschnäpper, 75 mm
- 2 Stück Klavierband, 418 × 38 mm
- 4 Stück Klavierband, 250 × 38 mm
- 74 Senkkopf-Holzschrauben, 15 × 4 mm
- 10 Schrank- und Schubladengriffe
- 200 Senkkopf-Holzschrauben, 6 × 30 mm (Kreuzschlitz)
- 80 Senkkopf-Holzschrauben, 6 × 50 mm (Kreuzschlitz)
- 60 Linsenkopf-Holzschrauben, 6 × 40 mm
- 60 Unterlegscheiben, 6 mm
- 500 g Stauchkopfnägel, 40 mm
- PVA-Leim
- 250 g Holzkitt
- 25 Blatt 120er Schleifpapier
- 7,5 l Leinöl

Zuschneidepläne

Zuschneiden des Plattenmaterials. Jeweils nur ein Teil abmessen und zuschneiden, da sich sonst der Schnittverlust auf die Abmessungen der anderen Teile auswirkt. Damit die Kreissäge in der restlichen Platte eine feste Auflage hat, als erstes die schmalen Streifen zuschneiden, die sich über die gesamte Länge von 2440 mm erstrecken. Nach Beendigung des Zuschnitts sollten 93 Plattenteile vorhanden und dem Schlüssel auf Seite 69 entsprechend bezeichnet sein. Die etwas dunkler gedruckten Holzabfallstücke können als Führungen, Richtscheite und Abstandhalter dienen. Sperrholz- und Tischlerplatten vorsichtig behandeln, damit die Ecken keinen Schaden erleiden. Sollte einmal eine Ecke beschädigt sein, den Zuschneideplan so abändern, daß diese Ecke abfällt. (Die 45 x 45-mm-Leisten erst dann auf die erforderliche Länge zuschneiden, wenn sie beim Zusammenbau gebraucht werden.)

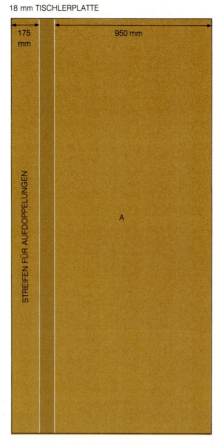

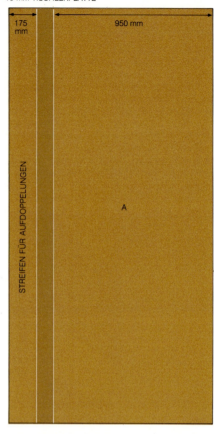

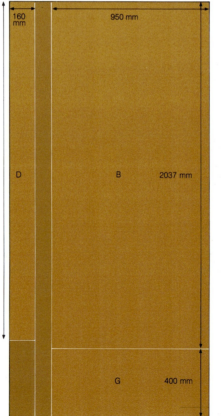

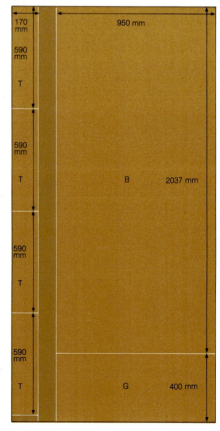

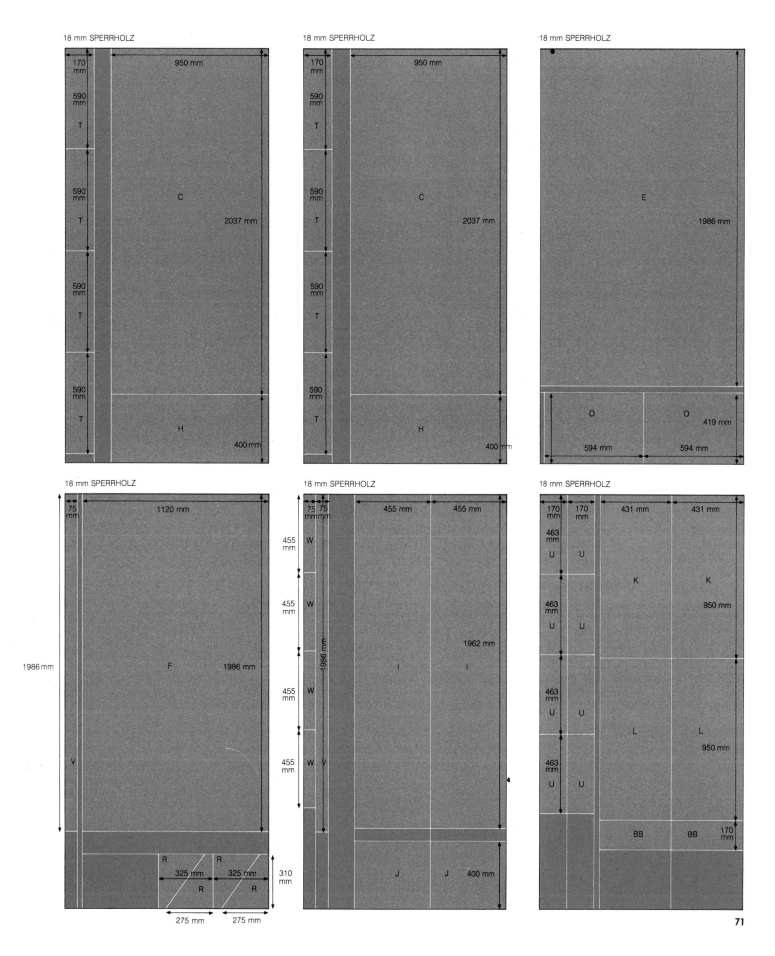

18 mm SPERRHOLZ

170 mm
590 mm
T
590 mm
T
590 mm
T
590 mm
T
950 mm
C
2037 mm
H
400 mm

18 mm SPERRHOLZ

170 mm
590 mm
T
590 mm
T
590 mm
T
590 mm
T
950 mm
C
2037 mm
H
400 mm

·18 mm SPERRHOLZ

E
1986 mm
O
O
419 mm
594 mm
594 mm

18 mm SPERRHOLZ

75 mm
1120 mm
1986 mm
F
1986 mm
V
R
R
325 mm
R
R
325 mm
310 mm
275 mm
275 mm

18 mm SPERRHOLZ

75 mm
75 mm
455 mm
455 mm
455 mm
W
455 mm
W
1986 mm
455 mm
W
455 mm
W
V
455 mm
455 mm
1962 mm
I
I
J
J
400 mm

18 mm SPERRHOLZ

170 mm
170 mm
431 mm
431 mm
463 mm
U
U
463 mm
U
U
K
K
950 mm
463 mm
U
U
463 mm
U
U
L
L
950 mm
BB
BB
170 mm

71

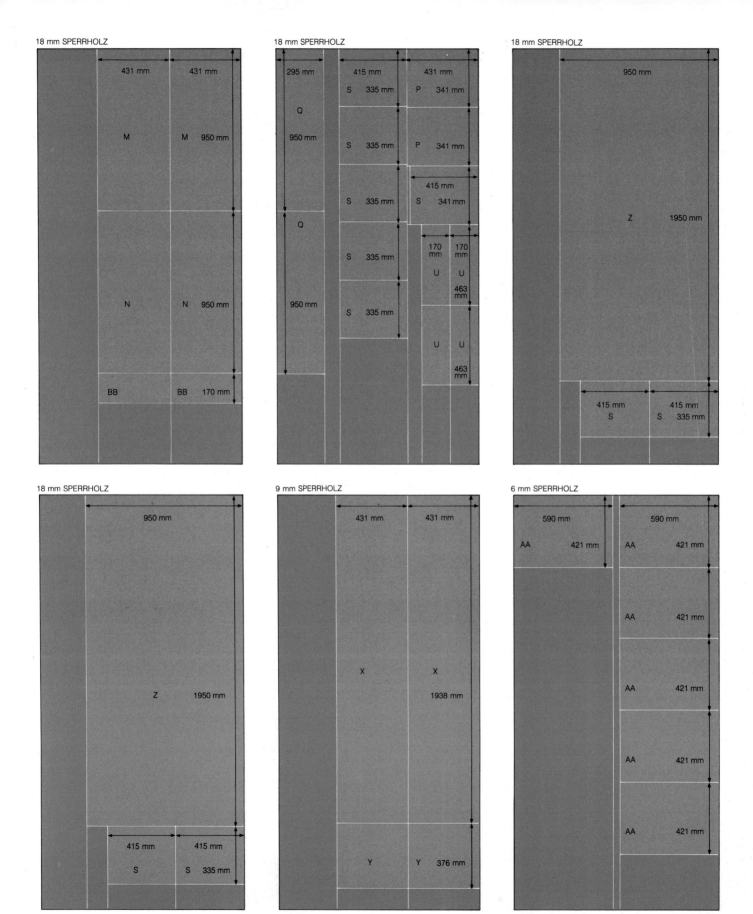

18 mm SPERRHOLZ

431 mm | 431 mm

M | M 950 mm

N | N 950 mm

BB | BB 170 mm

18 mm SPERRHOLZ

295 mm

Q

950 mm

Q

950 mm

415 mm | 431 mm
S 335 mm | P 341 mm
S 335 mm | P 341 mm
S 335 mm | 415 mm
S 335 mm | S 341 mm
S 335 mm | 170 mm | 170 mm
| U | U
| | 463 mm
| U | U
| | 463 mm

18 mm SPERRHOLZ

950 mm

Z 1950 mm

415 mm | 415 mm
S | S 335 mm

18 mm SPERRHOLZ

950 mm

Z 1950 mm

415 mm | 415 mm
S | S 335 mm

9 mm SPERRHOLZ

431 mm | 431 mm

X | X
| 1938 mm

Y | Y 376 mm

6 mm SPERRHOLZ

590 mm | 590 mm
AA 421 mm | AA 421 mm
| AA 421 mm
| AA 421 mm
| AA 421 mm
| AA 421 mm

Fräsen von Nuten und Falzen

Die Tabelle unten rechts gibt an, welche einzelnen Nuten und Falze in die zu der Bücherregal-Schrank-Kombination und zu dem Aufsatzschrank gehörenden Teile gefräst werden müssen.

Die zahlreichen Nuten, die für dieses Projekt erforderlich sind, werden am besten, schnellsten und exaktesten mit einer Oberfräse gearbeitet. Mit diesem Gerät kann man die Nuten wie am Fließband anfertigen – auch die in den Vorder- und Hinterstücken sowie Seitenwänden der Schubladen sowie den Holmen der Bettleiter (S. 75). Wer keine Oberfräse besitzt, kann sich mit Fräsern behelfen, die es als Zubehör zu Bohrmaschinen gibt. Damit der Fräser nicht ständig gewechselt werden muß, sollten die Teile sortiert und die Nuten in der numerischen Reihenfolge gearbeitet werden, die in der Tabelle unten und den Zeichnungen rechts angegeben ist.

Stücke mit der gleichen Nutung sollten auf einer stabilen Arbeitsfläche gestapelt werden, die mindestens so lang und so breit ist wie das größte Teil. Reicht der vorhandene Platz nicht aus, kann man die Arbeitsfläche mit zwei auf dieselbe Höhe eingestellten Sägeböcken vergrößern. Wenn man die Nuten in das erste Teil gefräst hat, läßt man es vom Tisch gleiten und bearbeitet dann ein weiteres Teil nach dem anderen, bis der Stapel fertiggestellt ist.

Bei den Seitenwänden der Bücherregal-Schrank-Kombination (B und C) und des Aufsatzschranks (G und H) ist zu beachten, daß sie einander gegenüberliegen und dementsprechend auf den jeweiligen Innenseiten genutet werden müssen.

Für einige der Nuten können den Anweisungen auf Seite 26 und 27 entsprechend Führungen angebracht werden. Für andere dagegen sind zwei selbstgebaute T-Winkel (S. 74) erforderlich. Mit einem solchen T-Winkel kann man auch relativ mühelos eine Reihe identischer Nuten in mehrere Teile fräsen und läuft dabei weniger Gefahr, sich zu irren. Um Fehler zu vermeiden, sollte man außerdem stets eine Testnut in ein Stück Abfallholz fräsen und ihre Breite und Tiefe mit der Millimeterskala eines Prüfwinkels kontrollieren. Im Sperrholz gearbeitete Nuten und Falze weisen stets leicht ausgesplitterte Kanten auf, die mit Schleifpapier geglättet werden sollten.

Nach dem Fräsen aller Nuten und Falze fertigt man als erstes die Leiter und die sechs Schubladen an, damit diese Teile beim Zusammenbau zur Hand sind.

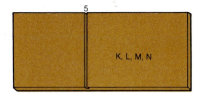

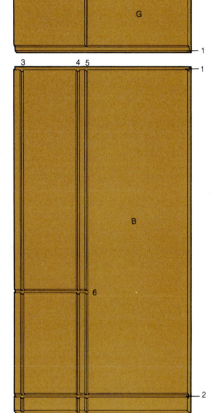

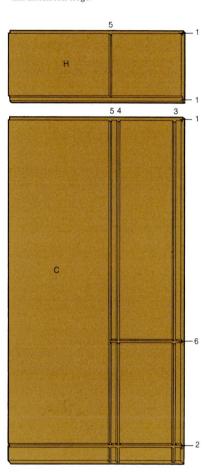

Fräspläne. Die Ziffern, mit denen die Falze und Nuten in den Zeichnungen links und unten gekennzeichnet sind, entsprechen denen in der darunterstehenden Tabelle. Die Position der Führung für die Fräse (S. 26–27) immer von derjenigen Sperrholzkante her abmessen, die der zu fräsenden Nut am nächsten liegt.

Erläuterung zu den Fräsplänen

Fräsarbeit	Fräser (Fräsbreite)	Frästiefe	Entfernung von der Kante zur nächstgelegenen Fräskante
1) Falze an Oberkanten von B und C sowie Ober- und Unterkanten von G und H	18 mm	6 mm	Keine
2) Nuten an Unterkanten von B und C	18 mm	6 mm	75 mm
3) Nuten für vordere Bücherregal-Lochschienen an B und C	12 mm*)	5 mm*)	35 mm
4) Nuten für hintere Bücherregal-Lochschienen an B und C	12 mm*)	5 mm*)	294 mm
5) Nuten für Schrankrückwand an B, C, K und L; für Aufsatzschrank-Zwischenwand an G, H, M und N	9 mm	6 mm	341 mm
6) Nuten für feststehendes Bord an B und C	18 mm	6 mm	690 mm

*) Breite und Tiefe der Nuten richten sich nach Breite und Dicke der verwendeten Lochschienen.

Arbeiten mit T-Winkeln

1 **Anbringen von Fräsführungen.** Für die Nuten Nr. 2 und 3 kann man – den Anweisungen auf Seite 26 und 27 entsprechend – mit Hilfe des Prüfwinkels eine Führung anbringen. Für die Nuten Nr. 4 und 5 ist der Prüfwinkel jedoch zu kurz; für diese Nuten müssen aus geradkantigen Holzabfallstücken zwei T-Winkel angefertigt werden *(rechts)*.

Die Größe der langen Schenkel der T-Winkel berechnet man so: Breite des für den T-Balken ausgewählten Abfallstücks plus Abstand von der Kante des zu fräsenden Teiles bis zur Vorderkante der Nut plus Nutbreite plus Abstand von der Kante der Bodenplatte der Fräse bis zum Fräser. Die Länge der T-Balken ist unerheblich, aber die langen Schenkel unbedingt im rechten Winkel an ihnen befestigen. Die Rechtwinkligkeit mit einem Prüfwinkel kontrollieren und dann die Teile zusammennageln oder leimen und verschrauben.

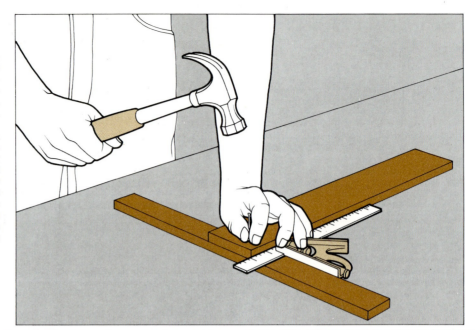

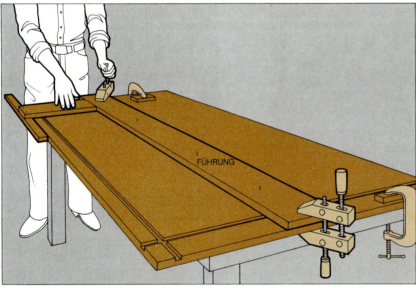

FÜHRUNG

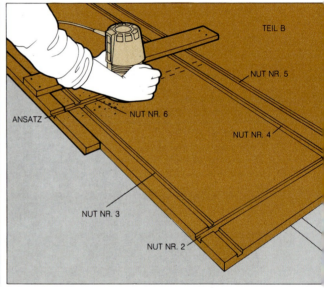

TEIL B

NUT NR. 5

ANSATZ

NUT NR. 6

NUT NR. 4

NUT NR. 3

NUT NR. 2

2 **Anbringen einer Führung mit einem T-Winkel.** Ein etwa 150 mm breites und 2000 mm langes Stück Sperrholz, das beim Zuschneiden der großen Teile abgefallen ist, gibt eine hervorragende Führung für die langen Nuten ab. Das Holzstück so auf das zu nutende Teil legen, daß die glatt behobelte Sperrholzkante der zu fräsenden Nut zugewandt ist. Dann an einem Ende des zu fräsenden Teiles den T-Winkel anlegen und die Führung gegen den langen Schenkel des T-Winkels drücken *(oben)*. Die Führung an diesem Ende des Teiles festklemmen. Den T-Winkel an der Führung entlangschieben und die Führung an mehreren Stellen leicht mit dünnen Drahtstiften befestigen, damit sie sich während des Fräsens nicht verschiebt. Das andere Ende der Führung festklemmen.

3 **Benutzen eines T-Winkels als Führung.** Für die Nuten Nr. 6 in den vier Seitenwänden der Bücher-regal-Schrank-Kombination (Teile B und C) kann ein langer T-Winkel als Führung dienen. Jedes Teil von der Unterkante her abmessen und den T-Winkel an dem Punkt anlegen, der sich aus der Addition aller in Schritt 1 genannten Maße abzüglich des ersten ergibt. Den T-Winkel mit dünnen Drahtstiften auf dem zu fräsenden Teil befestigen.

Auf Teil B die Fräse an der Kante des T-Balkens ansetzen; den Fräser durch den T-Balken und durch Teil B *(oben)* hindurchführen, bis er die Nut Nr. 5 schneidet; er darf jedoch keinesfalls über die Hinterkante von Nut Nr. 5 hinausführen. Auf Teil C den T-Winkel wie beschrieben anlegen, aber den Fräsvorgang umkehren – an Nut Nr. 5 beginnen. Dabei sich etwas seitlich hinstellen, damit die Fräse nicht direkt auf den Körper zugeführt wird. Die Nut durch den T-Balken hindurch fräsen, damit das offene Ende der Nut nicht aussplittert.

Ausschnitte für die Sockel

Ausschneiden der Ecken. Zum Einpassen der Sokkel an den unteren Ecken der Kojenbett-Seitenwände (Teile A) und der Bücherregal-Schrank-Seitenwände (Teile B und C) sowie aus den Zwischenwänden für die Schubladenführungen (Teile Q) mit einer Feinsäge Quadrate von 75 x 75 mm herausschneiden. Die Sockel beim Zusammenbau an die Unterkanten der Möbelteile anschrauben.

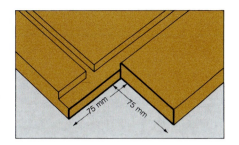

Leiter

1 Fräsen der Leiter. Für die Holme der Leiter benötigt man zwei Stücke Hartholz mit den Maßen 1520 x 125 x 18 mm, für die Sprossen vier Stücke von 450 x 80 x 18 mm. Die Holme nebeneinander auf die Werkbank legen und mit Zwingen an ihr befestigen. Auf die Holme genagelte Holzabfallstücke dienen als Führungen zum Fräsen der Nuten. Nicht in die Werkbank nageln!

50 mm von der Unterkante der Leiter entfernt beginnend, in Abständen von 300 mm vier Nuten von 6 mm Tiefe, 18 mm Breite (den Sprossen entsprechend) und 75 mm Länge in jeden Holm fräsen. In die hinteren Ecken jeder Sprosse einen 14 x 6 mm großen Ausschnitt sägen, so daß beim Zusammenbau die Sprossen in die abgerundeten Kanten der Nuten passen und sie verdecken. Mit einer Stichsäge die Oberkanten der Holme abrunden und dann glattschleifen.

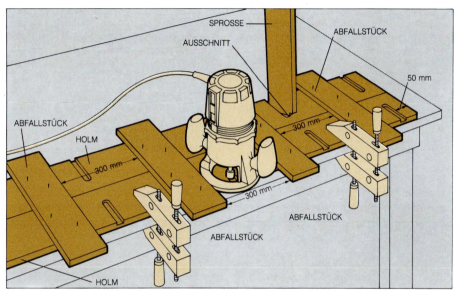

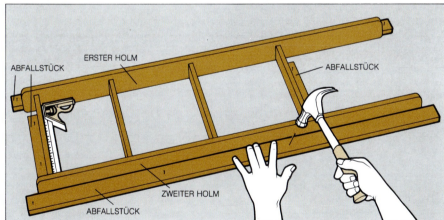

2 Zusammenbau der Leiter. Die Werkbank mit einem alten Brett vor Beschädigungen schützen. Ein gerades Stück Abfallholz, das so lang sein muß wie die Holme, auf das Brett nageln; es hält die Teile der Leiter beim Leimen in Position. Einen der Holme so hinlegen, daß die offenen Enden der Nuten nach unten zeigen, und gegen das angenagelte Stück Abfallholz drücken. Die Sprossen in die Nuten einsetzen und leimen. Den zweiten Holm in Position bringen und die anderen Enden der Sprossen in die Nuten leimen. Mit einem Prüfwinkel die oberste und die unterste Sprosse genau rechtwinklig ausrichten und kurze Stücke Abfallholz so auf das untergelegte Brett nageln, daß Holme und Sprossen sich nicht verschieben können. Ein weiteres langes und gerades Stück Abfallholz so auf das Brett nageln, daß es fest gegen den zweiten Holm drückt. Die zusammengebaute Leiter liegen lassen, bis der Leim abgebunden hat.

Schubladen

Anfertigen der Schubladen. 12 mm von den Unterkanten aller Vorder- und Hinterstücke der Schubladen (Teile T) entfernt 6 mm breite und 6 mm tiefe Nuten einfräsen. Die Schubladen-Seitenwände (Teile U) in sechs rechte und sechs linke aufteilen und in alle Nuten wie oben angegeben fräsen. An der Vorderkante jeder Seitenwand (auf der genuteten Seite) einen 18 mm breiten und 6 mm tiefen Falz arbeiten; an der Hinterkante jeder Seitenwand 18 mm von der Kante entfernt eine 18 mm breite und 6 mm tiefe Nut fräsen. Die Schubladen nach den Anweisungen auf Seite 28 und 29 zusammenbauen. Sie erhalten später Aufdoppelungen.

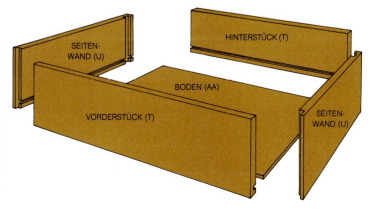

Verdecken der Sperrholzkanten

Alle Sperrholzkanten, die nach dem Zusammenbau der Kombination aus Kojenbetten und Raumteiler zu sehen sind, sollten mit Leisten oder Kantenumleimer verdeckt werden. Dadurch gewinnt das Projekt nicht nur ein besseres und professionelleres Aussehen, sondern auch das Aussplittern der Kanten wird verhindert. Soll das Möbelstück lackiert werden, liefern die Leisten einen streichfertigen Untergrund für die Farbe. Wer die Kanten nicht verdecken möchte, sollte sie mit Holzkitt versiegeln und glattschleifen.

Da dieses Projekt aus mehreren großen Teilen besteht, empfiehlt es sich, die Kanten zu verdecken, nachdem die Fräsarbeiten beendet sind, aber bevor man mit dem Zusammenbau beginnt. Nur die Kanten der Türen von Schrank und Aufsatzschrank werden erst nach dem Einpassen *(S. 83)* verdeckt. Es gibt zwei Möglichkeiten:

☐ LEISTEN. Leisten mit einem Querschnitt von 18 x 18 mm schützen diejenigen Kanten, die – wie die der Betten und die Vorder- und Seitenkanten der Schreibplatte – am stärksten beansprucht werden.

☐ UMLEIMER. Kanten, die keinen besonderen Schutz benötigen, können mit Furnier verdeckt werden. Sogenanntes Echtholzfurnier wird zu diesem Zweck in schmale Streifen geschnitten, die bis zu 3 m lang sein können. Für dieses Projekt werden etwa 60 m Furnierstreifen benötigt. Echtholzfurniere sind in verschiedenen Holzarten erhältlich und können den Außenfurnieren der Sperrholzplatten entsprechend gewählt werden. Echtholzfurniere werden grundsätzlich mit PVA-Leim *(S. 61)* aufgeleimt.

Billiger und bequemer anzubringen sind die sogenannten Kantenumleimer aus synthetischem Material, die auf der Rückseite mit einem Schmelzkleber ausgestattet sind. Imitationen verschiedener Holzarten sind in Rollen von 5,5 m Länge in fast jedem Kaufhaus und Heimwerkergeschäft erhältlich. Um sie anzubringen, benötigt man nur ein warmes Bügeleisen; man beginnt an einem Ende der Sperrholzkante und schiebt das Bügeleisen unter Druck langsam vorwärts, bis man am anderen Ende angekommen ist. Nach dem Abkühlen wird der Umleimer nötigenfalls mit einer Rasierklinge oder dem Stechbeitel auf die richtige Breite geschnitten *(gegenüberliegende Seite)*.

Kantenumleimer ohne Schmelzkleber kann mit einem Kontaktkleber *(S. 61)* aufgebracht werden. Dabei ist darauf zu achten, daß der Umleimer sofort in die richtige Position gebracht wird, da der Kleber abbindet, sowie sich die beiden bestrichenen Flächen berühren. Zum Auftragen verwendet man am besten billige Pinsel mit steifen Borsten. Wenn der Kleber am Pinsel antrocknet, wirft man ihn fort und nimmt einen neuen – das Reinigen des Pinsels ist schwierig.

Vor dem Anbringen der Kantenverdeckung sollte man die Tabelle unten zu Rate ziehen und die zu verdeckenden Kanten mit Farbstiften markieren, wobei man eine Farbe für die Leisten und eine zweite für Furnierstreifen oder Umleimer verwendet.

Zu verdeckende Kanten

Teil	Kante	Art der Verdeckung
Vorderblende des unteren Kojenbetts, Teil D	Oberkante Seiten- und Unterkante	Leisten 18 × 18 mm, 2011 mm Umleimer
Rückwand des unteren Kojenbetts, Teil E	Oberkante Seiten- und Unterkante	Leisten 18 × 18 mm, 2011 mm Umleimer
Rückwand des oberen Kojenbetts, Teil F	Alle vier Kanten	Umleimer
Schreibplatten, Teil O	Vorderkante Seitenkanten Hinterkante (wo Klavierband angebracht wird)	Leisten 18 × 18 mm, 444 mm Leisten 18 × 18 mm, 619 mm Umleimer
Schreibplattenstützen, Teil R	Alle vier Kanten	Umleimer
Fest eingebaute Borde, Teil P	Vorderkante (431 mm)	Umleimer
Versetzbare Borde, Teil S	Vorderkante (415 mm)	Umleimer
Bücherregal-Schrank-Seitenwände, Teile B und C	Bücherregal: Vorderkante von oben bis zur kürzeren Quernut, von der kürzeren Quernut bis zur Unterkante. Schrank: Vorderkanten.	Leisten 18 × 18 mm, 1354 mm Umleimer Umleimer
Bücherregal-Schrank-Oberböden, Teil K	431-mm-Vorderkante, offene Hälfte 431-mm-Vorderkante, geschlossene Hälfte	Leisten 18 × 18 mm, 456 mm Umleimer
Bücherregal-Schrank-Böden, Teil L	Beide 431 mm langen Kanten	Umleimer
Seitenwände des Aufsatzschranks, Teile G und H	400-mm-Vorderkante, offene Hälfte 400-mm-Vorderkante, geschlossene Hälfte	Leisten 18 × 18 mm, 425 mm Umleimer
Aufsatzschrank, Oberböden und Böden, Teile M und N	431-mm-Vorderkante, offene Hälfte 431-mm-Vorderkante, geschlossene Hälfte	Leisten 18 × 18 mm, 456 mm Umleimer
Türen von Schrank und Aufsatzschrank, Teile I und J	Alle Kanten	Umleimer
Sockelleisten, Teile V und W	Schmalseiten	Umleimer

Leisten

1 Anbringen von Leisten. Kleinere Teile, deren Kanten mit Leisten verdeckt werden sollen, mit der zu verdeckenden Kante nach oben in einen Schraubstock einspannen; größere Teile mit Schraubzwingen seitlich an der Werkbank befestigen. Die Leisten etwa 25 mm länger als die zu verdeckende Kante zuschneiden. Reichlich PVA-Leim *(S. 61)* auf die Sperrholzkante und eine Leistenseite auftragen, die beiden Flächen aneinanderdrücken und dann alle 150 bis 200 mm Stauchkopfnägel einschlagen und versenken.

Überschüssigen Leim mit einem feuchten Lappen entfernen. Nach dem Abbinden des Leimes mit der Feinsäge die überstehenden Leistenenden so absägen, daß sie mit den Kanten des Teiles bündig abschließen, ausgenommen an den Teilen M, N und K. Die Nagellöcher mit Holzkitt ausfüllen und alle Oberflächen glattschleifen.

2 Ausschnitte für Verbindungen herstellen. Damit die anderen Teile eingepaßt werden können, müssen die Leisten an Oberboden und Boden des Aufsatzschranks (Teile M und N) sowie am Bücherregal-Schrank-Oberboden (Teil K) ausgeschnitten werden. Mit Prüfwinkel und Bleistift quer über die Leiste 6 mm von der Sperrholzkante entfernt einen Strich ziehen. Mit einer Stich- oder Feinsäge auf dieser Linie bis zur geleimten Sperrholzkante einsägen und das Leistenstück von hinten mit einem Hammer anschlagen; es bricht an der eingeschnittenen Stelle sauber ab.

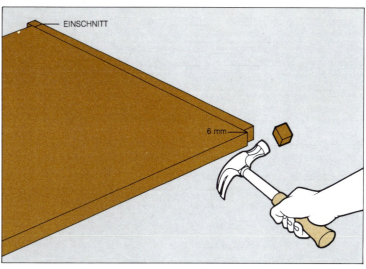

Umleimer

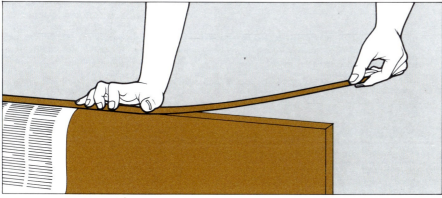

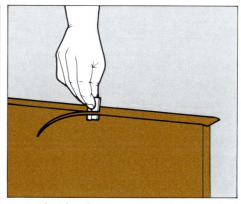

1 Anbringen von Umleimer. Verwendet man Umleimer ohne Schmelzkleber, zuerst einen Streifen zuschneiden, der mindestens 20 mm länger ist als die zu verdeckende Kante. Kontaktkleber (PVA-Leim bei Echtholzfurnier) sowohl auf die Sperrholzkante als auch auf den Umleimer auftragen; für einen gleichmäßigen Auftrag den Pinsel nur in einer Richtung führen. Den Kleber nach Anweisung des Herstellers ablüften lassen. An den Sperrholzkanten ein zweites Mal Kleber auftragen – der erste Auftrag ist im Holz versickert – und wieder ablüften lassen. An kürzeren Kanten den Umleimer in einem Arbeitsgang von einem Ende zum anderen anbringen. An längeren Kanten kann es schwierig sein, das ganze Stück aufzukleben. Da abgelüfteter Kontaktkleber nur mit seinen Komponenten abbindet, kann man etwa die Hälfte einer langen Kante mit Papier abdecken und so verhindern, daß der Umleimer versehentlich festklebt. Den Umleimer an einer Ecke anlegen; zur Mitte hinarbeiten, das Papier entfernen und ihn auf der anderen Hälfte andrücken.

2 Beschneiden der Kanten. Den Umleimer durch mehrmaliges Überrollen mit einem Stück Dübelholz fest andrücken, und zwar bis über die Ecke der Sperrholzkante hinaus, damit in dem überstehenden Ende ein Knick entsteht. Mit einer einschneidigen Rasierklinge oder einem Stechbeitel (flache Seite nach unten) alle überstehenden Ecken und Kanten abschneiden. Mit 120er Schleifpapier anschließend die Kanten des Umleimers leicht anschleifen, damit eine nahtlose Verbindung zur Sperrholzfläche entsteht; nicht auf der Oberfläche des Umleimers schleifen. Auf der Sperrholzfläche angetrockneten Kontaktkleber sofort durch behutsames Abstemmen und Schleifen entfernen.

Zusammenbau von Kojenbetten und Raumteiler

Für den Bau der drei größten Bestandteile der Kombination aus Kojenbetten und Raumteiler braucht man keine speziellen Kenntnisse und Fähigkeiten. Trotz einer Länge von 1986 mm und einer Breite von 986 mm ist der Kojenbetteil letzten Endes – ebenso wie die Kombination aus Bücherregal und Schrank und der Aufsatzschrank – ein Kasten und wird nicht anders als mit den gleichen Techniken gebaut wie andere Kästen auch. Diese Techniken sind: Abmessen und Anreißen, Löcher bohren, Leimen und Schrauben eindrehen.

Seiner Ausmaße wegen sollte der Kojenbetteil in dem Zimmer gebaut werden, in dem er stehen soll. Die weniger großen Teile – Bücherregal-Schrank-Kombination und Aufsatzschrank – können anderswo zusammengebaut werden, sofern nicht enge Korridore oder ähnliche Hindernisse den Transport unmöglich machen.

Beim Zusammenbau der einzelnen Möbelstücke wird gelegentlich ein Helfer benötigt, der das Stück, an dem gerade gearbeitet wird, in eine andere Lage versetzt oder beim Boh-

ren Gegendruck ausübt. Er kann außerdem Teile festhalten oder überschüssigen Leim abwischen, wenn mehrere Teile gleichzeitig zusammengefügt werden sollen und man schnell arbeiten muß, um zu verhindern, daß der Leim vorzeitig abbindet.

Nachdem die fünf einzelnen Bestandteile des Projekts zusammengebaut und aufgestellt worden sind, kann man sie der größeren Standfestigkeit wegen auch noch miteinander verschrauben.

Der Zusammenbau geht besser und leichter von der Hand, wenn man sich von Anfang an einer Reihe von praktischen Arbeitstechniken bedient:

☐ Da die zahlreichen Stücke genau zusammenpassen müssen, vor dem Befestigen stets mit Lineal und Prüfwinkel kontrollieren, ob sie wirklich vollkommen gerade und rechtwinklig sind.

☐ Für alle Senkkopfschrauben ausgefräste Löcher bohren; für das Verhältnis zwischen Bohrer und Schraubendicke den Anweisungen auf Seite 29 folgen. Die Löcher für Linsenkopfschrauben nicht ausfräsen; sie wer-

den in Verbindung mit Unterlegscheiben verwendet, die dem Profil des Schraubenkopfs angepaßt sind. Zum Befestigen von Klavierband die Schraubenlöcher nicht vorbohren, sondern sie vielmehr mit Spitz- oder Nagelbohrer vorstechen.

☐ Zum Eindrehen der Kreuzschlitzschrauben am besten eine Bohrmaschine mit elektronisch gesteuerter Drehzahl verwenden. (Zum Eindrehen mit der Bohrmaschine sind Kreuzschlitzschrauben geeigneter, weil der Schraubenzieher in ihnen sicheren Halt findet als in Längsschlitzen. Mit der Hand oder mit der Bohrmaschine eingedrehte Längsschlitzschrauben besitzen die gleiche Haltekraft, ihr Eindrehen erfordert jedoch etwas mehr Sorgfalt und Mühe.)

Für ein Projekt dieser Größe eignet sich PVA-Leim *(S. 61)* seiner großen Haltekraft wegen am besten. Überschüssigen Leim sofort entfernen, da die beschmutzten Stellen Beize oder Leinöl abweisen. Den Leim mit einem immer wieder ausgespülten Schwamm oder Lappen (zum Beispiel einem alten Handtuch) abwischen.

Zusammenbau der Teile: Kojenbetten

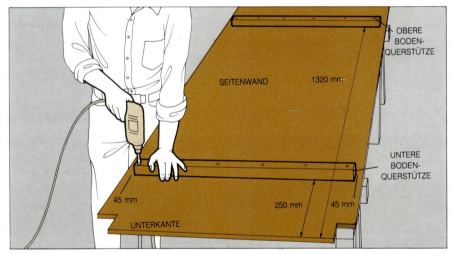

1 **Bodenstützen für die Seitenwände.** Die 45 x 45-mm-Leisten folgendermaßen zuschneiden: zwei Stücke 1950 mm lang, vier Stücke 860 mm lang und acht Stücke 638 mm lang. Die 860 mm langen Stücke dienen als Querstützen unter den Kanten der Bettböden; die anderen für den späteren Gebrauch zunächst beiseite legen.

Die Stützen für den unteren Bettboden müssen 250 mm von den Unterkanten der Kojenbett-Seitenwände (Teile A), die für den oberen Bettboden 1320 mm von den Unterkanten der Kojenbett-Seitenwände entfernt sein. Die Stützen anleimen und mit je sechs in Abständen von 175 mm angebrachten Holzschrauben (5,5 x 50 mm) sichern.

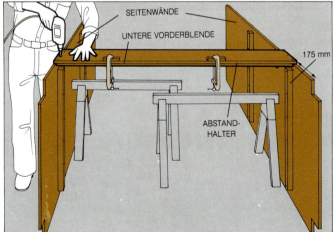

2 **Untere Vorderblende.** Ein 1950 mm langes und etwa 75 mm breites Stück Abfallholz als Abstandhalter zuschneiden und mit Zwingen so an der Rückseite der unteren Vorderblende (Teil D) befestigen, daß dieser Abstandhalter von beiden Kanten des Teiles D 18 mm entfernt ist.

Die Seitenwände auf der Längskante so aufstellen, daß die Stützen nach innen zeigen; zwei dagegengestellte Sägeböcke verhindern, daß sie umfallen. Die untere Vorderblende so an den Seitenwänden anbringen, daß sich ihre Unterkante 175 mm oberhalb der Sockelausschnitte befindet; die Seitenwände gegen den angeklemmten Abstandhalter drücken. Löcher vorbohren und die Vorderblende mit drei 35 mm langen Linsenkopfschrauben mit Unterlegscheiben an einer der Seitenwände befestigen. Danach die Vorderblende an der anderen Seitenwand ebenso anschrauben.

3 **Obere Kojenbett-Rückwand.** Den in Schritt 2 benutzten Abstandhalter an der Rückseite der oberen Rückwand (Teil F) befestigen, und zwar entlang der unteren Kante. Die Rückwand zwischen die Seitenwände setzen und die Seitenwände gegen den Abstandhalter drücken. Die Oberkante der Rückwand sollte mit den oberen Ecken der Seitenwände bündig abschließen. Mit Eckzwingen für genau rechte Winkel sorgen.

Die obere Rückwand mit Linsenkopfschrauben und Unterlegscheiben befestigen, und zwar zuerst an den vier Ecken; anschließend fünf weitere Schrauben in Abständen von ungefähr 175 mm an jeder Wandseite anbringen. Mit einem Helfer den Kojenbetteil behutsam aufrecht hinstellen.

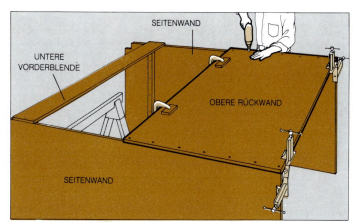

4 **Untere Kojenbett-Rückwand.** Den Abstandhalter an der Oberkante der Rückseite der unteren Rückwand (Teil E) befestigen. Ein paar Klemmzwingen unmittelbar unter den 45 x 45-mm-Stützen für den Bettboden an den Seitenwänden befestigen. Die untere Rückwand so auf die Klemmzwingen stellen, daß der Abstandhalter gegen die Seitenwände stößt. Die Rückwand mit Schraubknechten an den Seitenwänden halten und – den Anweisungen in Schritt 3 folgend – mit Linsenkopfschrauben und Unterlegscheiben an ihnen befestigen.

5 **Längsstützen für das obere Kojenbett.** Die beiden 1950 mm langen Stücke aus 45 x 45-mm-Leiste, die in Schritt 1 zugeschnitten wurden, dienen als Längsstützen für das obere Bett. Sie werden an den Rückwänden des oberen und des unteren Bettes (Teile F und E) mit Hilfe von Holzabfallstücken, die mit Zwingen an den bereits angebrachten Querstützen befestigt wurden *(unten),* in Position gehalten. Die Längsstützen mit Leim und 50 mm langen Holzschrauben an den Rückwänden des oberen und des unteren Bettes befestigen.

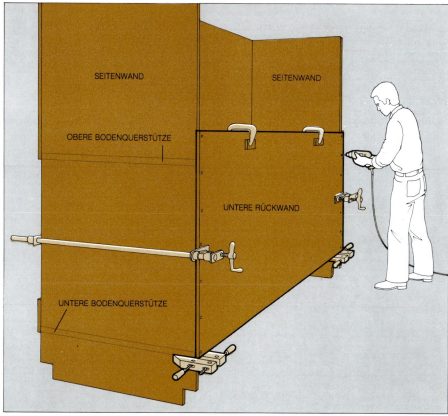

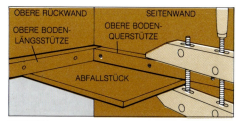

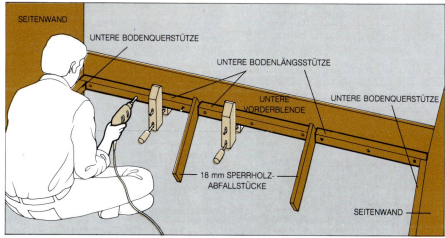

6 **Längsstützen für das untere Kojenbett.** Sechs der in Schritt 1 zugeschnittenen 638 mm langen Leistenstücke von 45 x 45 mm dienen als Längsstützen für das untere Kojenbett. Drei dieser Längsstützen auf gleicher Höhe wie die bereits an den Seitenwänden befestigten Querstützen mit Zwingen an der unteren Vorderblende (Teil D) befestigen. Die drei Längsstützen mit 18 mm dicken Stücken Abfallholz *(links)* voneinander trennen, damit für die später *(S. 80)* anzubringenden Zwischenwände für die Schubladenführungen genügend Platz bleibt. Die Längsstützen mit 50 mm langen Holzschrauben befestigen und die Abstandhalter entfernen. Die drei anderen Längsstützen an der entsprechenden Stelle an der unteren Rückwand (Teil E) ebenso anbringen.

7 Erste Auszugführung am Korpus. Zum Anbringen der ersten Korpusschiene von der Stelle aus, an der die Unterkante der Vorderblende auf die Seitenwand trifft *(unten)*, 173 mm abwärts messen (Schubladenhöhe plus etwas Spielraum). Den Punkt markieren und von ihm aus eine waagerechte Linie quer über die Seitenwand ziehen; sie dient als Richtlinie für die Unterkante der Schiene. Die Schiene entsprechend den Anweisungen in Schritt 2 und 3 auf Seite 29 und 30 anschrauben. Da leichte Verschiebungen erforderlich sein können, die Schrauben an dieser und den anderen Korpusschienen nicht fest anziehen, bevor sie in Schritt 11 ihre endgültige Position gefunden haben.

8 Die übrigen Korpusschienen. Zum Anbringen der Korpusschienen für die anderen Schubladen ein Stück Abfallholz auf die Länge der in Schritt 7 angebrachten Führung zuschneiden. Seine Höhe sollte dem Abstand zwischen der Unterkante der Führung und dem Fußboden entsprechen. Diese Meßlatte muß unbedingt geradkantig und rechtwinklig sein. Mit ihrer Hilfe drei der noch vorhandenen elf Korpusschienen an den Seitenwänden des Kojenbetts befestigen *(unten)*. Dann mit Hilfe der Meßlatte je vier Korpusschienen an den beiden Zwischenwänden (Teile Q) montieren, und zwar im gleichen Abstand zu dem ausgesägten Quadrat von 75 x 75 mm wie an den Seitenwänden. Auch diese Schienen den Anweisungen in Schritt 2 und 3 auf Seite 29 und 30 entspre- chend anbringen. Die Zwischenwände in die zwischen den Längsstützen gelassenen Lücken schieben und locker anschrauben. Den Anweisungen in Schritt 4 auf Seite 30 entsprechend an jeder Schublade zwei Schienen anbringen. Alle sechs Schubladen vor dem weiteren Zusammenbau auf genaue Paßform überprüfen.

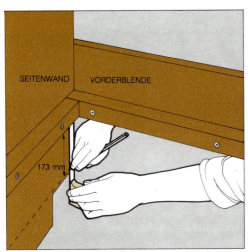

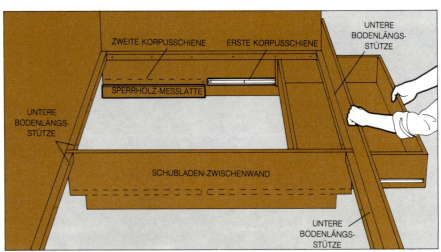

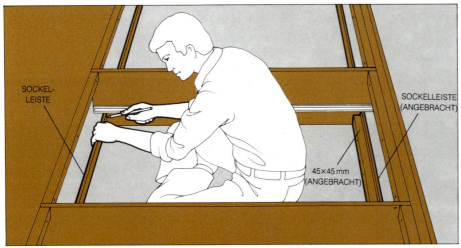

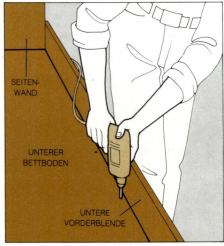

9 Sockelleisten. Die Schubladen entfernen. An jedem Ende der beiden Sockelleisten (Teile V) zwei Löcher für Linsenkopfschrauben mit Unterlegscheiben bohren, deren Zentrum jeweils 9 mm von der Kante entfernt ist. Die Schrauben locker eindrehen und mit dem Bleistift auf der Rückseite der Leiste eine Linie entlang der Innenseite der beiden Zwischenwände mit den Schubladenführungen reißen *(oben)*; den Vorgang für die andere Sockelleiste wiederholen. Die beiden noch vorhandenen 638 mm langen Stücke aus 45 x 45-mm-Leiste so zwischen diese Markierungen leimen und schrauben, daß sie mit den Unterkanten der Sockelleisten bündig abschließen. Die Sockelleisten an den Seitenwänden festschrauben.

10 Kojenbett-Böden. Beide Bett-Böden (Teile Z) auf die gleiche Weise montieren. Jeden Boden auf seine Stützen legen. 150 mm beiderseits der Mitte der langen Seiten Löcher für 50-mm-Schrauben durch den Boden in die darunterliegenden Stützen bohren *(oben)*. Damit zwischen Wänden und Boden keine Lücken entstehen, sollte nach Möglichkeit ein Helfer während des Bohrens die Wände fest andrücken; ist niemand zur Hand, müssen ein oder zwei quer über die Kojenbetten gespannte Schraubknechte diese Aufgabe übernehmen. Den oberen Boden einschrauben, den unteren Boden wieder herausnehmen.

11 Zwischenwände für Schubladenführungen. Zum vorläufigen Befestigen der Zwischenwände zwei Nägel schräg durch jede Zwischenwand in die Längsstützen an der unteren Vorderblende einschlagen. Löcher für 50-mm-Schrauben durch die Zwischenwände in die Enden der an der Rückseite der Sockelleisten angebrachten 45 x 45-mm-Leisten bohren *(unten)*. Da der Platz zum Handhaben des Bohrers knapp ist, die Löcher leicht schräg bohren. Die Schrauben eindrehen, die Nägel herausziehen. Die Schubladen einsetzen und prüfen, ob sie reibungslos funktionieren; notfalls Korrekturen vornehmen. Die Schubladen herausziehen und alle Schrauben in den Auszugführungen fest anziehen; die restlichen Schrauben eindrehen.

12 Aufdoppelungen für die Schubladen. Die Schubladen auf beiden Seiten einsetzen und die 175 mm breiten Streifen Tischlerplatte, die beim Zuschneiden der Seitenwände abgefallen sind, mit Zwingen an den Schubladen-Vorderstücken befestigen. Etwa 2 mm dicke Abstandhalter zwischen diese Streifen und die untere Vorderblende (Teil D) bzw. die untere Kojenbett-Rückwand (Teil E) schieben. Mit dem Bleistift gerade Linien für das Zuschneiden von Aufdoppelungen für die Schubladen anreißen *(unten)*, und zwar in der Mitte jeder Zwischenwand und außerdem 2 mm von den Außenkanten der Kojenbett-Seitenwände entfernt, damit die Schubladen nach dem endgültigen Zusammenbau nicht etwa an der Bücherregal-Schrank-Kombination hängenbleiben.

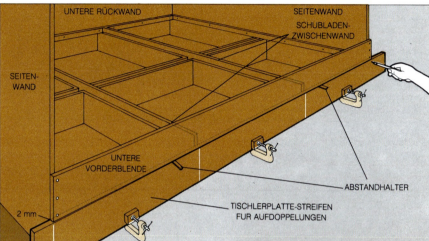

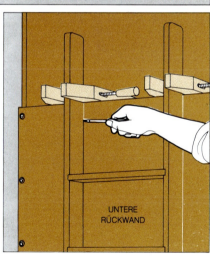

13 Letzte Montagearbeiten. Die drei Schubladen vorsichtig aufziehen, damit der immer noch mit Zwingen befestigte Aufdoppelungsstreifen nicht verrutscht. Die Zwingen in Position belassen und die Aufdoppelung noch zusätzlich mit Klemmzwingen an den Schubladen befestigen. Von der Innenseite jedes Schubladen-Vorderstücks vier Löcher für 30-mm-Schrauben *(oben)* durch die Schublade bis ein paar Millimeter in die Aufdoppelung hineinbohren. Diese Bohrlöcher markieren die Position der Aufdoppelungen nach dem Zuschneiden. Den Streifen abnehmen und entsprechend den in Schritt 12 angebrachten Markierungen zuschneiden. Die in die Schubladen-Vorderstücke gebohrten Löcher mit denen in den Aufdoppelungen in Deckung bringen und die Schrauben eindrehen. Griffe an allen drei Schubladen anbringen *(S. 32);* die Schraubenköpfe versenken, damit sie bündig mit der Holzoberfläche abschließen. Den gesamten Vorgang für die Schubladen an der anderen Kojenbett-Seite wiederholen. Den unteren Bettboden einsetzen und 50-mm-Schrauben durch die in Schritt 9 gebohrten Löcher eindrehen.

14 Leiter. Einen Platz für die Leiter auswählen und Klemmzwingen an den Holmen so anbringen, daß die Leiter an der unteren Kojenbett-Rückwand herabhängt *(oben)*. Die Kanten beider Holme mit dem Bleistift markieren; die Leiter abnehmen und zwischen den beiden markierten Doppellinien für jeden Holm fünf Löcher durch die untere Rückwand bohren. Die Leiter mit den Klemmzwingen wieder aufhängen. Von einem Helfer festhalten lassen und von der Innenseite der Rückwand mit einem etwas dünneren Bohrer durch die bereits gebohrten Löcher hindurch bis in die Holme hineinbohren. Die Holme mit 40-mm-Linsenkopfschrauben und Unterlegscheiben sorgfältig befestigen.

Zusammenbau der Teile: Bücherregal und Schrank

1 Schreibplatte. Um die angehobene Schreibplatte in der Waagerechten und die Stützen an Ort und Stelle zu halten, zwei Stücke 18 x 18-mm-Leiste – jeweils 75 mm lang und mit einem Ausschnitt von 12 x 18 mm an einem Ende – wie abgebildet an der Unterseite der Schreibplatte (Teil O) befestigen. Damit sich die Leistenstücke zur Seite drehen lassen, die Löcher in den Leisten (aber nicht in der Schreibplatte) etwas größer bohren, als für eine 6 x 30-mm-Schraube erforderlich ist. Die Schreibplatte und eines der fest einzubauenden Borde (Teil P) mit den Unterseiten nach oben flach aneinanderstoßend auf die Arbeitsfläche legen (*unten*). Ein 418 mm langes Stück Klavierband so ausrichten, daß das Gewerbe über dem Spalt zwischen den beiden Teilen liegt. Löcher vorstechen und 16-mm-Schrauben eindrehen. Den Vorgang für die andere Schreibplatte wiederholen.

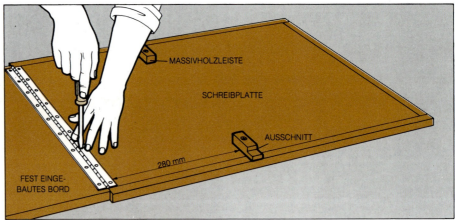

MASSIVHOLZLEISTE

SCHREIBPLATTE

AUSSCHNITT

280 mm

FEST EINGE-BAUTES BORD

2 Lochschienen. Eine der Bücherregal-Schrank-Seitenwände (Teil B oder C) flach auf die Arbeitsfläche oder zwei Sägeböcke legen und vier Lochschienen (*S. 48*) in die dafür gefrästen Nuten einsetzen. Zwei 1311 mm lange Schienen oberhalb, zwei 597 mm lange Schienen unterhalb der Quernut für das fest eingebaute Bord anbringen. Die Schienen dürfen keinesfalls bis in diese Nut hineinreichen; die Löcher in den einander gegenüberliegenden Schienen unbedingt so ausrichten, daß die Borde völlig waagerecht eingesetzt werden können. Die Schienen annageln oder anschrauben und dann den gesamten Vorgang an den anderen drei Seitenwänden wiederholen.

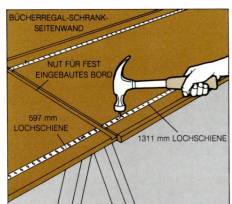

BÜCHERREGAL-SCHRANK-SEITENWAND

NUT FÜR FEST EINGEBAUTES BORD

597 mm LOCHSCHIENE

1311 mm LOCHSCHIENE

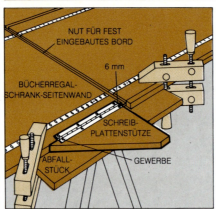

NUT FÜR FEST EINGEBAUTES BORD

BÜCHERREGAL-SCHRANK-SEITENWAND

6 mm

SCHREIB-PLATTENSTÜTZE

ABFALL-STÜCK

GEWERBE

3 Schreibplattenstützen. Eine Bücherregal-Seitenwand auf den Arbeitstisch oder zwei Sägeböcke legen und an ihrer Unterseite ein Stück Abfallholz mit Zwingen als Auflage für die Schreibplattenstützen befestigen (*links*). Eine Schreibplattenstütze (Teil R) 6 mm unterhalb der Quernut für das fest eingebaute Bord an die Kante der Bücherregal-Schrank-Seitenwand legen. Ein 250 mm langes Stück Klavierband so ausrichten, daß das Gewerbe über der Kante der Seitenwand liegt, und entsprechend den in Schritt 1 gegebenen Anweisungen befestigen. Die Klavierbänder an den anderen drei Stützen ebenso anbringen. Die Stützen auf die Bücherregal-Schrank-Seitenwände umklappen und sie vorläufig mit einem Stück Klebeband dort festhalten.

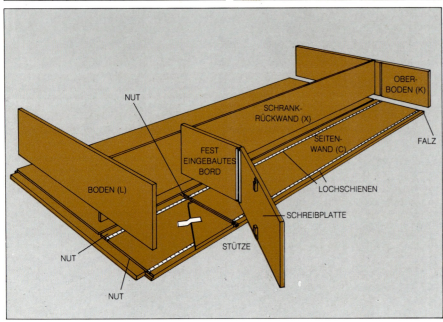

NUT

OBER-BODEN (K)

SCHRANK-RÜCKWAND (X)

SEITEN-WAND (C)

FALZ

FEST EINGEBAUTES BORD

BODEN (L)

LOCHSCHIENEN

SCHREIBPLATTE

NUT

STÜTZE

NUT

4 Zusammensetzen der Teile. Auf der genuteten Seite aller Bücherregal-Schrank-Seitenwände Löcher für 40-mm-Schrauben in alle waagerechten Nuten und Falze bohren, und zwar 25 mm vom Ende der Nuten und Falze entfernt beginnend in Abständen von etwa 150 mm. Nur so tief bohren, daß die Bohrerspitze das Holz gerade durchdringt; dann die Teile umdrehen und die Bohrlöcher an den Außenseiten leicht ausfräsen.

In eine der Bücherregal-Schrank-Seitenwände die Teile wie folgt einpassen: Boden (Teil L), Rückwand (Teil X), fest eingebautes Bord mit angesetzter Schreibplatte (Teile P und O) und Oberboden (Teil K). Wenn alles paßt, auseinandernehmen, den Falz, alle Nuten in der Seitenwand und die Kanten der mit ihr zu verbindenden Teile mit Leim bestreichen und die Teile schnellstens zusammenfügen. Die andere Seitenwand ebenso anleimen. Schrauben in alle vorgebohrten Löcher eindrehen. Überschüssigen Leim abwischen, bevor er abbindet. Mit Linsenkopfschrauben und Unterlegscheiben die Sockelleisten (Teil W) in die für sie angebrachten 75-mm-Ausschnitte einschrauben. Bei der anderen Bücherregal-Schrank-Kombination ebenso verfahren.

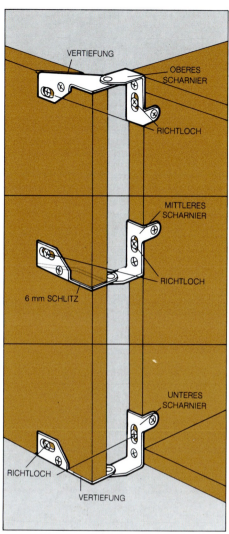

VERTIEFUNG
OBERES SCHARNIER
RICHTLOCH

MITTLERES SCHARNIER
RICHTLOCH
6 mm SCHLITZ

UNTERES SCHARNIER
RICHTLOCH
VERTIEFUNG

5 **Schranktür.** Die Schreibplatte mit Klebeband an den Seitenwänden der Bücherregal-Schrank-Kombination befestigen und das Möbelstück so hinlegen, daß die Schranköffnung nach oben zeigt. Die Tür auf die Öffnung legen und die genaue Paßform kontrollieren. Falls erforderlich, die Kanten so behobeln, daß sie nach Anbringen des Umleimers bündig mit den Seitenwänden abschließen. Drehzapfenscharniere in ausgestemmte Vertiefungen an der Ober- und Unterkante der Tür einlassen *(obere und untere Detailzeichnung links)*.

Für das mittlere Scharnier einen waagerechten, 6 mm breiten Schlitz in die Türkante stemmen und dem Umriß des Scharniers entsprechend formen *(mittlere Detailzeichnung)*. Die Tür auf die Schranköffnung legen und die Scharniere – mit den Richtlöchern beginnend – anschrauben. Dann den Anweisungen auf Seite 32 und 91 gemäß Griff und Magnetschnäpper anbringen. Statt Drehzapfenscharnieren kann Topfband *(S. 36)* verwendet werden.

6 **Rohrlager.** Für die Kleiderstangen in den Schränken braucht man die zwei 413 mm langen Stücke Dübelholz von 25 mm Durchmesser. In die vier Rohrlager (Teile BB) Löcher für die Stangen bohren, und zwar 125 mm von der Vorderkante und 50 mm von der Unterkante jedes Lagers entfernt. Die Stangen in die Löcher stecken und die Rohrlager so an den Schrank-Seitenwänden anbringen, daß sie an die Rückwand anstoßen; die Unterkanten der Lager sind 1360 mm vom Schrankboden entfernt. Jedes Lager mit zwei 30-mm-Schrauben befestigen *(unten)*. Auf jedes Rohrlager ein versetzbares Bord (Teil S) legen.

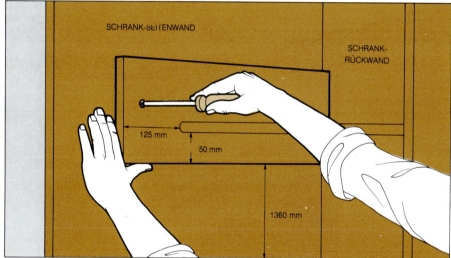

SCHRANK-SEITENWAND
SCHRANK-RÜCKWAND
125 mm
50 mm
1360 mm

Zusammenbau der Teile: Aufsatzschrank

Zusammensetzen der Schrankteile. Den in Schritt 4 gegebenen Anweisungen für den Zusammenbau der Bücherregal-Schrank-Kombination folgen und Löcher in die in den vier Aufsatzschrank-Seitenwänden (Teile G und H) angebrachten Falze bohren. Eine Seitenwand flach auf die Arbeitsfläche legen und die Teile in folgender Reihenfolge einpassen: Zwischenwand (Teil Y), Oberboden (Teil M), Boden (Teil N) und zweite Seitenwand (Teil H). Wieder auseinandernehmen, alle Nuten und Kanten mit Leim bestreichen, die Teile zusammensetzen und 40-mm-Schrauben in alle vorgebohrten Löcher eindrehen. Die Tür (Teil J) wie in Schritt 5 angegeben mit zwei Drehzapfenscharnieren anschlagen und einen Griff und einen Magnetschnäpper anbringen. Den gesamten Vorgang für den zweiten Schrank wiederholen.

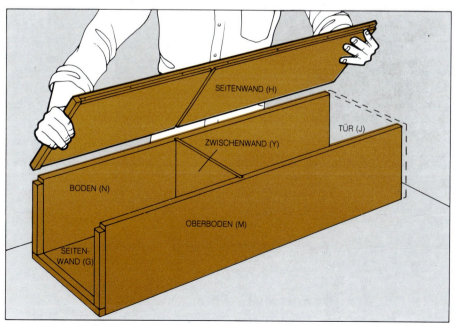

SEITENWAND (H)
ZWISCHENWAND (Y)
TÜR (J)
BODEN (N)
OBERBODEN (M)
SEITEN-WAND (G)

Ordnung und Übersicht durch Schrankvariationen

Die vier auf diesen Seiten abgebildeten Möbelstücke zeigen Möglichkeiten auf, vorhandenen Raum bis auf den letzten Millimeter zu nutzen. Jede Einheit ist 2135 mm hoch, 760 mm breit und 403 mm tief, und alle zusammen bieten mehr als 2,25 Kubikmeter Innenraum. Da jedes Stück separat gebaut wird, kann man beliebig viele solcher Schränke herstellen und sie in jeder gewünschten Kombination anordnen – als Raumteiler in der Mitte eines Zimmers, L-förmig in einer Ecke, Rückwand an Rückwand oder – wie auf dem Photo auf Seite 6 – nebeneinander an einer Zimmerwand. Sollen mehrere solcher Schränke kombiniert werden, muß darauf geachtet werden, daß der Fußboden völlig eben ist; notfalls muß man Holzstückchen unterlegen, damit sie gerade stehen und auf keinen Fall gegeneinander verkantet sind.

Im Prinzip sind diese Schränke alle gleich gebaut, aber jeder für sich löst ein anderes Unterbringungsproblem. Der erste *(unten links)* verfügt über versetzbare Borde und bietet Platz für eine Stereoanlage, während unten ein Schränkchen mit einem versetzbaren Bord eingebaut ist. Der zweite besitzt gleichfalls Borde und ein Schränkchen mit Schubladen, aber außerdem eine mit Kunststoff belegte Schreibplatte und darüber ein Schreibabteil mit einer Reihe kleiner Fächer. (Läßt man das Schreibabteil fort, kann das Fach als Hausbar zur Aufnahme der unterschiedlichsten Sorten von Flaschen dienen.) Das dritte Möbelstück weist als Besonderheit eine verglaste Vitrine auf, die mit Glasborden ausgerüstet werden kann, während vier große Schubladen Platz für Wäsche, Bestecke, Platzdecken und dergleichen bieten. Das vierte gleicht dem ersten, ist jedoch mit einem ausziehbaren Bord für einen Plattenspieler ausgestattet.

Das gesamte Material für diese vier Möbelstücke – Holz, Beschläge und Zubehör – ist auf Seite 86 aufgeführt. Man kann jedoch Größe und Innenausbau beliebig abändern; beim Ausarbeiten neuer oder beim Abändern vorhandener Pläne sollte man den Anweisungen auf Seite 54 bis 57 folgen. Die Anzahl der Türen, Schubladen und Borde kann nach Wunsch vergrößert oder verkleinert werden; ebenso kann man sich für anderes Holz als

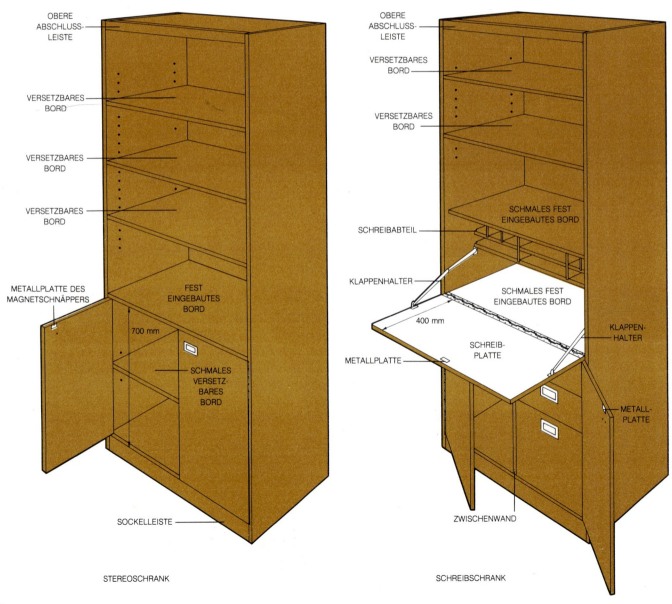

OBERE ABSCHLUSSLEISTE

VERSETZBARES BORD

VERSETZBARES BORD

VERSETZBARES BORD

METALLPLATTE DES MAGNETSCHNÄPPERS

FEST EINGEBAUTES BORD

700 mm

SCHMALES VERSETZBARES BORD

SOCKELLEISTE

STEREOSCHRANK

OBERE ABSCHLUSSLEISTE

VERSETZBARES BORD

VERSETZBARES BORD

SCHMALES FEST EINGEBAUTES BORD

SCHREIBABTEIL

KLAPPENHALTER

SCHMALES FEST EINGEBAUTES BORD

400 mm

SCHREIBPLATTE

METALLPLATTE

KLAPPENHALTER

METALLPLATTE

ZWISCHENWAND

SCHREIBSCHRANK

das in der Materialliste vorgeschlagene entscheiden. Die Eigenschaften einiger Holzarten sind auf Seite 58 und 59 zweckmäßig und übersichtlich beschrieben.

Nach dem Einkauf des gesamten in der Liste aufgeführten Materials wird das Holz den Zuschneideplänen entsprechend gesägt; danach werden Nuten und Falze gearbeitet, wie in den Fräsplänen auf Seite 88 angegeben. Vor dem Zusammenbau werden die sichtbaren Kanten aller Teile mit mittelfeinem Schleifpapier geglättet.

Da der Korpus aller vier Möbelstücke völlig identisch ist – es sind im Grunde rechteckige Kästen –, gilt die für eines von ihnen gegebene Bauanleitung *(S. 89–90)* für alle. Sind die Korpusteile zusammengefügt und alle fest eingebauten Borde eingesetzt, werden die sichtbaren Sperrholzkanten für ein besseres Aussehen mit Umleimer verdeckt

(S. 77), und zwar vor dem Einbau von Türen und Schubladen sowie dem ausziehbaren Bord oder der Schreibplatte.

Die auf Seite 91 beginnenden Arbeitsanleitungen geben detaillierte Anweisungen für den Einbau der verschiedenen Einzelteile. (Die Maße aller Schubladen sind auf 12 mm dicke Auszugführungen abgestimmt; man sollte unbedingt darauf achten, Führungen dieser Dicke zu kaufen.)

Die Kanten von Türen und Schubladen sollten erst nach dem Einbau mit Umleimer versehen werden. Vor dem Anbringen des Umleimers schiebt man ein Abfallstückchen Umleimer zwischen die geschlossenen Türen und Schubladen und die Korpuswände, um zu gewährleisten, daß Türen und Schubladen genügend Spielraum haben. Wenn die Teile nicht genau passen, müssen die Kanten leicht behobelt werden. Zum

Schluß werden alle Oberflächen mit feinem Schleifpapier geglättet, bevor man sie auf die gewünschte Art (mit Wachs, Öl, Beize und dergleichen) behandelt.

Planung des Projekts. Die perspektivischen Zeichnungen unten dienen als Anhaltspunkte beim Bau dieser Möbelstücke. Wer nicht alle vier Schränke bauen, die Abmessungen ändern, bestimmte Details fortlassen oder andere hinzufügen will, sollte Bau- und Zuschneidepläne *(S. 86–87)* den Veränderungen entsprechend korrigieren. Zur Erleichterung der Arbeit wurde jedes Einzelteil hier ebenso bezeichnet wie in den Zuschneideplänen. Die für den Stereoschrank rechts angegebenen Innen- und Außenmaße gelten für alle vier Schränke; die Abmessungen der Details finden sich innerhalb der perspektivischen Zeichnungen.

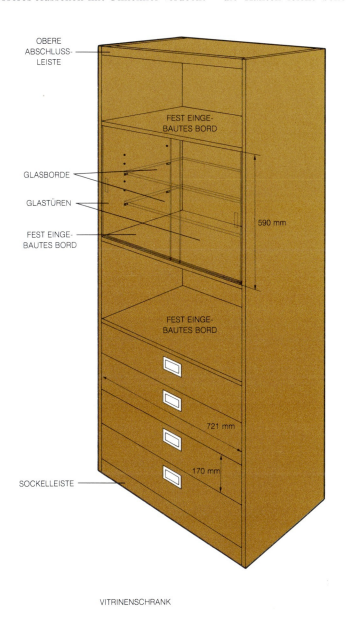

VITRINENSCHRANK

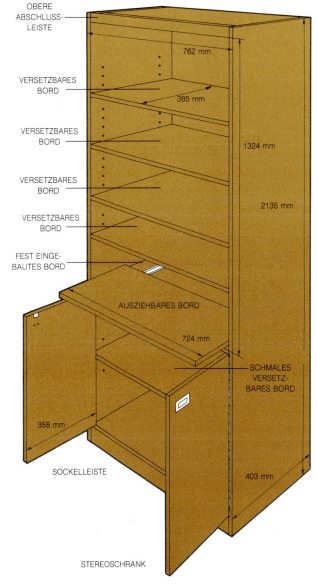

STEREOSCHRANK

Materialliste

7 Sperrholzplatten, 2440 × 1220 × 18 mm
4 Sperrholzplatten, 2440 × 1220 × 6 mm
3 Abfallstücke Sperrholz, 300 × 38 × 3 mm
3 Stück Massivholz, 722 × 240 × 12 mm
1 Stück Massivholz, 3800 × 190 × 20 mm
1 Stück Massivholz, 4200 × 190 × 20 mm
2 Glastüren, 606 × 380 mm
2 Glasborde, 722 × 250 mm
6 Stück Klavierband, 690 mm
1 Stück Klavierband, 721 mm
6 Türgriffe
7 Schubladengriffe
7 Magnetschnäpper
4 Paar Schubladen-Auszugführungen, 350 mm
3 Paar Schubladen-Auszugführungen, 300 mm
1 Paar Bord-Auszugführungen, 375 mm
2 Klappenhalter
60 m Kantenumleimer mit Schmelzkleber,
   19 mm breit
1 l PVA-Leim
½ l Kontaktkleber
1 Stück Dübelholz, 6 mm Durchmesser,
   1830 mm lang
450 g Stauchkopfnägel, 40 mm
200 Senkkopf-Holzschrauben, 20 mm
8 Bordträger (Dübel)
   Kunststoffplatte für je 1 Platte von
   733 × 390 mm und 724 × 347 mm

Zuschneidepläne

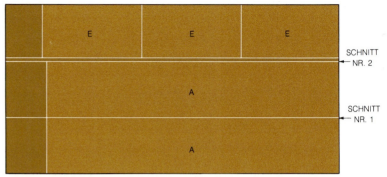

18 mm SPERRHOLZ, 2440 × 1220 mm

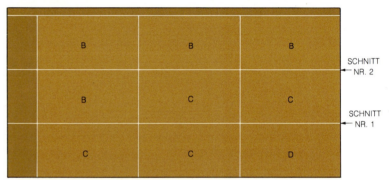

18 mm SPERRHOLZ, 2440 × 1220 mm

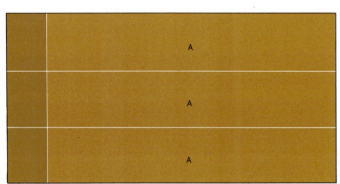

18 mm SPERRHOLZ, 2440 × 1220 mm

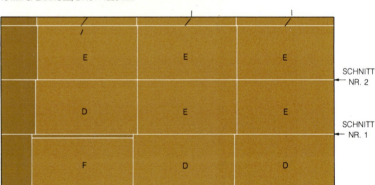

18 mm SPERRHOLZ, 2440 × 1220 mm

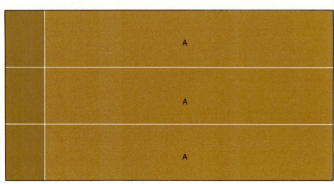

18 mm SPERRHOLZ, 2440 × 1220 mm

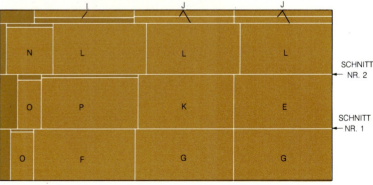

18 mm SPERRHOLZ, 2440 × 1220 mm

Ausführen der Hauptschnitte. Sperrholz und Massivholz wie angegeben zuschneiden. Sockelleiste (Teil I) und obere Abschlußleiste (Teil J) jeweils erst nach dem Zusammenbau zuschneiden *(S. 90, Schritt 4)*. Jeweils zuerst Schnitt Nr. 1 und dann Schnitt Nr. 2 ausführen. Längsschnitte stets vor Querschnitten ausführen; Ausnahmen sind angegeben. Nach dem Zuschneiden jedes Teiles das nächste neu ausmessen. Die dunkleren Flächen bezeichnen Abfallstücke. Jedes Teil sollte ein Klebeband-Etikett erhalten mit dem Kennbuchstaben. Mit einem Pfeil auf die Oberkante verweisen. Der Schlüssel unten bezeichnet alle Teile mit ihren Abmessungen und den Kennbuchstaben auf den Zuschneidepläne.

A) Seitenwand, 2135 × 403 mm
B) Oberboden, 736 × 385 mm
C) Boden, 736 × 385 mm
D) Fest eingebautes Bord, 736 × 385 mm
E) Versetzbares Bord, 721 × 385 mm
F) Schmales fest eingebautes Bord, 736 × 363 mm
G) Schmales versetzbares Bord, 721 × 363 mm
H) Kleines versetzbares Bord, 363 × 356 mm
I) Sockelleiste, 724 × 56 mm
J) Obere Abschlußleiste, 724 × 48 mm
K) Ausziehbares Bord, 718 × 385 mm
L) Tür, 690 × 358 mm
M) Vorderstück breite Schublade, 721 × 170 mm
N) Vorderstück Schreibschrank-Schublade, 341 × 341 mm
O) Vorderstück Schreibschrank-Schublade, 341 × 172 mm
P) Schreibschrank-Zwischenwand, 712 × 363 mm
Q) Seitenwand Schreibschrank-Schublade, 351 × 335 mm
R) Hinterstück Schreibschrank-Schublade, 335 × 305 mm
S) Schreibplatte, 721 × 400 mm
T) Schrankrückwand, 2079 × 736 mm
U) Boden breite Schublade, 673 × 358 mm
V) Boden Schreibschrank-Schublade, 336 × 299 mm
W) Schreibabteil, senkrechte Zwischenwand, 240 × 195 mm
X) Schreibabteil, senkrechte Zwischenwand, 240 × 128 mm
AA) Schreibabteil, Bord, 722 × 240 mm
BB) Hinterstück breite Schublade, 679 × 164 mm
CC) Hinterstück Schreibschrank-Schublade, 305 × 166 mm
DD) Seitenwand breite Schublade, 373 × 164 mm
EE) Seitenwand Schreibschrank-Schublade, 351 × 166 mm

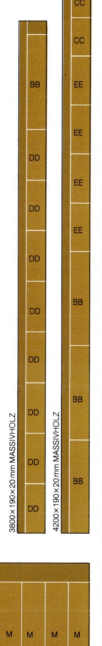

3800×190×20 mm MASSIVHOLZ

4200×190×20 mm MASSIVHOLZ

2440×240×12 mm MASSIVHOLZ

6 mm SPERRHOLZ, 2440 × 1220 mm

6 mm SPERRHOLZ, 2440 × 1220 mm

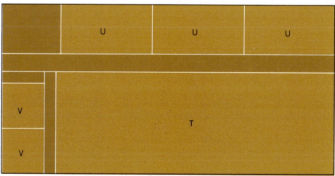

6 mm SPERRHOLZ, 2440 × 1220 mm

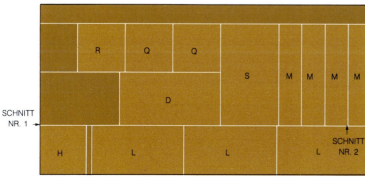

18 mm SPERRHOLZ, 2440 × 1220 mm

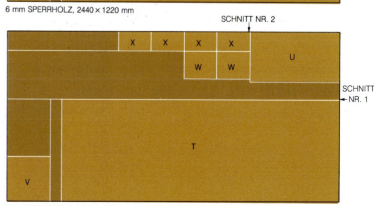

6 mm SPERRHOLZ, 2440 × 1220 mm

Verbindungen und Dübellöcher

Nuten, Falze, Dübellöcher in den Seitenwänden. Die drei Zeichnungen rechts illustrieren die linken Seitenwände aller vier Möbelstücke (die Seitenwände der beiden Stereoschränke sind identisch). Die rechten Seitenwände spiegelbildlich zu den linken arbeiten – mit einer Ausnahme: Die Dübellöcher im unteren Teil des Schreibschranks nicht in die rechte Seitenwand, sondern in die Zwischenwand bohren *(Zeichnung A, rechts unten)*; sie müssen den Dübellöchern in der linken Seitenwand genau gegenüberliegen. Alle Dübellöcher haben 6 mm Durchmesser und sind 12 mm tief. Anzahl und Position der Dübellöcher kann natürlich den individuellen Bedürfnissen entsprechend geändert werden. Für die Dübel das 6-mm-Dübelholz in Stücke von 25 mm Länge zersägen.

Die Nuten an den Unterkanten und die Falze an den Oberkanten sämtlicher Seitenwände sind 18 mm breit und 6 mm tief. Mit dem Fräsen jeweils an der Hinterkante beginnen und 12 mm vor der Vorderkante aufhören. Die untere Kante der Nuten ist 32 mm von der Unterkante der Seitenwände entfernt; die runden Enden der Nuten und Falze brauchen nicht begradigt zu werden.

Die Ziffern in den Zeichnungen geben an, wo die mittleren Nuten, die gleichfalls 18 mm breit und 6 mm tief sind, gefräst werden müssen. Die mittleren Nuten in den Seitenwänden des Schreibschranks 22 mm von der Vorderkante entfernt begradigen. Alle parallel zu den Hinterkanten verlaufenden Nuten sind 6 mm breit und 6 mm tief; ihre Außenkanten sind 12 mm von der Hinterkante der Seitenwände entfernt.

Nuten der kleineren Teile. In alle Böden und Oberböden eine 6 mm breite und 6 mm tiefe Nut fräsen *(Zeichnung B)*, und zwar 12 mm von der Hinterkante entfernt auf der Unterseite der Oberböden und auf der Oberseite der Böden. Der Boden des Schreibschranks *(Zeichnung C)* erhält außerdem noch 353 mm von der rechten Seitenkante entfernt eine 18 mm breite und 6 mm tiefe Nut.

In das schmale, fest eingebaute Bord des Schreibschranks 353 mm von der rechten Seitenkante entfernt eine 18 mm breite und 6 mm tiefe Nut fräsen *(Zeichnung D)*. Die Unterseite des oberen Bordes im Vitrinenschrank erhält zwei 6 mm breite und 12 mm tiefe Nuten *(Zeichnung E)*; die erste ist 6 mm, die zweite 18 mm von der Vorderkante entfernt. Anschließend zwei entsprechende Nuten – 6 mm breit und 6 mm tief, 6 bzw. 18 mm von der Vorderkante entfernt – in die Oberseite des unteren Bordes fräsen *(Zeichnung F)*.

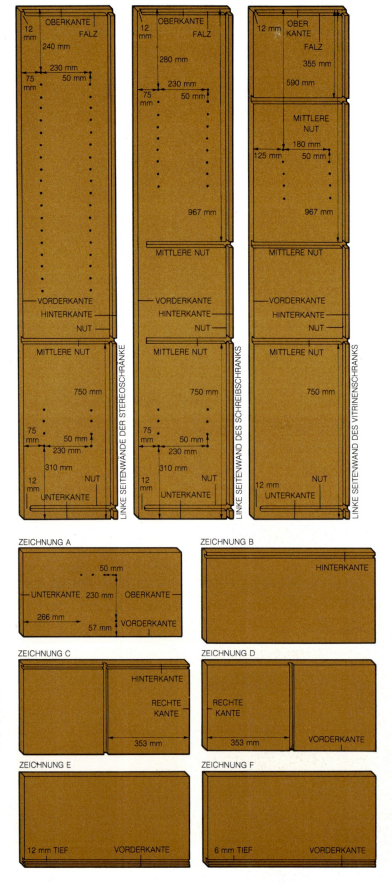

Zusammenbau der Hauptteile der Schränke

Die wesentlichen Bestandteile. Die Abbildungen unten zeigen die drei Schrankvariationen in Sprengzeichnungen nach Beendigung der Fräs- und Bohrarbeiten. Für die auf Seite 6 abgebildete komplette Schrankwand wurden zwei weitgehend identische Stereoschränke gebaut. Die Anleitungen für den Bau von Türen, Schubladen und Schreibabteil beginnen auf Seite 91.

OBERE ABSCHLUSSLEISTE

STEREOSCHRANK

FEST EINGE-BAUTES BORD

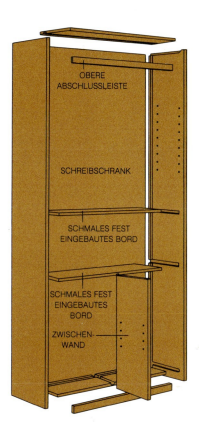

OBERE ABSCHLUSSLEISTE

SCHREIBSCHRANK

SCHMALES FEST EINGEBAUTES BORD

SCHMALES FEST EINGEBAUTES BORD

ZWISCHEN-WAND

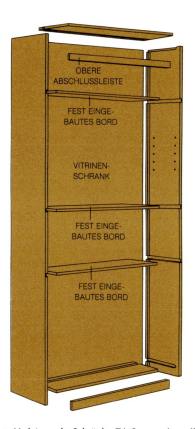

OBERE ABSCHLUSSLEISTE

FEST EINGE-BAUTES BORD

VITRINEN-SCHRANK

FEST EINGE-BAUTES BORD

FEST EINGE-BAUTES BORD

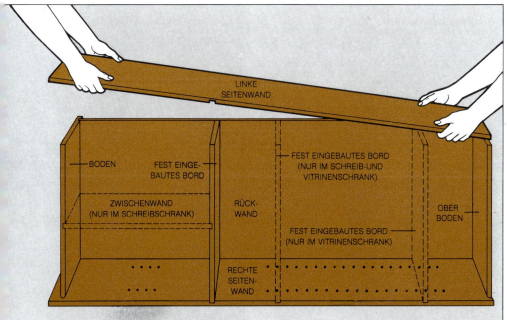

LINKE SEITENWAND

BODEN

FEST EINGE-BAUTES BORD

FEST EINGEBAUTES BORD (NUR IM SCHREIB-UND VITRINENSCHRANK)

ZWISCHENWAND (NUR IM SCHREIBSCHRANK)

RÜCK-WAND

OBER BODEN

FEST EINGEBAUTES BORD (NUR IM VITRINENSCHRANK)

RECHTE SEITEN-WAND

1 Verleimen der Schränke. Die Innenseiten aller Teile mit 150er Schleifpapier glätten. Alle Teile ineinander einpassen und notfalls zu enge Nuten mit Schleifpapier erweitern. Jeweils die rechte Seitenwand auf den Boden legen. Die Nut an der Hinterkante der rechten Seitenwand mit Leim bestreichen und die Rückwand einsetzen. Anschließend bei allen Schränken außer dem Schreibschrank Leim auf sämtliche Nuten und den Falz in der rechten Seitenwand sowie die Nuten in Oberboden und Boden auftragen und Boden, Oberboden und alle fest eingebauten Borde (auch die in der Zeichnung links durch gestrichelte Linien markierten Borde des Vitrinenschranks) einsetzen. Dann Leim auf die Kanten der Borde, des Bodens und des Oberbodens sowie die Nuten und den Falz der linken Seitenwand auftragen; die linke Seitenwand auflegen *(links)* und überschüssigen Leim abwischen.

Beim Zusammenbau des Schreibschranks gleichfalls die Rückwand mit der rechten Seitenwand verleimen und anschließend Leim auf die Kanten der Zwischenwand (durch gestrichelte Linien gekennzeichnet), die Nuten im Boden und im fest eingebauten Bord auftragen und diese Teile mit der rechten Seitenwand verbinden. Danach den Oberboden, das andere fest eingebaute Bord und die linke Seitenwand den obenstehenden Anweisungen entsprechend einleimen.

2 **Nageln der Teile.** An beiden Seitenwänden schwache Linien anreißen, die jeweils die Mitte von Oberboden, Boden und fest eingebauten Borden markieren. Auf jeder Linie drei 40-mm-Stauchkopfnägel einschlagen und versenken. Die Rückwand nicht unbedingt annageln.

3 **Ausrichten der Korpusteile.** Bevor der Leim abgebunden hat, die Ecken aller Schränke auf ihre Rechtwinkligkeit überprüfen. Ist ein Schrank nicht genau rechtwinklig, einen Zimmermannswinkel mit Klemmzwingen in einer Ecke befestigen *(unten)* und sie dort belassen, bis der Leim abgebunden hat. Das Ausrichten einer Ecke bewirkt meist Rechtwinkligkeit bei allen Ecken.

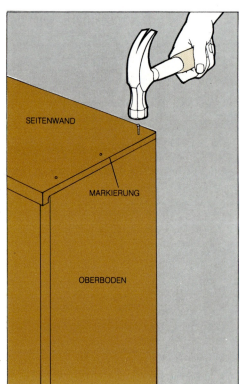

SEITENWAND

MARKIERUNG

OBERBODEN

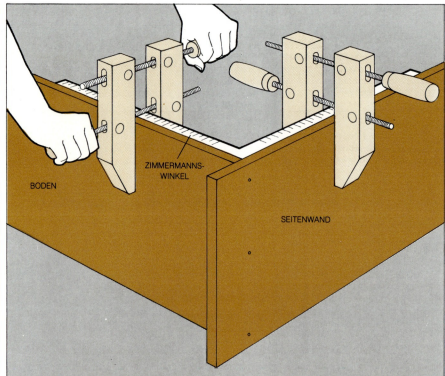

BODEN

ZIMMERMANNS-
WINKEL

SEITENWAND

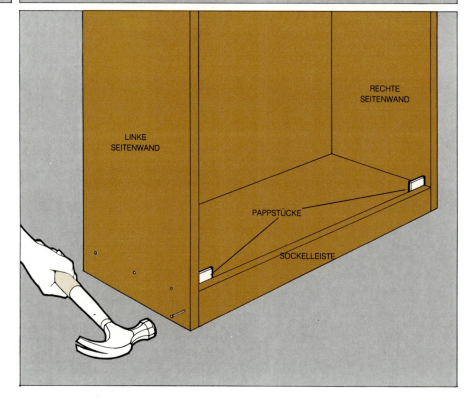

LINKE
SEITENWAND

RECHTE
SEITENWAND

PAPPSTÜCKE

SOCKELLEISTE

4 **Anbringen von Sockelleiste und Abschlußleiste.** Das Innenmaß zwischen den beiden Seitenwänden an Ober- und Unterkante feststellen und diesen Abmessungen entsprechend die obere Abschlußleiste 48 mm breit und die Sockelleiste 56 mm breit aus 18-mm-Sperrholz zuschneiden. Leim auf alle miteinander in Berührung kommenden Flächen auftragen. Beim Einsetzen der Leisten hinter jede Leiste zwei etwa 1 mm dicke Pappstückchen *(rechts)* schieben. Sie sorgen für den nötigen Abstand, wenn die Leisten mit dem später anzubringenden Umleimer bündig abschließen sollen. Die Leisten mit je zwei Stauchkopfnägeln an den Seitenwänden und drei Nägeln an Oberboden und Boden des Schrankes befestigen.

Anbringen der Schranktüren

1 Befestigen von Klavierband an den Türen. Vor Anbringen der Türen die Vorderkanten der Seitenwände den Anweisungen auf Seite 76 bis 77 entsprechend mit Umleimer verdecken. Die Tür so in einen Schraubstock einspannen, daß die anzuschlagende Kante nach oben zeigt. Die Kante abmessen und ein Stück Klavierband mit der Metallsäge auf die richtige Länge zuschneiden; die Schnitte sollten jeweils mindestens 5 mm von den Schraubenlöchern entfernt sein. Das aufgeklappte Klavierband mit der flachen Seite nach unten so auf die Türkante legen, daß das Gewerbe außerhalb der Kante liegt *(unten)*. Der noch unbefestigte Lappen des Klavierbands muß über die Vorderseite der Tür hinausragen. Die Schraubenlöcher vorstechen und das Klavierband anschrauben. Mit den Schrauben an den Enden und in der Mitte beginnen und von den Enden zur Mitte hinarbeitend die Zwischenräume ausfüllen. Den Vorgang an der anderen Tür wiederholen.

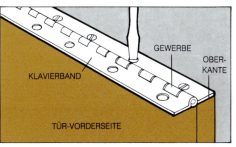

KLAVIERBAND / GEWERBE / OBER-KANTE / TÜR-VORDERSEITE

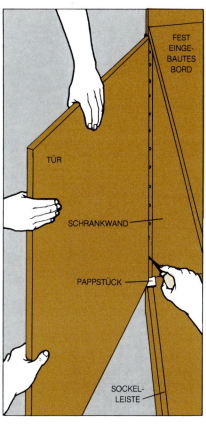

FEST EINGEBAUTES BORD / TÜR / SCHRANKWAND / PAPPSTÜCK / SOCKEL-LEISTE

2 Befestigen des Klavierbands am Schrank. Ein Pappstückchen an der Seitenwand auf die Sockelleiste legen. Die Tür auf die Pappe stellen und so anhalten, daß der noch unbefestigte Lappen des Klavierbands auf der Innenseite der Seitenwand aufliegt. Durch einen Helfer die Tür so ausrichten lassen, daß das Gewerbe ganz knapp über die Kante der Seitenwand hervorragt *(links)*. Richtig angebracht, sollte die Tür frei schwingen und mit der Vorderkante des Schrankes bündig abschließen.

Im Zentrum des obersten und des untersten Schraubenlochs mit Spitz- oder Nagelbohrer Löcher vorstechen und zuerst diese beiden Schrauben eindrehen. Die Beweglichkeit der Tür prüfen; wenn sie sich nicht reibungslos öffnen und schließen läßt, die Schrauben wieder ausdrehen, die Position der Tür entsprechend ändern und die Tür wieder am Schrank anschrauben, diesmal jedoch im zweiten Loch von oben und von unten. Wenn die Tür richtig hängt, die restlichen Schrauben eindrehen. Den Vorgang an der anderen Tür wiederholen.

Anbringen der Magnetschnäpper

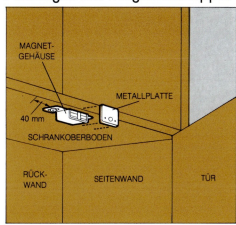

MAGNET-GEHÄUSE / METALLPLATTE / 40 mm / SCHRANKOBERBODEN / RÜCK-WAND / SEITENWAND / TÜR

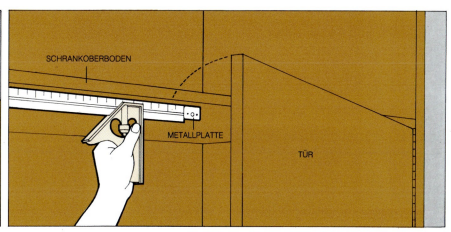

SCHRANKOBERBODEN / METALLPLATTE / TÜR

1 Anbringen des Magnetgehäuses. Magnetschnäpper, die als Türverschlüsse dienen, bestehen aus zwei Teilen: einem Magneten in einem Kunststoff- oder Metallgehäuse, das an den Schrank geschraubt wird, und einer Metallplatte, die an der Innenseite der Tür befestigt wird.

Das Magnetgehäuse an die Unterseite des Schrankoberbodens halten, und zwar je nach Dicke der Metallplatte 8 bis 15 mm von der Vorderkante und 40 mm von dem Punkt entfernt, an dem die Seitenkante der Tür an den Schrankoberboden stößt. Das Gehäuse zunächst nur locker anschrauben, damit es sich noch verschieben läßt. Anschließend die Metallplatte auf den Magneten legen *(oben)*.

2 Anbringen der Metallplatte. Die Metallplatte auf dem Magneten belassen und mit einem Prüfwinkel die Entfernung von der Kante der Platte bis zu dem Punkt messen, an dem die Schranktür an den Schrankoberboden stößt *(oben)*. Das Meßergebnis auf die Innenseite der Schranktür übertragen und die Stelle markieren, an der die Metallplatte angeschraubt werden muß. Diese einfache Methode bewährt sich auch in den Fällen, in denen wie im Schreibschrank eine Zwischenwand an die Tür stößt.

Bei diesem Schrank ohne Zwischenwand die Tür einfach schließen, mit einem Bleistift hinter die Tür langen und an der Kante der Metallplatte eine Markierung auf der Tür anbringen. Die Platte anschrauben. Um das Magnetgehäuse auf die richtige Tiefe zu bringen, die Tür schließen,

so daß sie bündig mit der Vorderkante des Oberbodens abschließt; dann hineingreifen und das Magnetgehäuse so weit vorwärts schieben, daß es auf der Metallplatte aufliegt. Das Magnetgehäuse festhalten, die Tür öffnen und die Schrauben vollständig eindrehen.

Zusammenbau des Schreibabteils

1 **Fräsen der Nuten.** Die Abbildungen unten zeigen die drei Borde und die zwei Zwischenwände des Schreibabteils. Alle Nuten sind 3 mm tief und 6 mm breit; die Maße für die Einsteckschlitze sind in den Zeichnungen angegeben. Die Nuten am besten mit einer Oberfräse und einem 6-mm-Nutenfräser arbeiten, die Schlitze können, wie in Schritt 2 illustriert, durch mehrere Einschnitte mit einer Handkreissäge angebracht werden. Beim

Anzeichnen aller Nuten auf den drei Borden jeweils von der Mitte des Bordes aus messen – also 361 mm von den Kanten entfernt. So ist gewährleistet, daß alle Nuten übereinstimmen und die Fächer rechtwinklig sind, auch wenn die Borde später leicht behobelt werden müssen. Damit sich die Klappenhalter zusammenfalten können, die vorderen Ecken des mittleren und unteren Bordes 9 mm breit und 12 mm tief aussägen.

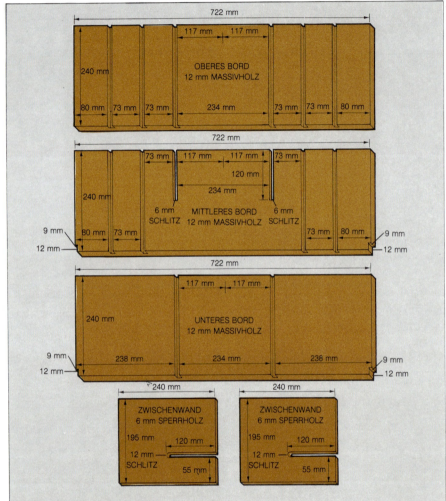

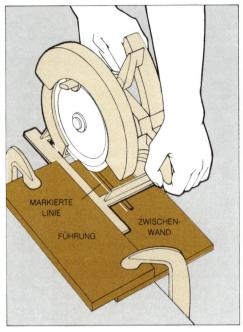

2 **Sägen der Einsteckschlitze.** Die Schlitze in den Zwischenwänden und dem mittleren Bord mit der Handkreissäge arbeiten; das Blatt auf eine Schnittiefe von 18 mm einstellen *(oben)*. Anweisungen für das Anbringen einer Führung für die Handkreissäge finden sich auf Seite 27. Beide Kanten des Schlitzes mit dem Bleistift markieren und danach mit der Säge so viele Einschnitte machen, wie für den Schlitz erforderlich sind; dabei aber innerhalb der Markierungen bleiben.

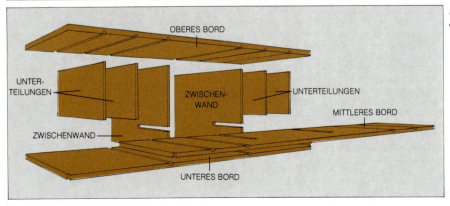

3 **Zusammenstecken aller Teile.** Die Sprengzeichnung verdeutlicht, wie die drei Borde aus 12-mm-Massivholz mit den beiden Zwischenwänden und den vier Unterteilungen aus 6-mm-Sperrholz zusammengefügt werden müssen, damit ein Schreibabteil entsteht, das oberhalb der Schreibplatte eingesetzt werden kann. Nach Ausführung der in Schritt 1 und 2 beschriebenen Arbeiten die Teile zusammensetzen; zu enge Nuten und Schlitze mit Schleifpapier erweitern. Anschließend alle Teile den Anweisungen auf der gegenüberliegenden Seite entsprechend verleimen (aber die Teile weder nageln noch schrauben).

4 **Zusammenbau der Zwischenwände.** Leim auf die Kanten der beiden Schlitze im mittleren Bord sowie auf die Schlitze in den beiden Zwischenwänden auftragen und die Zwischenwände wie unten abgebildet auf das Bord setzen. Ein Stückchen Abfallholz auflegen und die Zwischenwände mit einem Holz- oder Gummihammer in die Schlitze des Bordes treiben, bis die Kanten bündig sind. Die Ecken auf ihre Rechtwinkligkeit überprüfen; notfalls Eckzwingen anbringen und sie erst lösen, wenn der Leim abgebunden hat.

5 **Anbringen von Unterteilungen.** Wenn die Verbindung zwischen mittlerem Bord und Zwischenwänden getrocknet ist, das Teil mit den Nuten nach oben auf den Arbeitstisch stellen. Leim in alle vier Nuten des Bordes auftragen und die Unterteilungen in die Nuten einsetzen. Anschließend die Oberkanten der Unterteilungen, die Oberkanten der Zwischenwände und die Nuten im oberen Bord mit Leim bestreichen und das obere Bord so auf die Zwischenwände und die Unterteilungen absenken, daß alle senkrechten Teile in die entsprechenden Nuten im oberen Bord kommen.

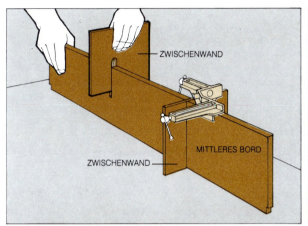

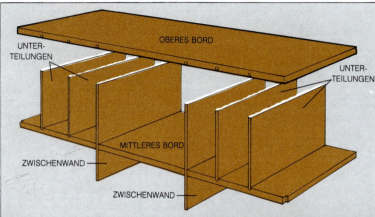

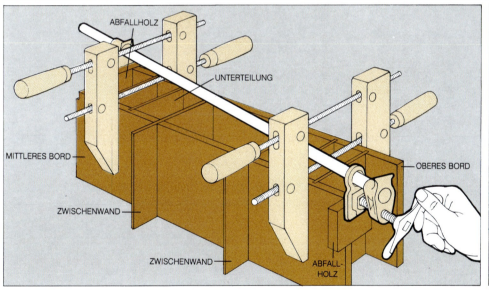

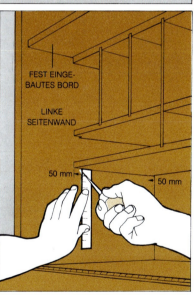

6 **Ausrichten des Schreibabteils.** Ist der Zusammenbau so weit fortgeschritten, wie in Schritt 5 angegeben, noch vor dem Abbinden des Leimes zwei Klemmzwingen außerhalb der Zwischenwände über die Borde spannen und die Rechtwinkligkeit der Verbindungen überprüfen. Es ist durchaus möglich, daß sich die Konstruktion leicht verschoben hat und mit einem Schraubknecht ausgerichtet werden muß. Wenn das obere Bord nach links verschoben ist, den Schraubknecht so anbringen, daß die Schraubvorrichtung auf dem mittleren Bord und das andere Ende auf dem oberen Bord liegt *(oben)*. Ist das obere Bord nach rechts ver- schoben, den Schraubknecht so anbringen, daß die Schraubvorrichtung auf dem oberen Bord liegt. Um Beschädigungen der Borde zu vermeiden, je ein Stück Abfallholz zwischen Bord und Schraubknecht legen. Die Schrauben anziehen, bis die Ecken rechtwinklig sind. Wenn der Leim abgebunden hat, Zwingen und Knechte abnehmen. Anschließend Leim auf die Unterkanten der Zwischenwände und die Nuten im unteren Bord auftragen; die Teile miteinander verbinden und die Borde genau über den Zwischenwänden mit Klemmzwingen zusammenhalten, bis der Leim abgebunden hat.

7 **Bohren von Dübellöchern.** Das Schreibabteil so in den Schrank einsetzen, daß es gegen das fest einge- baute Bord über der Schreibplatte und die Rück- wand des Schrankes stößt; ein Helfer sollte es an Ort und Stelle halten, andernfalls kann man sich mit einem Stück Abfallholz behelfen. Mit einem Spitzbohrer vier Dübellöcher markieren – je zwei unterhalb des Schreibabteils auf der rechten und der linken Seitenwand. Das Zentrum der Dübel- löcher sollte jeweils 4 mm unterhalb des Schreib- abteils liegen, zwei 50 mm von der Vorderkante und zwei 50 mm von der Hinterkante des Schreib- abteils entfernt. Das Schreibabteil herausneh- men, mit einem 6-mm-Bohrer 9 mm tiefe Löcher bohren und die Dübel einsetzen.

Anbringen der Schreibplatte

1 **Belegen des Bordes.** Ein hartmetallbestücktes Blatt in die Handkreissäge einsetzen und ein Stück Kunststoffplatte als Belag für das fest eingebaute Bord hinter der Schreibplatte zuschneiden, und zwar 347 mm tief und 724 mm breit (auf der Unterseite markieren und sägen). An der Vorderkante des Bordes bleibt ein 16 mm breiter Streifen ohne Belag; dort wird das Klavierband angebracht. Die Oberseite des Bordes und die Unterseite der Kunststoffplatte mit Kontaktkleber bestreichen und den Kleber nach den Angaben des Herstellers ablüften lassen. Die hintere Kante der Kunststoffplatte über die Hinterkante des Bordes halten und Kontakt zwischen den beiden Flächen sorgsam vermeiden, bis sich die Platte in der richtigen Position befindet. Zuerst die Hinterkante, dann die ganze Platte vorsichtig absenken und überall mit dem Handballen gut andrücken.

KUNSTSTOFFPLATTE

BORD

2 **Bearbeiten der Kanten für das Klavierband.** Zum Abschrägen der Kanten, die durch das Klavierband verbunden werden sollen, je 4 mm von der oberen Hinterkante der Schreibplatte entfernt zwei Linien markieren *(unten);* entsprechende Linien an der oberen Vorderkante des Bordes anreißen. Falls das Gewerbe des Klavierbands breiter ist als 3,5 mm, die Linien entsprechend tiefer reißen. Die Schreibplatte mit Zwingen am Arbeitstisch befestigen. Einen Hobel im Winkel von 45 Grad zur Oberfläche ansetzen und das angezeichnete Dreieck abhobeln. Am eingebauten Bord ebenso verfahren; die mit dem Hobel nicht erreichbaren Ecken mit dem Stechbeitel (Fase nach oben) sorgfältig abschrägen.

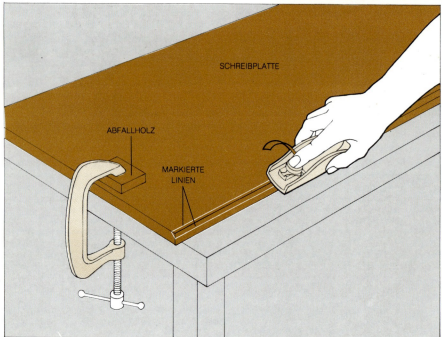

SCHREIBPLATTE

ABFALLHOLZ

MARKIERTE LINIEN

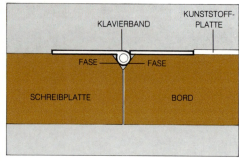

KLAVIERBAND

KUNSTSTOFF-PLATTE

FASE — FASE

SCHREIBPLATTE

BORD

3 **Anbringen des Klavierbands.** Mit der Metallsäge ein 721 mm langes Stück Klavierband zuschneiden. Die Schreibplatte an das Bord halten und das Gewerbe des Klavierbands in die Abschrägungen (Fasen) zwischen den beiden Teilen einpassen. Wenn die Lappen nicht wie abgebildet völlig flach aufliegen, die Fasen vergrößern. Schreibplatte und Klavierband in dieser Position am Bord belassen und auf der Schreibplatte mit Spitz- oder Nagelbohrer die Schraubenlöcher vorstechen. Das Klavierband anschrauben; mit den Schrauben an den Enden und in der Mitte beginnen und von den Enden her die Zwischenräume ausfüllen.

4 **Belegen und Anbringen der Schreibplatte.** Ein 390 x 733 mm großes Stück Kunststoffplatte für die Schreibplatte zuschneiden. Die Schreibplatte auf den Arbeitstisch legen und Kontaktkleber auf die Oberseite der Schreibplatte und die Unterseite der Kunststoffplatte auftragen. Die Hinterkante der Kunststoffplatte am Klavierband ausrichten und die Kunststoffplatte so auf die Schreibplatte absenken, daß die Kunststoffplatte ringsum etwa 5 mm übersteht. Die Kunststoffplatte gut andrücken. Die überstehenden Kanten der Kunststoffplatte mit einem hartmetallbestückten Zylinderfräser entfernen (rechts).

Die drei sichtbaren Kanten der Schreibplatte mit Umleimer verdecken (für das Ausarbeiten der Ecken siehe die Anweisungen auf Seite 77). Während ein Helfer Schreibplatte und Klavierband an das Bord hält, die Schraubenlöcher mit Spitz- oder Nagelbohrer vorstechen und dann das Klavierband – mit den Endschrauben beginnend und zur Mitte hinarbeitend – festschrauben.

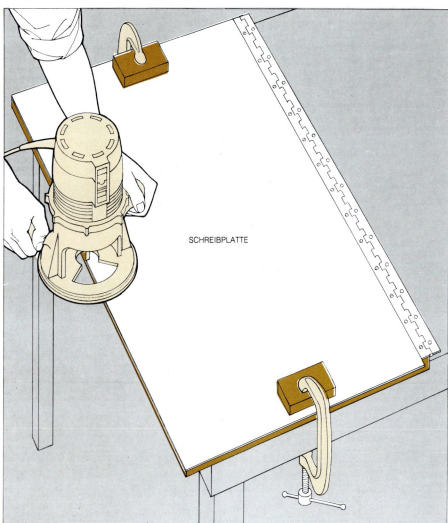

SCHREIBPLATTE

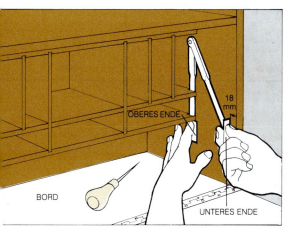

OBERES ENDE
18 mm
BORD
UNTERES ENDE

5 **Anbringen der Klappenhalter.** Das Schreibabteil auf die im Schrankinnern angebrachten Dübel setzen. Das untere Ende eines vollständig geöffneten Klappenhalters nahe der Hinterkante der Schreibplatte anbringen, das obere Ende über dem fest eingebauten Bord an der Seitenwand. Die genaue Position hängt vom gewählten Modell ab. Damit der Drehpunkt des zusammengeklappten Klappenhalters nicht an das obere fest eingebaute Bord stößt, das obere Ende des Klappenhalters festhalten und das untere Ende so bewegen und verschieben, daß seine Basis 18 mm von der Seitenwandkante entfernt ist (oben).

Das obere Ende des Klappenhalters weiterhin festhalten, mit einem Spitzbohrer die Löcher in der Schrankwand vorstechen und Schrauben eindrehen. Den Vorgang mit dem anderen Klappenhalter wiederholen. Beide Klappenhalter vollständig ausstrecken und die untere Basis auf die Schreibplatte legen. Eine Wasserwaage zur Hälfte auf die Schreibplatte, zur anderen auf das fest eingebaute Bord legen. Wenn die Schreibplatte genau waagerecht ist, auf der Kunststoffplatte die Schraubenlöcher für beide Klappenhalter markieren. Löcher vorbohren und Schrauben eindrehen.

BODENPLATTE DER OBERFRÄSE

UMRISS DER METALLPLATTE

6 **Anbringen der Magnetschnäpper-Metallplatte.** Die Metallplatte in die Mitte der Vorderkante der Schreibplatte legen, und zwar 22 mm von der Vorderkante entfernt, und ihren Umriß mit dem Bleistift anreißen. Einen hartmetallbestückten 6-mm-Fingerfräser in die Oberfräse einsetzen und die Tiefe der Dicke der Metallplatte entsprechend einstellen. Die Fräse leicht schräg über den angezeichneten Umriß auf der Kunststoffplatte halten; damit sie sicher geführt werden kann, ruht ihre Bodenplatte auf der Außenkante der Schreibplatte (links). Den Fräser vorsichtig, aber exakt in die Kunststoffplatte einführen und die angezeichnete Fläche ausfräsen. Die Metallplatte in der ausgefrästen Fläche anschrauben. Das Schreibabteil herausnehmen und die Oberflächen nach Belieben behandeln. Nach dem Trocknen des Materials, mit dem die Oberflächen behandelt wurden, das Schreibabteil wieder einsetzen und das Magnetgehäuse an der entsprechenden Stelle unter dem fest eingebauten Schrankbord befestigen.

Bau der Schubladen

Arbeiten von Nuten und Falzen. Die für die Schubladen erforderlichen Nuten und Falze *(rechts)* können mit einer Oberfräse oder einer Handkreissäge *(S. 26–27)* gearbeitet werden. Alle Nuten an den Seitenkanten der Vorderstücke sind 18 mm breit, 9 mm tief und enden 6 mm unterhalb der Oberkante. Bei den Schubladen für den Schreibschrank beachten, daß die Nut auf der rechten Seite des Vorderstücks 12 mm von der Kante entfernt ist, auf der linken Seite dagegen nur 6 mm. Die Nuten an den Unterkanten der Teile sind 6 mm breit, 6 mm tief und 6 mm von der Kante entfernt. Alle Falze werden 18 mm breit und 9 mm tief gearbeitet.

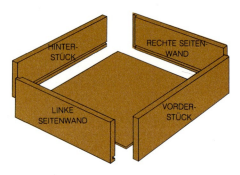

Zusammensetzen der Teile. Obwohl die Schubladen drei verschiedene Größen haben, werden sie alle auf die gleiche Art – wie in der Sprengzeichnung oben dargestellt – gebaut. Vor dem Verleimen die Teile zusammenstecken und überprüfen, ob alle Verbindungen genau passen. Das Vorderstück mit der Außenseite nach unten auf den Arbeitstisch legen, die beiden Seitenwände in die Nuten des Vorderstücks und den Boden in die Nuten in Seitenwänden und Vorderstück stecken; als letztes das Hinterstück in Seitenwände und Boden einpassen. Zu enge Nuten mit Schleifpapier verbreitern. Leim auf alle zu verbindenden Kanten und Nuten auftragen und die Teile in der gleichen Reihenfolge wie oben verbinden. Die Schubladen in Zwingen einspannen, bis der Leim abgebunden hat. Nageln ist nicht erforderlich.

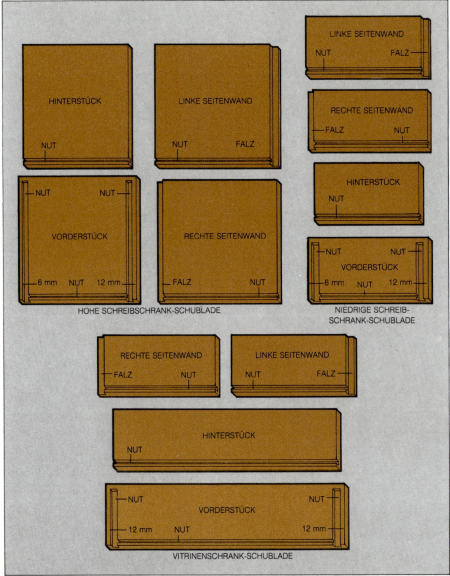

Die abschließenden Arbeiten

Einsetzen von Glasborden und Glastüren. Vor dem Einsetzen der Schiebetüren die Glasborde in den Vitrinenschrank einlegen. Anstelle von Holzdübeln können unauffällige Bordträger aus durchsichtigem Kunststoff verwendet werden.

Damit sich die Glastüren reibungslos bewegen lassen, die Nuten des unteren Bordes im Vitrinenschrank mit Hilfe eines Wattestäbchens einwachsen. Die hintere Tür fast senkrecht halten; die eingearbeitete Griffmuschel befindet sich, wie rechts abgebildet, an der der Seitenwand zugekehrten Seite. Die Oberkante der Tür in die hintere Nut an der Unterseite des oberen Bordes einschieben und dann die Unterkante der Tür in die hintere Nut des unteren Bordes absenken. Die andere Tür ebenso in die vorderen Nuten einsetzen.

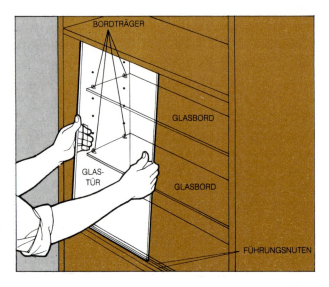

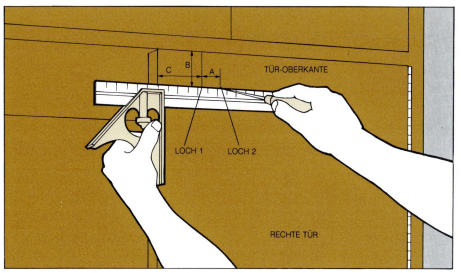

Anbringen von Tür- und Schubladengriffen. Die meisten Griffe werden – wie die hier verwendeten – angebracht, indem Löcher durch Tür oder Schublade gebohrt und die Griffe dann mit Schrauben befestigt werden. Bei jeder Anbringungsmethode jedoch unbedingt darauf achten, daß die Griffe parallel zu den Kanten einer Tür oder Schublade verlaufen. Zum exakten Anbringen der Griffe an den Schranktüren das erste Schraubenloch etwa 50 mm von beiden Türkanten entfernt (Loch 1 in der Zeichnung links) markieren. Für Loch 2 den Abstand zwischen den Mitten der Schraubenlöcher am Griff messen und dieses Maß (A) mit einem Prüfwinkel auf die Tür übertragen. An den markierten Punkten Löcher bohren und den ersten Griff anschrauben. Anschließend den Abstand von Loch 1 zur Oberkante (B) und zur Seitenkante (C) der Tür messen, die Maße A, B und C auf die zweite Tür übertragen und dort die Schraubenlöcher ebenso markieren.

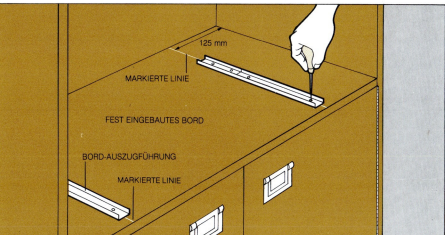

Anbringen der Bord-Auszugführungen. Zum Anbringen der Führungen, auf denen das ausziehbare Bord im Stereoschrank läuft, auf dem fest eingebauten Bord mit einem Stahllineal Linien ziehen, die jeweils 125 mm von den Seitenwänden entfernt im rechten Winkel zur Vorderkante verlaufen. Das ausziehbare Bord genau symmetrisch auf das fest eingebaute legen und die Linien auf die Vorderkante des ausziehbaren Bordes übertragen. Das ausziehbare Bord beiseite legen und die unteren Schienen der Auszugführung so auf dem fest eingebauten Bord ausrichten, daß die Mitte der Schraubenlöcher auf den vorgezeichneten Linien liegt und die Vorderkanten der Führungen 25 mm von der Vorderkante des Bordes entfernt sind. Die Schraubenlöcher mit Spitz- oder Nagelbohrer vorstechen *(links)* und die Schienen anschrauben. Von den Markierungen an der Vorderkante des ausziehbaren Bordes ausgehend, parallele Linien auf der Unterseite des Bordes anzeichnen und die oberen Schienen ebenso anbringen.

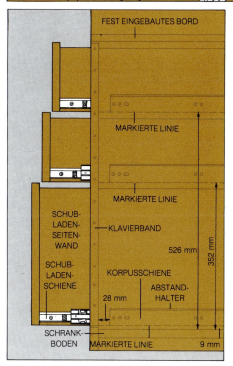

Anbringen von Schubladenführungen. Für die drei Schubladen des Schreibschranks die Schienen an beiden Seiten der Schubladen den Anweisungen auf Seite 30 entsprechend anbringen. Aus der Zeichnung links ist zu ersehen, wo die Korpusschienen an der rechten Seitenwand des Schreibschranks montiert werden müssen. Mit Hilfe eines Bleistifts und eines Stahllineals drei Linien – eine für jede Schiene – auf der Innenseite der Schrankwand und (genau entsprechend) auf der rechten Seite der Zwischenwand markieren. Der Abstand der Linien vom Schrankboden beträgt 9 mm, 352 mm und 526 mm.

Aus 3 mm dickem Sperrholz drei Abstandhalter 38 mm breit und 300 mm lang zuschneiden. Jede Korpusschiene an einen dieser Abstandhalter drücken und den Abstandhalter so an die Innenseite der Seitenwand halten, daß die Unterkanten von Schiene und Abstandhalter genau auf der Linie liegen. Der Abstand zwischen den Vorderkanten von Schiene und Abstandhalter und der Hinterkante des Klavierbands, mit dem die Tür angeschlagen ist, sollte 28 mm betragen. (Der Abstandhalter ist erforderlich, damit die Auszugführung über das Klavierband hinweggleitet.) Die Schraubenlöcher im Abstandhalter mit Spitz- oder Nagelbohrer vorstechen und durch den Abstandhalter hindurch bis knapp in die Schrankwand bohren. Schiene und Abstandhalter anschrauben, desgleichen die drei Korpusschienen an der Zwischenwand, diese jedoch ohne Abstandhalter. Der Abstand von den Vorderkanten der Schienen bis zur Vorderkante der Zwischenwand beträgt 28 mm. Die Auszugführungen für die vier Schubladen im Vitrinenschrank (ohne Abstandhalter) ebenso anbringen. Der Abstand der Markierungen für die Korpusschienen vom Schrankboden beträgt 10 mm, 182,5 mm, 355 mm und 527,5 mm.

Offene, an die Wand gebaute Regale

Rechteckige Regale an Wänden und in Nischen

An zwei oder drei Wänden befestigte offene Regale können für verschiedene Zwecke eine reizvolle und befriedigende Lösung darstellen. Solche Regale, an Ort und Stelle stumpf aneinanderstoßend zusammengefügt, müssen nicht mühsam über Treppen oder durch enge Türrahmen transportiert werden und sind leichter anzubringen als fertig gekaufte Möbelstücke, weil man sie nicht eventuellen Unebenheiten der Wände anpassen muß.

Die meisten offenen Regale sind rechteckig. Sie werden zweckmäßigerweise in einer Zimmerecke befestigt oder in eine im Zimmer vorhandene Nische eingepaßt. Man kann aber auch dreieckige Regale bauen, die eine Ecke ausfüllen, und auf ihnen hübsche Gegenstände zur Schau stellen. In allen Fällen können die Borde auf Bordträgern ruhen, die in Lochschienen eingesetzt werden.

Die Abmessungen der Regale richten sich natürlich nach dem Zweck, den sie erfüllen sollen, und nach dem zur Verfügung stehenden Platz. Allerdings sollten zwischen dem Oberboden des Regals und der Zimmerdecke mindestens 300 mm Raum zum Arbeiten bleiben. Ein solches Regal kann beliebig lang sein, die Länge des einzelnen Faches sollte jedoch 800 mm nicht überschreiten. Bei längeren Regalen müssen etwa alle 800 mm Zwischenwände als Stützen eingebaut werden. Die Tiefe der Borde richtet sich nach dem, was auf ihnen untergebracht werden soll: Für Taschenbücher genügt eine Tiefe von 150 mm, während für eine Stereoanlage 450 mm oder mehr erforderlich sind.

Bevor man mit dem eigentlichen Regalbau beginnt, sollte man versuchen, die Fußleiste von der für das Regal vorgesehenen Wand zu lösen. Dazu steckt man in einer Zimmerecke ein Brecheisen hinter die Fußleiste; ein dahintergelegtes Stück Holz dient als Drehpunkt und schützt die Wand. Dann wird ein Holzkeil hinter die gelockerte Leiste geschoben und das Brecheisen in ungefähr 400 mm Abstand jeweils neu angesetzt, bis sich die Leiste ganz gelöst hat. (Teile davon können später zum Verkleiden der Wand beiderseits des Regals wiederverwendet werden). Wenn sich die Fußleiste nicht ablösen läßt, weil sie zum Beispiel mit den Dielen vernagelt ist, läßt man sie an der Wand, muß dann aber den Sockel des Regals entsprechend anzeichnen und ausschneiden.

Wenn es sich um eine Wand handelt, die in Leichtbauweise auf einer Unterkonstruktion aus Holz errichtet wurde, kann man, wenn die Fußleiste abgenommen worden ist, die Position der Holzpfosten erkennen: Entweder stoßen über ihnen die Gipskartonplatten zusammen oder die Nägel, die die Fußleiste hielten, waren in sie eingeschlagen. Dennoch sollte man sich durch Beklopfen der Wand vergewissern und notfalls die genaue Position der Pfosten mit Hilfe eines Drahtes ermitteln (S. 42).

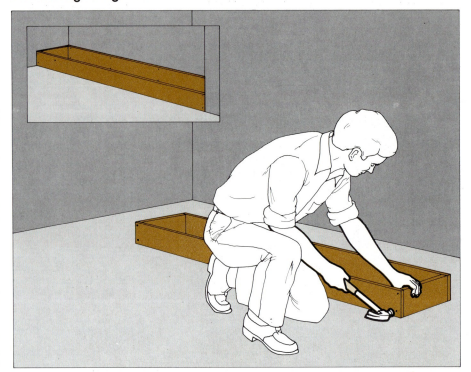

1 **Anfertigen des Sockels.** Für Regale, die für eine Zimmerecke bestimmt sind, zuerst den Sockel aus 20 mm dickem Massivholz bauen. Die Längsseiten sollten 20 mm kürzer sein als das Regal lang und die Schmalseiten 115 mm kürzer als das Regal tief werden soll. Die Teile zusammennageln und an zwei Wänden befestigen.

Soll ein Regal in eine Nische eingebaut werden *(kleine Zeichnung)*, die vordere und hintere Längsseite des Sockels der Breite der Nische entsprechend zuschneiden. Die hintere Längsseite und beide Schmalseiten an den drei Wänden der Nische befestigen, zum Schluß die vordere Längsseite auf die Schmalseite nageln.

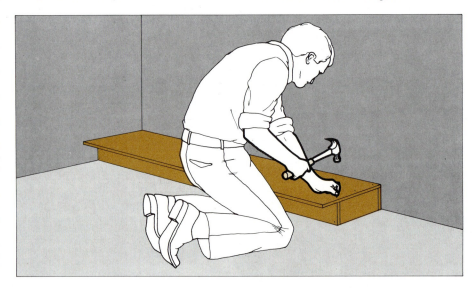

2 **Boden und Seitenwände.** Für diese Teile und die Borde verwendet man am besten 20 mm dickes Massivholz. Wenn die Borde tiefer sein sollen als 280 mm, ist 18 mm dickes Sperrholz zu empfehlen. Der Boden muß so lang sein wie der Sockel, aber 75 mm breiter; er wird in Abständen von 150 mm mit Stauchkopfnägeln befestigt. Eine Seitenwand reicht vom Regalboden bis an die Unterkante des Oberbodens. Sie wird mit Stauchkopfnägeln oder Dübeln und Schrauben an der Wand befestigt.

Die freistehende Seitenwand reicht dagegen bis zum Fußboden. Sie wird von unten in Sockelhöhe 75 mm breit rechteckig ausgeschnitten.

Bei einem Regal in einer Nische die zweite Seitenwand ebenso zuschneiden wie die erste und dann an der anderen Nischenwand befestigen.

3 **Aufnageln des Oberbodens.** Für ein Eckregal den Oberboden 20 mm länger zuschneiden als den Boden. Die lose Seitenwand von einem Helfer halten lassen und den Oberboden an beiden Seitenwänden in Abständen von 150 mm mit Stauchkopfnägeln befestigen. Zum Schluß die Unterkante der freistehenden Seitenwand an den Sockel nageln.

4 **Einsetzen der Zwischenwände.** Die Zwischenwände wie die an der Wand befestigte Seitenwand zuschneiden. Die Position an Oberboden und Boden markieren. 10 mm neben jeder Markierung eine Linie anreißen. Alle Zwischenwände durch den Oberboden hindurch annageln. Entlang einer der Linien Abfallholz aufnageln, die Zwischenwand leicht dagegentreiben und in den Boden nageln. Auf der anderen Wandseite wiederholen.

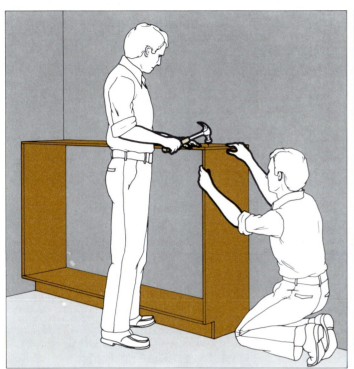

5 **Anbringen der Lochschienen.** Nahe der Ober- und Unterkante jeder Seitenwand je 25 mm von Vorder- und Rückkante entfernt eine Markierung anbringen. An den Zwischenwänden jeweils eine Seite 25 mm von der Hinterkante und 40 mm von der Vorderkante entfernt markieren; die andere Seite 40 mm von der Hinterkante und 25 mm von der Vorderkante entfernt. Eine Lochschiene innerhalb der entsprechenden Markierungen ausrichten; ihre Unterkante liegt auf dem Boden. Mit Spitz- oder Nagelbohrer Löcher vorstechen und die Schiene mit den dazugehörigen Schrauben befestigen. Klemmen *(kleine Zeichnung)* in den gewünschten Abständen in die Schiene einsetzen.

6 **Zuschneiden der Borde.** Auf dem Boden und zwischen jedem Paar Klemmen den Abstand zwischen zwei gegenüberliegenden Lochschienen messen. Die Borde mindestens 3 mm kürzer zuschneiden, als der geringste gemessene Abstand beträgt, und auf die Klemmen setzen.

Dreieckige Regale für Ecken

1 **Anfertigen einer Schablone.** Aus 18 mm dickem Sperrholz ein Quadrat zuschneiden, dessen Seiten etwa 20 mm länger sind als die des geplanten Regals. Von einer Ecke aus die Seitenlänge der Borde – im allgemeinen etwa 450 mm – an zwei Seiten des Sperrholzquadrates anzeichnen. Mit einem Lineal eine Linie zwischen diesen beiden Markierungen als Vorderkante des Regals ziehen und parallel dazu 75 mm näher zur Ecke hin eine zweite Linie als Vorderkante des Sockels. Zur Kontrolle mit einem Prüfwinkel eine Linie im Winkel von 45 Grad von der Ecke bis zur vorderen Linie ziehen *(kleine Zeichnung);* diese Mittellinie muß genau halb so lang sein wie die vordere Linie.

2 **Anfertigen des Sockels.** Für die Vorderseite des Sockels ein 20 mm dickes Brett nehmen, das so breit wie die Fußleiste des Zimmers hoch ist. Dieses Brett hochkant stellen und seine Vorderkante an der entsprechenden Linie auf der Schablone ausrichten. Entlang der Rückseite des Brettes an beiden Kanten der Schablone eine kurze Linie ziehen. Die Position beider Schablonenkanten auf Vorder- und Rückseite des Brettes anzeichnen *(rechts).* Die Brettkanten zwischen den Markierungen im Winkel von 45 Grad zuschneiden.

Zum Anzeichnen der Seitenteile des Sockels ein 20 mm dickes Brett hochkant so auf die Kante der Schablone stellen, daß ein Ende mit der rechtwinkeligen Ecke der Schablone abschließt. Auf Vorder- und Rückseite dieses Brettes die Punkte anzeichnen, an denen es die kurze und die durchgehende Linie schneidet. Ein zweites 20 mm dickes Brett auf die andere Seite der Schablone setzen, stumpf gegen das erste stoßen lassen *(rechts)* und ebenso anzeichnen. Die Kanten der Seitenteile zwischen den Markierungen im Winkel von 45 Grad zuschneiden. Die Seitenteile an den Zimmerwänden befestigen und die Vorderseite auf die Seitenteile nageln.

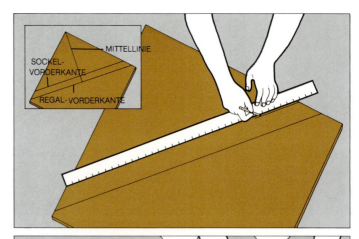
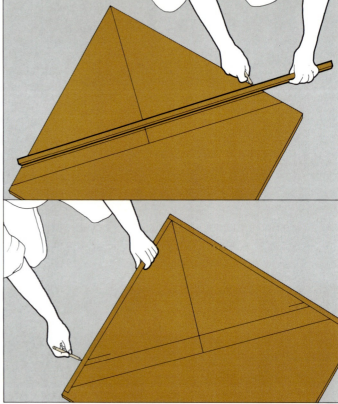

3 **Zuschneiden des Bodens.** Die Schablone entlang der Linie für die Vorderkante des Regals durchsägen. Wenn eine Handkreissäge verwendet wird, zuerst den Abstand zwischen dem Sägeblatt und der linken Kante der Bodenplatte messen und in diesem Abstand von der Linie eine Führung aufnageln, an der die Bodenplatte beim Sägen entlanggeschoben wird. Den Boden in Abständen von 150 mm mit Stauchkopfnägeln auf dem Regalsockel befestigen.

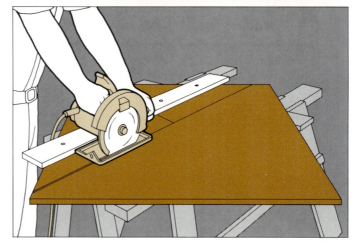

4 **Abschrägen der Seitenwände.** Auf dem Boden den Abstand von der Zimmerecke bis zur vorderen Ecke des Dreiecks messen und diesen Abstand auf eine Seitenwand übertragen. Mit einer Kreissäge die Vorderkante der Seitenwand im Winkel von 45 Grad so zuschneiden, daß die Gehrung mit der des Sockels übereinstimmt. Anschließend die Seitenwand auf die gewünschte Höhe zuschneiden und an der Zimmerwand befestigen. Die zweite Seitenwand stumpf gegen die erste stoßen lassen, anzeichnen, zuschneiden und befestigen.

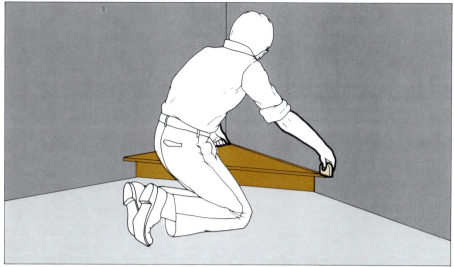

5 **Anzeichnen des Oberbodens.** Die andere Hälfte der Schablone so auf die Seitenwände setzen, daß die rechtwinklige Ecke genau in die Zimmerecke paßt. Die äußeren Ecken der Seitenwände auf der Unterseite der Schablone anzeichnen. Den Oberboden ebenso zuschneiden wie den Boden *(Schritt 3)* und auf die Seitenwände nageln.

An beiden Seitenwänden 25 mm von der Vorderkante und 50 mm von der Hinterkante entfernt Lochschienen anbringen und Klemmen einsetzen. Zum Anzeichnen und Zuschneiden der Borde rechtwinklige Sperrholzstücke auf die Bordträger legen, die Vorderkanten der Seitenwände darauf markieren und entlang einer 5 mm hinter den Markierungen gezogenen Linie zuschneiden.

6 **Verdecken der Kanten.** Die offenen Sperrholzkanten mit Umleimer *(S. 77)* verdecken, der genau auf die Länge der Kanten zugeschnitten wurde. Wenn der Umleimer nicht mit Schmelzkleber ausgerüstet ist, trägt man etwas Kontaktkleber auf die Sperrholzkante auf und verteilt ihn gleichmäßig. Den Umleimer so auflegen, daß eine Kante mit dem Bord bündig abschließt, und überall gut andrücken. Die überstehende Kante sauber abschneiden. Herausgequollenen Kleber nicht antrocknen lassen, sondern sofort mit einem feuchten Tuch abwischen.

Mehr Platz in Küchenschränken

Ein Küchenschrank, der nichts weiter enthält als eine einzige Schublade und ein einzelnes Bord, ist Platzverschwendung, und in ihm etwas zu finden ist ein mühsames Geschäft. Mit Hilfe von zweckentsprechenden, ausziehbaren Behältern, wie den auf diesen Seiten abgebildeten, läßt er sich jedoch in ein bis auf den letzten Kubikzentimeter genutztes Möbelstück verwandeln.

Pläne und Bauanleitungen für die Behälter wurden für einen Schrank mit Arbeitsfläche entwickelt, der 585 mm tief ist und eine 375 mm breite und 540 mm hohe Türöffnung hat; bei einem Schrank mit anderen Abmessungen müssen die Behälter entsprechend abgewandelt werden. Möglicherweise erfüllt ein großer Behälter seinen Zweck besser als zwei kleinere. Indem man die verschiedenen Unterteilungen der Behälter so anordnet, daß das Küchengerät und die Utensilien, für die Platz gebraucht wird, genau hineinpassen, lassen sich mit einem Schlag viele Unterbringungsprobleme lösen.

Bevor mit dem Bau der Behälter begonnen werden kann, muß ein eventuell eingebautes Bord entfernt werden. Wenn dieses Bord eingenutet ist, kann man es herausholen, indem man mit der Stichsäge ein breites V, dessen Spitze an der Hinterkante liegt, aus dem Bord heraussägt; wenn das V herausgefallen ist, lassen sich die beiden Teile aus den Nuten ziehen. Läßt sich die Schranktür nicht so weit öffnen, daß das Schrankinnere völlig zugänglich ist, muß sie abgenommen werden.

Die vorgesehenen genuteten und gefalzten Verbindungen sorgen für zusätzliche Stabilität und Tragfähigkeit der Behälter – wichtige Eigenschaften, wenn, wie hier geplant, schwere Gegenstände oder Konserven in ihnen untergebracht werden sollen. Das Arbeiten solcher Verbindungen kostet jedoch Zeit; außerdem ist dazu eine Ober-fräse *(S. 26)* oder eine Handkreissäge erforderlich. Sollen in den Behältern nur leichte Gegenstände untergebracht werden, können die Verbindungen auch nur auf stumpfen Stoß gearbeitet und mit eingeleimten Querleisten verstärkt werden.

Behälterpaar für zweckmäßige Unterbringung. Der linke ausziehbare Behälter in der Zeichnung unten ist so gebaut, daß in seinem hinteren Teil Bratpfannen mit langen Griffen untergebracht werden können, während im vorderen Kasserollen hängen und darunter Platz für die dazugehörigen Deckel ist. Der rechte Behälter *(gegenüberliegende Seite unten)* besitzt ein Fach für hohe Gegenstände, die immer auf Unterbringungsschwierigkeiten stoßen, wie etwa Thermosflaschen. In das Fach darüber passen lange, flache Teile, beispielsweise Kochlöffel, während dahinter Kuchenformen und Rührschüsseln Platz finden.

Materialliste

- 2 Fichtenbretter, 2440 × 240 × 12 mm
- 1 Fichtenbrett, 2440 × 190 × 12 mm
- 1 Stück Hartfaserplatte oder Sperrholz, 534 × 573 × 6 mm
- 4 Leistenstücke für Auszugführungen (Abmessungen siehe S. 106, Schritt 6) PVA-Leim
- 100 g Stauchkopfnägel, 25 mm
- 6 Stauchkopfnägel für Sockelleisten, 18 mm
- 2 Paar Schubladen-Auszugführungen, 550 mm

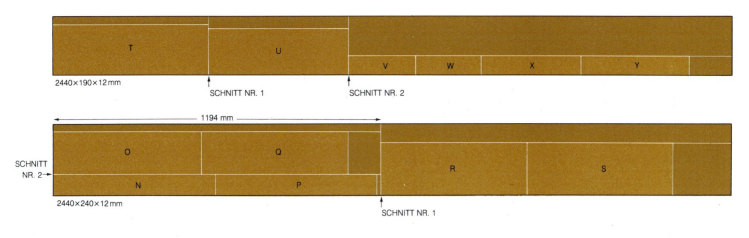

2440×190×12 mm

SCHNITT NR. 1

SCHNITT NR. 2

1194 mm

SCHNITT NR. 2→

2440×240×12 mm

SCHNITT NR. 1

SCHNITT NR. 2→

SCHNITT NR. 1→

2440×240×12 mm

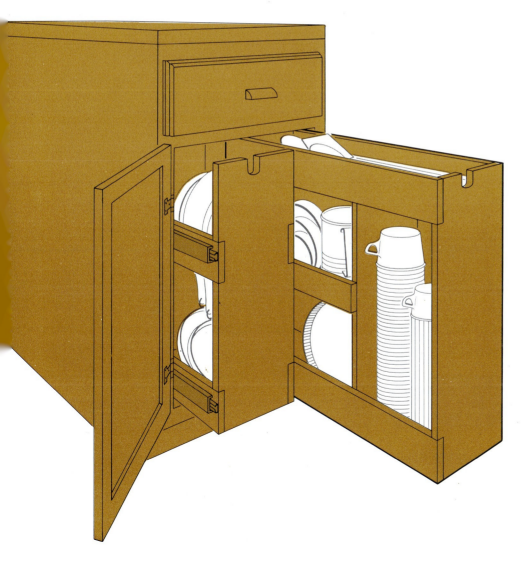

Zuschneiden der Teile. Für den Bau beider Behälter die Fichtenbretter, wie in den Zeichnungen oben angegeben, zerschneiden. Wie bei jedem Zuschneideplan sind die ersten Schnitte entscheidend, wenn man unnötigen Abfall und Fehler vermeiden will. Die weiteren Schnitte können in beliebiger Reihenfolge ausgeführt werden, aber jedes Teil vor dem Zuschneiden neu abmessen, um dem Schnittverlust Rechnung zu tragen. Die dunkler getönten Teile werden für die Behälter nicht gebraucht und können für andere Projekte aufbewahrt werden. Jedes Teil mit einem Stück Klebeband markieren, das den betreffenden Kennbuchstaben trägt. Der untenstehende Schlüssel bezeichnet alle Teile mit ihren Abmessungen und den Buchstaben, unter denen sie in den Plänen aufgeführt sind.

A) Linker Behälter, Querleiste, 585 × 75 mm
B) Rechter Behälter, Oberboden, 573 × 138 mm
C) Linker Behälter, Querleiste, 585 × 75 mm
D) Rechter Behälter, Boden, 573 × 138 mm
E) Linker Behälter, Querleiste, 585 × 75 mm
F) Rechter Behälter, Bord, 380 × 138 mm
G) Linker Behälter, Querleiste, 585 × 75 mm
H) Rechter Behälter, Zwischenwand, 459×132mm
I) Rechter Behälter, mittlere Querleiste,
    392 × 50 mm
J) Linker Behälter, kurze Stütze, 166 × 50 mm
K) Linker Behälter, kurze Stütze, 166 × 50 mm
L) Linker Behälter, Tragleiste, 321 × 18 mm
M) Linker Behälter, Tragleiste, 321 × 18 mm
N) Rechter Behälter, Querleiste, 585 × 75 mm
O) Rechter Behälter, Vorderwand, 534 × 150 mm
P) Rechter Behälter, Querleiste, 585 × 75 mm
Q) Rechter Behälter, Rückwand, 534 × 150 mm
R) Linker Behälter, Vorderwand, 534 × 190 mm
S) Linker Behälter, Rückwand, 534 × 190 mm
T) Linker Behälter, Boden, 573 × 178 mm
U) Linker Behälter, Zwischenwand, 516×166 mm
V) Linker Behälter, Stütze, 240 × 63 mm
W) Linker Behälter, Stütze, 240 × 63 mm
X) Linker Behälter, mittlere Querleiste,
    345 × 63 mm
Y) Linker Behälter, mittlere Querleiste,
    345 × 63 mm

Arbeiten von Nuten und Falzen

Rechter Behälter. Die Nuten und Ausschnitte an den Ecken lassen sich am besten herstellen, wenn man eine Oberfräse mit einem zweischneidigen 12-mm-Nutfräser benutzt; sie können aber auch durch mehrmaliges Einschneiden mit einer Handkreissäge *(S. 27)* gearbeitet werden. Alle Nuten sind – der Holzdicke entsprechend – 12 mm breit und 6 mm tief. Die Ausschnitte an den Ecken müssen 12 mm tief und 75 mm lang sein. Die Falze an Vorder- und Rückwand müssen 6 mm breit und 6 mm tief sein; sie können mit der Oberfräse und einem 6-mm-Falzfräser oder mit der Handkreissäge gearbeitet werden. An der Oberkante der Vorderwand außerdem mit Oberfräse oder Stichsäge einen 25 mm breiten und 18 mm tiefen Einschnitt machen, der als Griffmulde zum Herausziehen des fertigen Behälters dient.

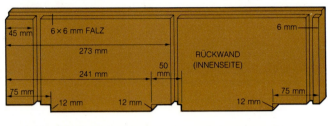

Linker Behälter. Nuten und Ausschnitte für den linken Behälter – wie auf den Zeichnungen rechts und unten dargestellt – den oben gegebenen Anweisungen entsprechend arbeiten. Besondere Sorgfalt ist bei den Ausschnitten an Vorder- und Rückwand dieses Behälters geboten, weil sie in die obere und mittlere Querleiste eingefügt werden müssen.

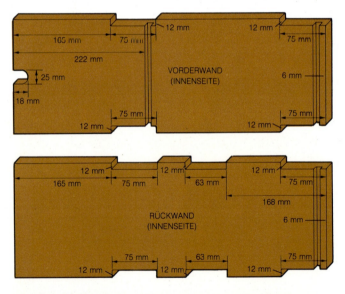

Zusammenbau der Behälter

1 **Zusammensetzen des rechten Behälters.** Leim auf beide Seitenkanten von Oberboden und Boden auftragen und die Teile in die Nuten von Vorder- und Rückwand schieben, und zwar so, daß die eine Längskante jedes Teiles 6 mm in die für die Querleiste angebrachten Ausschnitte vorragt, während die andere mit den Falzen bündig abschließt. Alle vier Teile mit Zwingen zusammenhalten und Stauchkopfnägel durch Vorder- und Rückwand in Oberboden und Boden einschlagen. Sobald der Leim abgebunden hat, die Zwingen abnehmen. Den Behälter auf die der Schrankwand zugewandte Seite legen und Leim auf die Längskanten von Oberboden und Boden sowie auf die Eckausschnitte an Vorder- und Rückwand auftragen; obere und untere Querleiste anleimen und nageln.

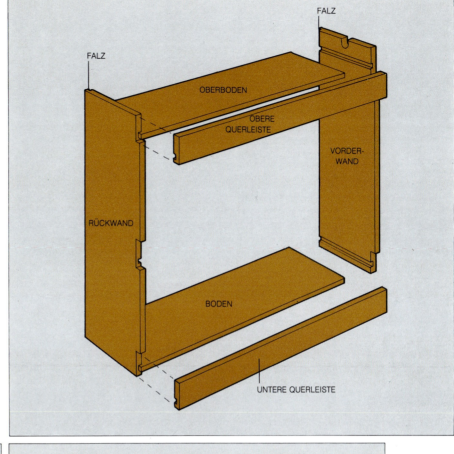

2 **Zusammenfügen von Bord- und Zwischenwand.** Leim auf eine Seitenkante des Bordes auftragen und das Bord so in die Nut der senkrechten Zwischenwand schieben, daß die Längskante des Bordes an der der Schrankwand zugewandten Seite bündig mit der Zwischenwand abschließt; die andere Längskante ragt 6 mm über die Zwischenwand hinaus. Die beiden Teile mit Eckzwingen sichern. Sobald der Leim abgebunden hat, die Zwingen wieder entfernen.

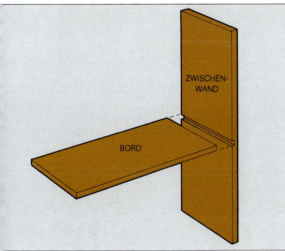

3 **Einbau des Bordes.** Leim auf die zweite Seitenkante des Bordes sowie auf Ober- und Unterkante der Zwischenwand auftragen. Diese in Schritt 2 miteinander verbundenen Teile so in den Behälter setzen, daß die über die Zwischenwand hinausragende Bordkante 6 mm in den Ausschnitt für die mittlere Querleiste hineinragt, während die andere bündig mit dem Falz abschließt. Nägel durch Oberboden und Boden in die Zwischenwand einschlagen. Leim auf die überstehende Bordkante auftragen und die mittlere Querleiste einsetzen und nageln.

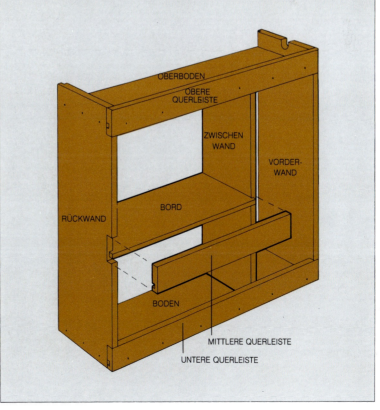

105

4 Anbringen der Seitenwand. Den Behälter so hinlegen, daß die der Schrankwand zugewandte Seite nach oben zeigt. Die Seitenwand darauf ausrichten und dann so weit anheben, daß die Kanten der darunterliegenden Teile zu sehen sind. Mit einem Bleistift auf der Seitenwand anzeichnen, wo die Mitten der darunterliegenden Teile verlaufen und wo dementsprechend genagelt werden muß. Die Seitenwand abnehmen, Leim auf alle Kanten auftragen und die Seitenwand wieder auflegen. Vor dem Abbinden des Leimes Nägel in die Ecken und in die Mitte der Seitenwand einschlagen. Die restlichen Nägel einschlagen und versenken.

5 Anbringen der Schubladenschienen. Beide Schubladenschienen auf die Seitenwand legen, eine oben und eine unten; die Schraubenlöcher müssen genau auf den in Schritt 4 gezogenen Linien liegen und beide Schienen mit der Vorderwand des Behälters bündig abschließen. Durch die Schraubenöffnungen der oberen Schiene Löcher vorbohren und die Schiene an die Seitenwand anschrauben. Mit einem Zimmermannswinkel an beiden Enden den Abstand zwischen oberer und unterer Schiene kontrollieren *(unten)*, um zu gewährleisten, daß sie genau parallel verlaufen. Löcher vorbohren und die untere Schiene anschrauben.

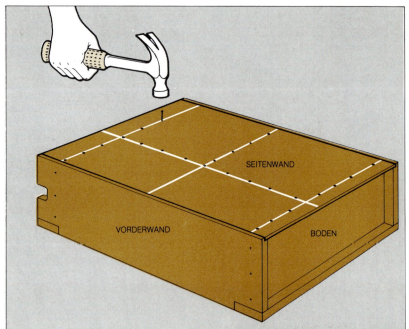

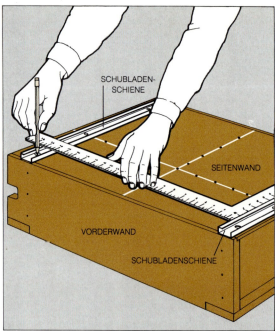

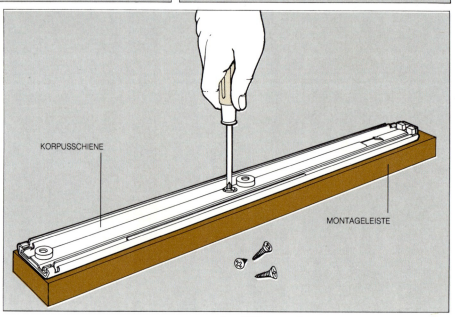

6 Anbringen der Korpusschienen. Bei Schränken mit Außenrahmen als Unterlagen für die Schienen zwei Leistenstücke 585 mm lang zuschneiden; ihre Dicke muß dem Abstand zwischen der Innenseite der Schrank-Seitenwand und der Innenkante des Außenrahmens entsprechen. Die Korpusschienen auf die Leisten legen, Löcher vorbohren und die Schienen anschrauben.

Wenn der Schrank, für den die Behälter bestimmt sind, frei steht, die auf Leisten montierten Korpusschienen auf die in Schritt 5 angebrachten Schubladenschienen schieben. Bei Einbauschränken erfolgt dies erst später.

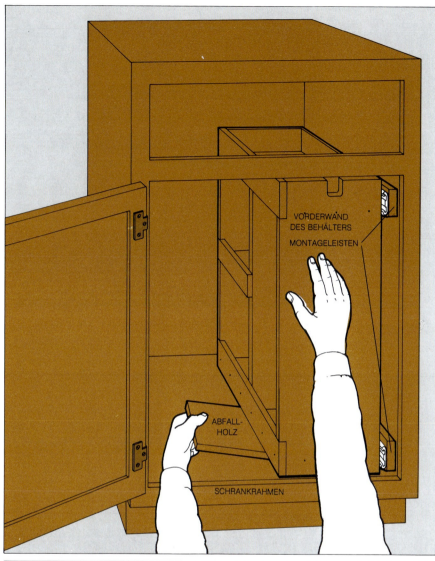

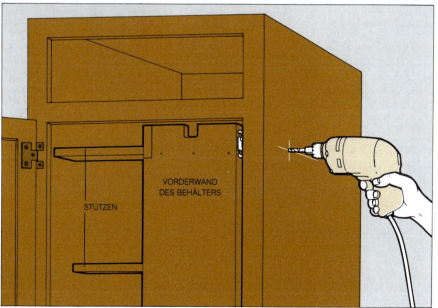

7 **Einsetzen des rechten Behälters.** Den Behälter mit den angebrachten Schubladenschienen so in den Schrank setzen, daß die Leisten mit den Korpusschienen gegen den Außenrahmen stoßen. Den Behälter durch ein untergeschobenes Stückchen Abfallholz so weit anheben, daß er beim Ausziehen auf keinen Fall gegen das Unterteil des Außenrahmens stoßen kann.

VORDERWAND
DES BEHÄLTERS

MONTAGELEISTEN

ABFALL-
HOLZ

SCHRANKRAHMEN

STÜTZEN

VORDERWAND
DES BEHÄLTERS

8 **Befestigen des Behälters.** Zwei oder drei Stück Abfallholz zwischen Behälter und gegenüberliegender Schrankwand verkeilen; sie müssen den Behälter so abstützen, daß die Leisten mit den Schienen flach an der Schrank-Seitenwand anliegen. Mit einem Zimmermannswinkel außen auf der Schrank-Seitenwand anzeichnen, wo die Mitten der Leisten verlaufen. Auf den angezeichneten Linien durch die Schrank-Seitenwand bis in die Leisten hinein Löcher vorbohren und die Leisten an der Schrank-Seitenwand sorgfältig festschrauben. Die Stützen wieder entfernen und den ganzen Behälter durch Aushaken der Führungen aus dem Schrank herausnehmen.

Soll die Schrank-Seitenwand makellos bleiben oder ist der Behälter für einen Einbauschrank bestimmt, die Leisten von innen anschrauben. Den Behälter wie abgebildet einsetzen und die Position der Leisten an der Vorderkante des Außenrahmens markieren. Den Behälter herausnehmen und die Markierungen auf der Innenseite der Schrank-Seitenwand fortführen. Die Leisten an diesen Linien ausrichten und von innen an die Schrank-Seitenwand anschrauben. (Bei Schränken ohne Außenrahmen die Korpusschienen den oben gegebenen Anweisungen entsprechend direkt an die Schrank-Seitenwände schrauben.)

9 **Zusammensetzen des linken Behälters.** Leim auf die Seitenkanten des Bodens auftragen und den Boden so in die Nuten von Vorder- und Rückwand einschieben, daß seine Längskanten beiderseits 6 mm in die Einschnitte an Vorder- und Rückwand vorragen. Die Teile mit Eckzwingen sichern und durch Vorder- und Rückwand in den Boden nageln. Wenn der Leim abgebunden hat, die Zwingen entfernen und Leim auf die Längskanten des Bodens sowie die Bodenausschnitte an Vorder- und Rückwand auftragen. Die unteren Querleisten anleimen und an Vorder- und Rückwand sowie Boden nageln.

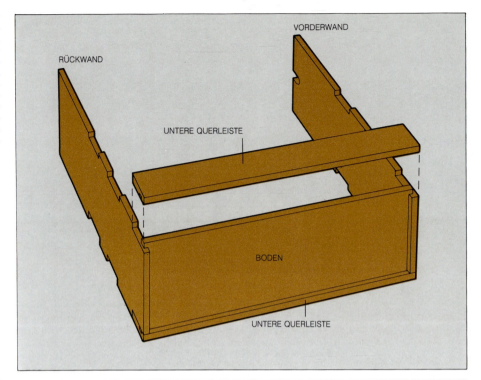

10 **Anbringen von Zwischenwand und Stützen.** Leim auf eine Seitenkante beider langen Stützen auftragen und die Teile so in die Nuten in der senkrechten Zwischenwand schieben, daß deren Außenkanten mit den Kanten der Stützen bündig abschließen. Die Teile in Eckzwingen einspannen und durch die Zwischenwand in die Stützen nageln. Leim auf die anderen Seitenkanten der Stützen und die Unterkante der Zwischenwand auftragen und die bereits miteinander verbundenen Teile so in den Behälter setzen, daß die Stützen fest in den Nuten der Vorderwand stecken und ihre Kanten mit den Kanten der Ausschnitte bündig abschließen. Durch die Vorderwand in die Stützen und durch den Boden in die Zwischenwand nageln.

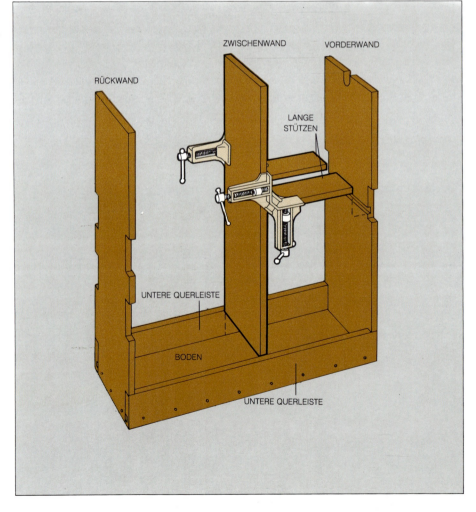

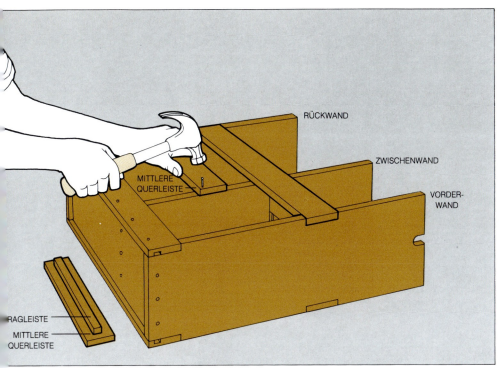

11 **Anbringen von Querleisten.** Die oberen Querleisten in die oberen Ausschnitte an Vorder- und Rückwand leimen und nageln. Die Tragleisten an die kurzen mittleren Querleisten leimen und mit 20-mm-Nägeln sichern; die Tragleisten müssen in der Mitte der Querleisten und parallel zu ihren Seitenkanten verlaufen *(links)*. Leim auf die mittleren Ausschnitte in der Rückwand auftragen und die mittleren Querleisten so einsetzen, daß die Tragleisten innen liegen. Die Querleisten an Zwischen- und Rückwand nageln.

12 **Fertigstellen des linken Behälters.** Die kurzen Stützen so in die Behälter legen, daß sie auf den Tragleisten ruhen. (Sie können angeleimt werden oder der besseren Platznutzung wegen lose liegenbleiben.) An den oberen und unteren Querleisten und an der Schrank-Seitenwand Auszugführungen anbringen und den linken Behälter genau den Anweisungen für den rechten Behälter *(Schritt 5–8)* entsprechend einsetzen.

Sofern es sich um einen Einbauschrank oder einen Schrank ohne Außenrahmen handelt, nach einer der in Schritt 8 beschriebenen Alternativmethoden vorgehen.

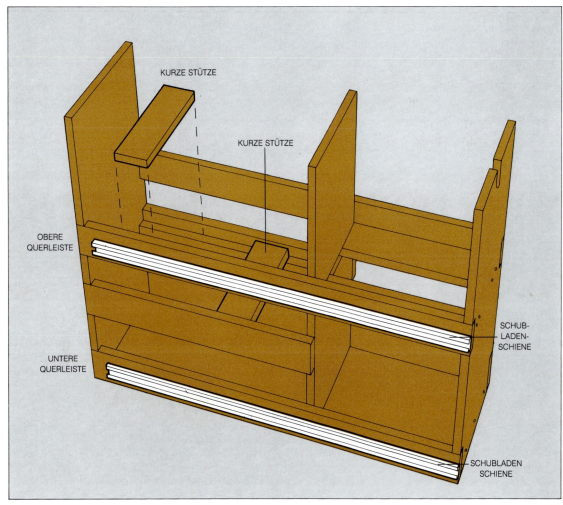

Bewegliche Plattformen für Kriechböden

Der Platz in einem Bodenraum ist zu wertvoll, um ungenutzt zu bleiben, nur weil der Fußboden nicht begehbar oder der Raum so niedrig ist, daß man nicht aufrecht stehen kann. Fußbodendielen zu verlegen, kostet viel Geld und Zeit und löst das Problem nur bei hohen Bodenräumen. Eine weitere Möglichkeit besteht darin, den Raum rund um die Falltür herum mit Sperrholzplatten zu belegen und auf diese Weise eine Unterbringungsmöglichkeit zu schaffen.

Wesentlich besser läßt sich der vorhandene Raum jedoch durch eine Reihe beweglicher Plattformen wie den unten abgebildeten nutzen. Die ideale Lösung stellt eine solche Kette in langen Kriechböden dar, in denen die Position der Falltür das Anbringen mehrerer Plattformen ermöglicht.

Jede dieser Sperrholz-Plattformen ist im Grunde ein kleiner Waggon, der sich mit Laufrollen auf Schienen aus 50 x 100 mm dicken Kanthölzern bewegt, die im rechten Winkel zu den Deckenbalken verlegt werden.

Damit sich die Plattformen reibungslos bewegen lassen, müssen die auf die Deckenbalken genagelten Schienen unbedingt parallel verlaufen. Eine Wäscheleine liefert den Seilzug, mit dem sich die Plattformen zum Be- und Entladen an der Bodenluke vorbeiziehen lassen. Die Waggons sind mit kräftigen Haken und Ösen aneinandergekoppelt, und um die Plattform herum angebrachte Rahmen halten die Fracht an Ort und Stelle.

Die Breite der Plattformen hängt weitgehend davon ab, in welchem Abstand die Schienen angebracht werden. Er sollte jedoch nicht so groß sein, daß die äußere Kante einer Plattform nur mit Mühe zu erreichen ist (zu empfehlen ist ein Schienenabstand von 400 bis 500 mm). Vor dem Bau der Plattformen sollte die Falltüröffnung ausgemessen werden, um zu gewährleisten, daß die fertigen Plattformen hindurchpassen. Wieviel Holz gebraucht wird, hängt von Zahl und Größe der Plattformen ab, die sich auf dem Boden unterbringen lassen.

Ausnutzen des vorhandenen Platzes. Der Platz in einem niedrigen Bodenraum läßt sich am besten nutzen, wenn man zwei Ketten aus Plattformen baut, die beiderseits der Falltüröffnung verlaufen. Um sie mühelos be- und entladen zu können, müssen sie sich so bewegen lassen, daß sie von der Luke aus zu erreichen sind. Daraus ergibt sich dann, daß in einem Bodenraum, in dem die Falltür in der Mitte liegt, die Kette nicht länger sein darf als der halbe Bodenraum.

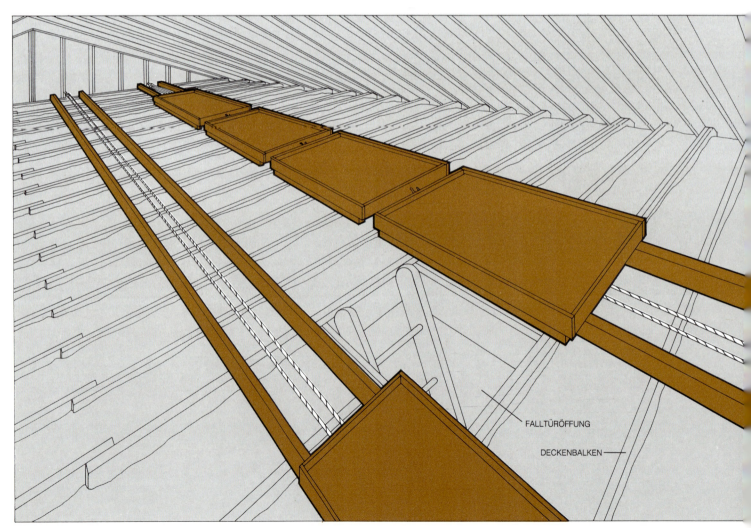

FALLTÜRÖFFNUNG

DECKENBALKEN

Bau der Plattformen. Die Position der Teile, aus denen die Plattformen bestehen, sowie die empfohlenen Abmessungen des Holzes sind hier im Querschnitt *(unten)* und von unten *(rechts)* dargestellt. Starre Laufrollen (es dürfen keine drehbaren sein) an den Unterseiten der Plattformen anbringen, wo sie als Räder dienen und das Gewicht tragen, und außerdem an den Führungs-Kanthölzern, wo sie dafür sorgen, daß die Plattformen gleichmäßig auf den Schienen laufen. Beim Festlegen der Abmessungen für die Plattformen muß die Höhe der gekauften Laufrollen natürlich berücksichtigt werden. Das Zugseil am Boden des ersten und letzten Waggons jeder Reihe sicher befestigen.

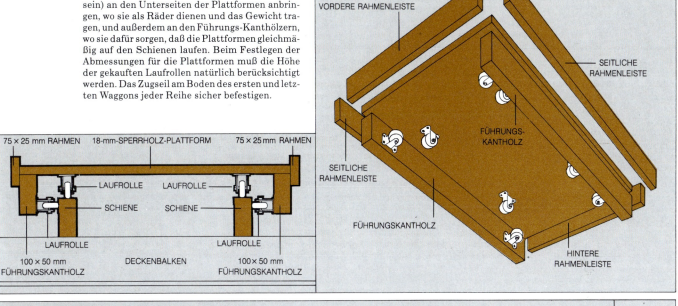

VORDERE RAHMENLEISTE
SEITLICHE RAHMENLEISTE
FÜHRUNGS-KANTHOLZ
SEITLICHE RAHMENLEISTE
FÜHRUNGSKANTHOLZ
HINTERE RAHMENLEISTE

75 × 25 mm RAHMEN · 18-mm-SPERRHOLZ-PLATTFORM · 75 × 25 mm RAHMEN
LAUFROLLE · LAUFROLLE
SCHIENE · SCHIENE
LAUFROLLE · LAUFROLLE
100 × 50 mm FÜHRUNGSKANTHOLZ · DECKENBALKEN · 100 × 50 mm FÜHRUNGSKANTHOLZ

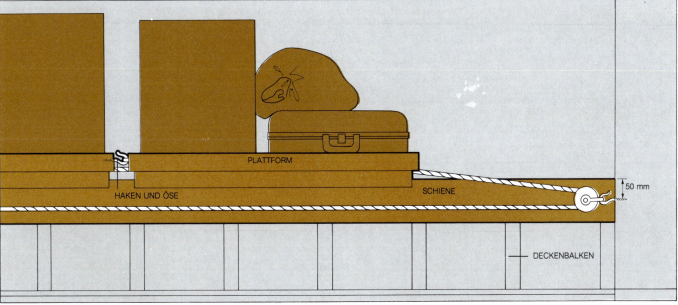

PLATTFORM
HAKEN UND ÖSE
SCHIENE
50 mm
DECKENBALKEN

Anbringen des Seilzugs. Für jede Reihe von Plattformen an beiden Enden des Bodenraums je eine Seilrolle in einen Balken schrauben, und zwar etwa 50 mm unterhalb der Oberkante der Schienen. Sind keine geeigneten Balken vorhanden, Kantholzstücke von 50 x 100 mm zwischen die Schienen nageln und die Seilrollen an ihnen befestigen. Ein Stück Wäscheleine erst über die eine und dann über die andere Seilrolle führen; die Enden des Seils müssen oben liegen. Dann die Enden ungefähr in der Mitte des Bodenraums miteinander verknoten und dabei eine Schlinge bilden. (Liegt der Knoten zu dicht an einer der Seilrollen, verklemmt er sich dort, wenn die Plattformen bewegt werden.) Die erste, völlig fertiggestellte Plattform auf die Schienen setzen und das zu einer Schlinge verknotete Seil mit kräftigen Heftklammern oder Nägeln am Boden der Plattform sorgfältig befestigen. Die mittleren Waggons mit Haken und Ösen anhängen; sie brauchen nicht am Seil befestigt zu werden. Zum Schluß den oben laufenden Teil des Seils an der letzten Plattform ebenso festmachen wie an der ersten Plattform.

Unter der Treppe: Behälter auf Rollen

Der dreieckige Raum unter einer offenen Kellertreppe sieht nicht so aus, als ließe er sich gut nutzen. Wo es jedoch an Unterbringungsmöglichkeiten fehlt, kann man unter einer solchen Treppe durch drei Behälter auf Rollen wie die unten abgebildeten Platz für viele Dinge schaffen.

Der höchste Behälter gleitet zwischen einen Rahmen aus Kanthölzern von 50 x 100 mm unter dem oberen Treppenende; in ihm können Reinigungsutensilien, wie Besen, Mop und Schrubber, verstaut werden. Der mittlere Behälter ist niedriger, aber breiter und mit Borden ausgestattet, auf denen Dosen, Flaschen, Werkzeug und ähnliches Platz finden. Das Trio wird komplettiert durch einen kleinen, für Staubsauger, Schuhe, Spielsachen oder Sportgerät geeigneten Behälter. Alle drei werden auf 75 mm hohe, starre Laufrollen montiert; stabile Griffe an den Vorderwänden ermöglichen das Bewegen und Herausziehen dieser Behälter.

Als Material wird 18 mm dickes Sperrholz verwendet. Rückwände und Seitenwände sind mit Nuten versehen, in die man den Boden einsetzt; die Seitenwände besitzen außerdem Falze für die Rückwand. Alle Borde ruhen auf Tragleisten *(S. 48)* aus Sperrholz-Abfallstücken.

Nach dem Zusammenbau können die Vorderfronten der Behälter des besseren Aussehens wegen mit hölzernen Paneelen verkleidet werden; die gleiche Verkleidung sollte auch an den sichtbaren Fronten des Rahmens für den höchsten Behälter angebracht werden. Ein kleines Paneeldreieck am unteren Treppenende verdeckt die Öffnung, die zu niedrig ist, als daß sie bequem irgendwie genutzt werden könnte.

Dieses Projekt wurde für eine Treppe entworfen, deren Wangen – die Seitenbohlen, an denen die Stufen befestigt sind – im Winkel von 35 Grad ansteigen. Da Treppen jedoch sehr unterschiedliche Höhen, Breiten, Längen und Steigungswinkel haben können, muß der darunterliegende Platz ausgemessen werden, bevor man entscheiden kann, wie viele Behälter möglicherweise hineinpassen und wie groß sie im einzelnen sein können. Die Anweisungen auf Seite 52 bis 57 erleichtern die Planung. Um den Steigungswinkel der Treppe abzunehmen, stellt man eine Sperrholzplatte flach an die Wange und zeichnet entlang der Unterkante der Wange eine Linie auf das Sperrholz.

Handelt es sich um eine Treppe ohne Setzstufen – die Senkrechten hinter den Trittstufen –, muß die Treppenunterseite so verschlossen werden, daß kein Staub und Schmutz in die Behälter fallen kann. Das geschieht am einfachsten, indem man eine Platte aus 12 mm dickem Sperrholz an die Unterkanten der Wangen nagelt, bevor man mit dem Bau der Behälter beginnt.

Drei Behälter auf Rollen. Der Platz unter der Kellertreppe reicht in der Regel für drei Behälter in der Art der unten abgebildeten aus. Zwischen zwei Behältern jeweils 75 mm Spielraum einkalkulieren, damit ein Behälter herausgezogen werden kann, ohne den danebenstehenden zu verkratzen. Ruht die Treppe auf senkrechten Stützen, die Behälter natürlich so bemessen, daß sie dazwischenpassen. Der Rahmen, in den der größte Behälter eingeschoben wird, besteht aus zwei Kanthölzern von 50 x 100 mm in der Vertikalen sowie zwei weiteren Stücken Kantholz, die auf dem Boden von den senkrechten Kanthölzern bis an die Wand im Hintergrund der Treppe reichen. Eines dieser Kanthölzer auf dem Boden dient gleichzeitig als Führung für den mittleren Behälter; ein weiteres Stück Kantholz als Führung für den kleinen Behälter anbringen.

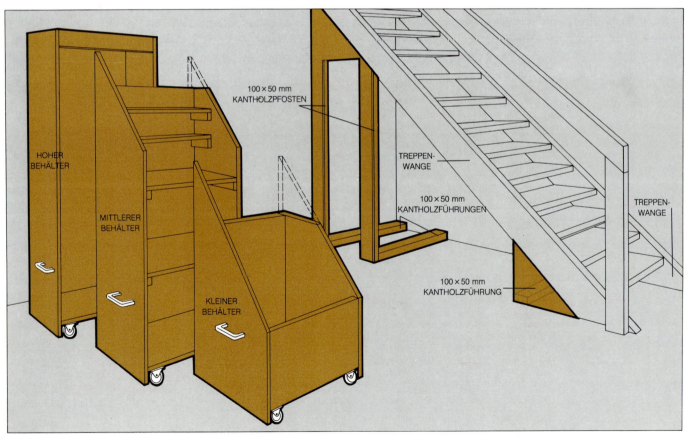

HOHER BEHÄLTER

MITTLERER BEHÄLTER

KLEINER BEHÄLTER

100 × 50 mm KANTHOLZPFOSTEN

TREPPEN-WANGE

100 × 50 mm KANTHOLZFÜHRUNGEN

100 × 50 mm KANTHOLZFÜHRUNG

TREPPEN-WANGE

Bau der Behälter

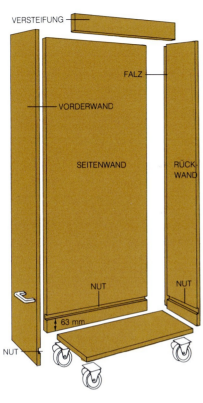

Der hohe Behälter. Hierbei handelt es sich lediglich um einen rechteckigen Kasten mit einer offenen Seite. Die Nuten, in die der Boden eingeleimt wird, sind 6 mm tief und 18 mm breit und werden 63 mm oberhalb der unteren Kanten in Vorder-, Rück- und Seitenwand gefräst. Werden 75 mm hohe Laufrollen montiert, bleibt noch ein Spielraum von 12 mm zwischen dem Fußboden und den Unterkanten des Behälters. Für die Seitenwand an den Innenkanten von Vorder- und Rückwand 6 mm tiefe und 18 mm breite Falze arbeiten. Dann die Teile des Behälters zusammenleimen. Ein quer über die obere Vorderkante geleimter und genagelter Streifen dient als Versteifung. Haken oder andere Haltevorrichtungen für große Gegenstände können nach Belieben angebracht werden.

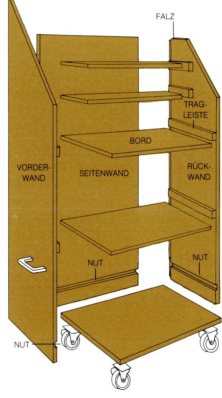

Der mittlere Behälter. Vorder-, Rück- und Seitenwand sowie Boden dieses Behälters ebenso verbinden wie die Teile des hohen Behälters; Falze und Nuten in den gleichen Abmessungen und an den gleichen Stellen arbeiten. Alle Borde ruhen auf Leisten von 18 x 45 mm, die aus Sperrholz-Abfallstükken zugeschnitten werden. Natürlich kann man auch versetzbare Borde anbringen *(S. 46–48)*. Zur optimalen Nutzung des Platzes die Maße der unterzubringenden Gegenstände vor Befestigung der Tragleisten feststellen.

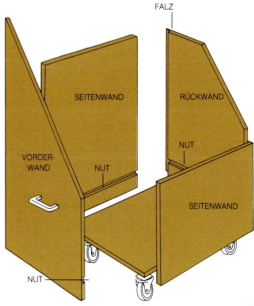

Der kleine Behälter. Dieser Behälter ist nur eine kleinere Variante des mittleren Behälters; er besitzt jedoch eine zweite Seitenwand und keine Borde. Nuten und Falze ebenso wie für die anderen Behälter arbeiten. Falls weitere Stellfläche benötigt wird, auch diesen Behälter wie den mittleren mit Borden ausrüsten.

Innenausbau von Schränken

Wenn Schränke überquellen, ist häufig nicht so sehr tatsächlicher Platzmangel die Ursache, als vielmehr Platzvergeudung im Schrank. Das auf den folgenden Seiten erläuterte Projekt zeigt eine Möglichkeit, einen breiten, flachen Einbauschrank so auszubauen, daß der sonst zum großen Teil vergeudete Platz voll ausgenutzt werden kann. Es gibt Schränke, die 550 bis 650 mm tief, 2000 bis 2500 mm hoch und 1500 mm oder mehr breit sind. Die Kleiderstange, in der Regel auf einer Höhe von 1650 mm angebracht, ist nur für in voller Länge aufgehängte Kleider und Mäntel gedacht – unterhalb der kürzeren Kleidungsstücke wird 600 mm kostbarer Raum verschwendet. Oft ist über der Kleiderstange nur ein einziges, schmales und schwer zugängliches Bord angebracht, so daß auch im oberen Bereich des Schrankes noch ungenutzter Platz vorhanden ist. Diesen Raum kann man nutzbar machen, indem man die Anordnung der Kleiderstangen verändert; baut man außerdem noch ein einfach herzustellendes Gestell mit Schubladen und Borden ein, kann man die Aufnahmefähigkeit eines Schrankes ohne allzuviel Aufwand tatsächlich bis um 50 Prozent steigern.

Der erste Schritt beim Umbau eines Kleiderschranks besteht darin, daß man die Kleidungsstücke nach ihrer Länge sortiert. Für die langen sollte auch weiterhin eine Stange in 1650 mm Höhe vorhanden sein, aber die

Ein besser ausgenutzter Kleiderschrank. Die Abbildung zeigt, wie ein breiter, 610 mm tiefer Einbauschrank umgewandelt wurde. Die lange Kleiderstange und die vorhandenen Borde wurden entfernt und statt dessen ein Einbau mit zahlreichen Unterteilungen eingesetzt. An die Stelle einer langen sind drei kürzere Kleiderstangen getreten. Die Stange rechts wurde auf der normalen Höhe für lange Kleidungsstücke angebracht, die beiden Stangen links können kürzere Stücke wie Jacken oder gefaltete Hosen aufnehmen.

Ein 610 mm breiter Einbau mit Schubladen und Borden, der vom Boden bis an die Oberkante der Tür reicht, liefert fast einen Kubikmeter neuen Stauraum. Der untere Teil ist 915 mm hoch und besteht aus zwei flachen und zwei höheren Schubladen. Der obere, gleichfalls 915 mm hohe Teil wurde mit sechs Borden gearbeitet; der Bordteil wurde auf Auszugführungen montiert, so daß die Fächer auch von den Seiten her gut zugänglich sind. Größere oder selten gebrauchte Gegenstände finden auf dem obersten Bord und auf einem weiteren über der rechten Kleiderstange Platz. Die Schiebetüren wurden in diesem Fall gegen Klapptüren ausgewechselt.

Einige ältere Einbauschränke sind mit Schiebetüren ausgestattet, die einander überlappen, wenn der Schrank geöffnet wird, so daß jeweils nur die eine Hälfte des Schrankes zugänglich ist. In solchen Fällen empfiehlt es sich, Falttüren oder Klapptüren aus Massivholz oder Lamellen einzubauen, die den Innenraum voll zugänglich machen. Falt- und Klapptüren sind in verschiedenen Ausführungen und Abmessungen erhältlich und können der Größe der Schranköffnung relativ mühelos angepaßt werden. Allerdings sollten die neuen Türen vor dem Einbau des Gestells angebracht werden, weil sonst die Gefahr besteht, daß bei der Berechnung der Ausmaße die Schienen, in denen die Oberkanten der Falttüren verlaufen, außer acht gelassen werden.

kürzeren – Blusen, Jacken und gefaltete Hosen – können auf zwei übereinander angebrachte Stangen gehängt werden. Der auf diese Weise gesparte Platz wird durch den Einbau von Borden und Schubladen genutzt, die zur Unterbringung von Pullovern, Unterwäsche, Schuhen und dergleichen geeignet sind. Über den Kleiderstangen können dann auch noch weitere Borde für Koffer und andere, meist seltener gebrauchte Gegenstände angebracht werden.

Das hier beschriebene Projekt kann auf einen kleineren Schrank ebenso zugeschnitten werden wie auf einen kleineren Geldbeutel. Der abgebildete Einbau ist für einen Schrank von 1830 mm Breite bestimmt; schmalere Schränke lassen sich ähnlich nutzen, indem man den Einbau weniger breit baut. Eine andere Möglichkeit besteht darin, in einem Kleiderschrank einfach eine senkrechte Trennwand anzubringen; in der einen Hälfte bringt man eine Kleiderstange in 1650 mm Höhe an, in der anderen zwei übereinander angeordnete Kleiderstangen. '

Die sichtbaren Teile des Einbaus können aus hochwertigem Sperrholz (zum Beispiel Birke) angefertigt werden, wenn das Holz gebeizt oder mattiert werden soll; ist ein Anstrich geplant, erfüllt billigeres Sperrholz oder Spanplatte den gleichen Zweck.

Mit Hilfe der hier und an anderen Stellen dieses Buches erläuterten Techniken kann man den Platz in jedem beliebigen Schrank besser nutzen. Die unten abgebildete Kombination von Büro- und Hobbyraum ist nur eine von vielen Möglichkeiten. Schon indem man Lochplatten, Borde oder Haken anbringt, läßt sich in jedem Schrank auf einfache Weise mehr Platz gewinnen.

Materialliste für den Schrankeinbau

2 Sperrholzplatten, 2440 × 1220 × 18 mm
1 Sperrholzplatte, 2440 × 1220 × 9 mm
1 Sperrholzplatte, 2440 × 1220 × 6 mm
1 Stück Massivholz, 1830 × 45 × 20 mm
1 Stück Massivholz, 2440 × 45 × 20 mm
2 Stück Massivholz, 2440 × 141 × 12 mm
2 Stück Massivholz, 2440 × 235 × 12 mm
4 Paar Auszugführungen, 550 mm lang, Tragfähigkeit 25 kg
1 Paar Auszugführungen, 550 mm lang, Tragfähigkeit 50 kg
8 Schubladengriffe
3 Paar Schrankrohrlager, Durchmesser 25 mm

3 Stück verchromtes Schrankrohr, Durchmesser 25 mm, Länge gemäß Schrankbreite
125 g Stauchkopfnägel, 40 mm
250 g Stauchkopfnägel, 25 mm
50 Senkkopf-Holzschrauben, 3,5 x 30 mm
15 m Kantenumleimer mit Schmelzkleber, 19 mm, zum gewählten Holz passend
5 Blatt 120er Schleifpapier
2 Blatt 280er Schleifpapier
1 Paar Klapptüren (nur erforderlich, wenn Schiebetür entfernt werden muß)
PVA-Leim
Holzkitt

Eine Alternative

Ein unbenutzter Schrank mit ähnlichen Abmessungen wie der links abgebildete läßt sich relativ leicht in ein Heimbüro oder einen Hobbyraum umwandeln. Die in einer Höhe von 740 mm angebrachte Schreibplatte kann aus Sperrholz zugeschnitten und mit Kunststoff belegt werden (S. 94); sie ruht auf 25 x 150 mm dicken Leisten, die an der Rückwand und den Seitenwänden des Schrankes befestigt wurden. Ein fertig gekaufter Aktenschrank dient als weitere Stütze und bietet gleichzeitig Unterbringungsmöglichkeiten.

Im oberen Teil ruhen breite Borde auf 25 x 50 mm dicken Leisten (wie abgebildet) oder auf versetzbaren Bordträgern in Lochschienen (S. 46–47); der besseren Zugänglichkeit wegen ist das oberste Bord schmaler gehalten. Eine Lochplatte bietet Platz für kleine und kleinste Utensilien; für den nötigen Abstand zur Wand sorgt ein Rahmen aus 18 x 18 mm dicken Leisten. Außerdem wurde eine schwenkbare Arbeitsleuchte an der Schrankwand befestigt, die es erlaubt, das Licht je nach Bedarf aus verschiedenen Richtungen auf die Schreibplatte zu lenken.

Zuschneidepläne

2440 × 1220 × 18 mm SPERRHOLZ

2440 × 1220 × 9 mm SPERRHOLZ

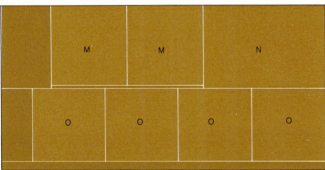

2440 × 1220 × 6 mm SPERRHOLZ

1830 × 45 × 20 mm MASSIVHOLZ

2440 × 45 × 20 mm MASSIVHOLZ

2440 × 141 × 12 mm MASSIVHOLZ (2 STÜCK)

2440 × 235 × 12 mm MASSIVHOLZ (2 STÜCK)

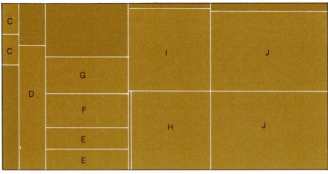

2440 × 1220 × 18 mm SPERRHOLZ

Zuschneiden der Teile. In dem untenstehenden Schlüssel sind die Namen und Abmessungen für alle Teile unter den Buchstaben aufgeführt, mit denen sie auf den Zuschneideplänen bezeichnet sind. Jedes Teil nach dem Zuschneiden mit einem Stückchen Klebeband versehen, das den entsprechenden Buchstaben trägt. Die Abfallstücke (in den Zuschneideplänen dunkler gehalten) können als zusätzliche Borde oder als Führungen für Oberfräse und Handkreissäge verwendet werden.

A) Hintere Bordstütze, 915 × 200 mm
B) Seitenwände (2mal), 2030 × 592 mm
C) Bordteil, Vorderblende (2mal), 223 × 100 mm
D) Vordere Bordstütze, 915 × 200 mm
E) Schubladen-Aufdoppelung (2mal), 610 × 157 mm
F) Schubladen-Aufdoppelung, 610 × 251 mm
G) Schubladen-Aufdoppelung, 610 × 271 mm
H) Schubladenteil, Boden, 592 × 586 mm
I) Schubladenteil, Oberboden, 610 × 603 mm
J) Schubladenteil, Seitenwände (2mal), 897 × 586 mm
K) Gesamteinbau, Oberboden, 646 × 592 mm
L) Bordteil, Borde (5mal), 589 × 586 mm
M) Bordteil, Boden und Oberteil der Basis, 586 × 571 mm
N) Schubladenteil, Rückwand, 915 × 610 mm
O) Schubladen-Böden (4mal), 554 × 538 mm
P) Bordteil, Seitenwände der Basis (2mal), 571 × 45 × 20 mm
Q) Bordteil, Bordversteifung, 571 × 45 × 20 mm
R) Bordteil, Versteifungen der Basis (4mal), 546 × 45 × 20 mm
S) Flache Schubladen, Vorderstücke (2mal), 538 × 141 × 12 mm
T) Flache Schubladen, Hinterstücke (2mal), 538 × 141 × 12 mm
U) Flache Schubladen, Seitenwände (4mal), 578 × 141 × 12 mm
V) Tiefe Schubladen, Vorderstücke (2mal), 538 × 235 × 12 mm
W) Tiefe Schubladen, Hinterstücke (2mal), 538 × 235 × 12 mm
X) Tiefe Schubladen, Seitenwände (4mal), 578 × 235 × 12 mm

Fräspläne

1 **Fräsen der Schubladenteile.** Die Schubladenteile in Vorder- und Hinterstücke sowie Seitenwände sortieren und anschließend die Seitenwände in rechte und linke Seiten. Um Fehler beim Fräsen zu vermeiden, empfiehlt es sich, auf der Innenseite jedes Teiles Ober- und Unterkante zu markieren, an den Seitenwänden außerdem vordere und hintere Kante. 12 mm von der Unterkante aller Teile entfernt eine 6 mm breite und 6 mm tiefe Nut fräsen (Frästechniken siehe Seite 26 und 27). 12 mm von der Hinterkante jeder Seitenwand entfernt eine 12 mm breite und 6 mm tiefe Nut und an der Vorderkante jeder Seitenwand einen 12 mm breiten und 6 mm tiefen Falz arbeiten.

2 **Fräsen der Bordstützen.** Die beiden Bordstützen mit den Innenseiten nach oben so auf den Arbeitstisch legen, daß zwei Längskanten aneinanderstoßen. Ober- und Unterkanten sorgfältig ausrichten und die Stützen mit Zwingen am Arbeitstisch befestigen. Für die Nuten auf der Oberfläche beider Stützen fünf Punkte markieren; ihr jeweiliger Abstand von der Unterkante ist auf der Zeichnung unten angegeben. An jedem Punkt mit Prüfwinkel und Bleistift eine Linie über beide Bordstützen ziehen. Anschließend 9 mm breite und 9 mm tiefe Nuten fräsen; die zuvor markierten Linien bilden dabei jeweils die Unterkante der Nut.

3 **Fräsen der Seitenwände des Schubladenteils.** Der Boden des Schubladenteils sollte 50 mm über dem Schrankboden angebracht werden, damit die untere Schublade gegebenenfalls über die Sockelleiste des Schrankes hinweggleiten kann. Um die Position der Nuten für den Boden anzuzeichnen, beide Seitenwände des Schubladenteils auf die Arbeitsfläche legen, 50 mm von der Unterkante jedes Teiles eine Linie mit dem Bleistift ziehen und von diesen Linien ausgehend eine 18 mm breite und 9 mm tiefe Nut in beide Teile fräsen.

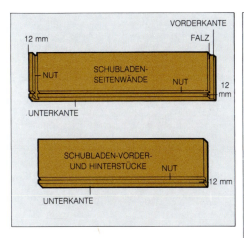

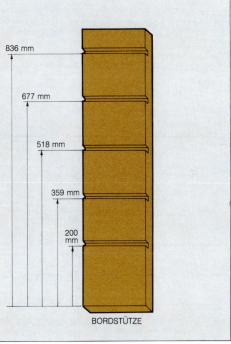

Bau des Schubladenteils

1 **Zusammensetzen der Schubladen.** Die Teile für die beiden 141 mm hohen Schubladen (rechte und linke Seitenwände, Vorder- und Hinterstücke sowie Boden) und ebenso für die beiden 235 mm hohen Schubladen sortieren. Die Schubladen nach den auf Seite 28 und 29 in Schritt 1 bis 3 gegebenen Anweisungen zusammensetzen. Den Boden in die Nuten einleimen und die gefalzten und genuteten Verbindungen mit 25-mm-Stauchkopfnägeln sichern. An den Seitenwänden sämtlicher Schubladen je eine Schiene der Auszugführungen mit 25 kg Tragfähigkeit anbringen, wie in Schritt 3 auf Seite 30 beschrieben.

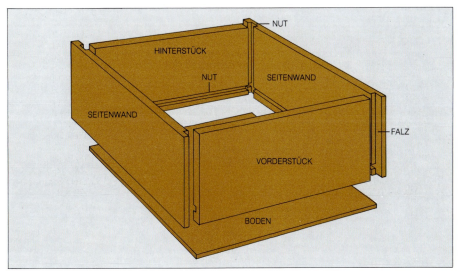

2 **Abmessen der Positionen der Korpusschienen.** Die beiden Seitenwände des Schubladenteils auf einer ebenen Fläche so hinlegen, daß die Innenseiten nach oben zeigen und die Vorderkanten aneinanderstoßen. Beide Teile exakt an Ober- und Unterkanten sowie den Nuten ausrichten. Ein Bandmaß in die Nut einhaken und über den zusammenstoßenden Kanten ausziehen. Die Position der Korpusschienen ermitteln, indem man quer über die beiden zusammenstoßenden Kanten Markierungen mit dem Bleistift anbringt *(rechts),* und zwar von der Nut aus gemessen in folgenden Abständen: 7 mm, 261 mm, 515 mm und 675 mm. Eine Seitenwand aufnehmen und so wieder hinlegen, daß jetzt die Hinterkanten aneinanderstoßen. Den Markierungsvorgang wiederholen und anschließend alle Markierungen auf beiden Seitenwänden zu Linien verbinden.

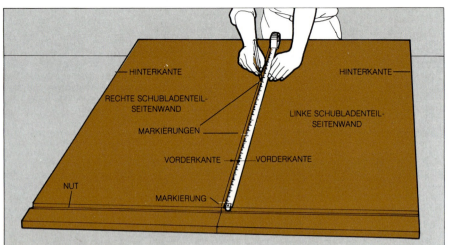

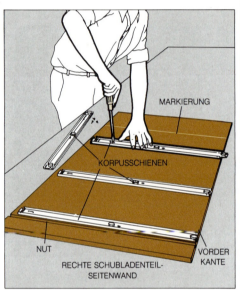

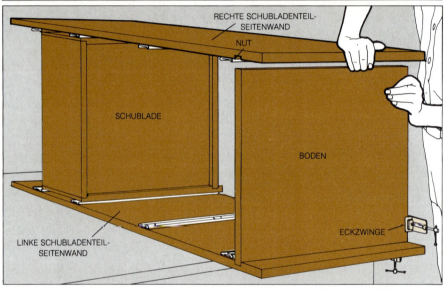

3 **Anbringen der Korpusschienen.** Die Korpusschienen der Auszugführungen mit 25 kg Tragfähigkeit gegebenenfalls nach rechten und linken Schienen sortieren. Eine rechte Schiene auf die rechte Seitenwand legen; die Unterkante der Schiene sollte an der in Schritt 2 angebrachten 7-mm-Markierung liegen und ihre Vorderkante mit der Vorderkante der Seitenwand bündig abschließen. Die Schiene exakt ausrichten. Löcher vorstechen und die Schiene anschrauben. Den Vorgang mit den drei anderen Schienen der rechten Seite wiederholen; jede Schiene an den zuvor angebrachten Markierungen ausrichten *(oben).* Die vier Schienen an der linken Seitenwand ebenso anbringen.

4 **Zusammenbau von Seitenwänden und Boden.** Prüfen, ob alle Teile genau ineinanderpassen. Leim auf die Nuten in beiden Seitenwänden und auf die Seitenkanten des Schubladenteil-Bodens auftragen. Den Boden in die Nut der linken Seitenwand setzen und an der unteren Ecke hinten mit einer Eckzwinge sichern. Die zweitoberste Schublade durch Einschieben der Schubladenschiene in die entsprechende Korpusschiene an der linken Seitenwand einsetzen. Durch einen Helfer die Auszugführung auf der rechten Seite ausrichten und die rechte Korpusschiene in die entsprechende Schubladenschiene einführen lassen. Mit der Schublade als Stütze die Nut in der rechten Seitenwand über dem Boden ausrichten und Seitenwand und Boden zusammenfügen *(oben).* Eine weitere Eckzwinge in der oberen Ecke hinten anbringen.

5 **Befestigen der Seitenwände.** Eckzwingen und Schublade nicht abnehmen; an der rechten Seitenwand über der Mitte der Nut mit dem Spitzbohrer drei Schraubenlöcher markieren. Löcher durch die Seitenwand in den Boden bohren und die Seitenwand mit drei 30-mm-Senkkopfschrauben befestigen. Das gesamte Schubladenteil umdrehen; dabei achtgeben, daß die Schublade nicht herausfällt. Die linke Seitenwand ebenso markieren, bohren und anschrauben.

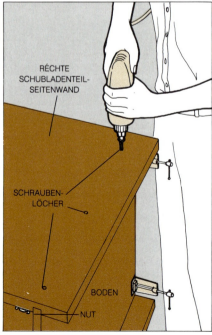

6 **Anbringen des Oberbodens.** Das Schubladenteil aufrecht hinstellen und Leim auf die Oberkanten der Seitenwände auftragen. Den Oberboden so ausrichten, daß seine Hinterkante bündig abschließt und die Vorderkante 18 mm übersteht. Die hinteren Ecken oben mit Eckzwingen sichern. In gleichmäßigen Abständen je vier Löcher durch den Oberboden in die Seitenwände bohren und den Oberboden mit 30-mm-Senkkopfschrauben befestigen. Alle Löcher entsprechend den Anweisungen der Schritte 11 und 12 auf Seite 16 mit Holzkitt füllen und glattschleifen.

7 **Anbringen der Rückwand.** Die Schublade herausziehen und alle Eckzwingen abnehmen. Das Schubladenteil mit der Vorderfront nach unten auf den Arbeitstisch legen. 59 mm von der Unterkante der Rückwand entfernt eine Markierung quer über die Rückwand reißen; sie bezeichnet die Mitte des Bodens. Leim auf die Innenkanten der Rückwand und auf die hinteren Kanten von Seitenwänden, Boden und Oberboden auftragen. Die Rückwand anleimen und mit 25-mm-Stauchkopfnägeln befestigen; in den Ecken beginnend, ringsum in Abständen von 135 mm nageln.

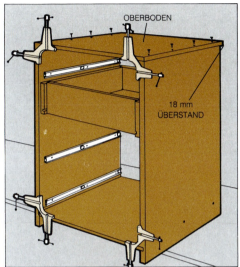

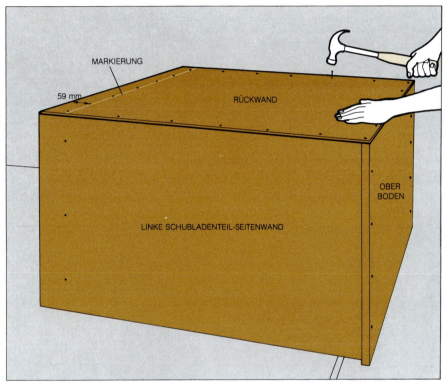

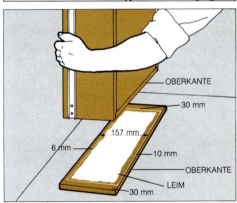

8 **Anleimen der Aufdoppelungen.** Eine der 157 mm hohen Aufdoppelungen mit der Oberseite nach unten auf den Arbeitstisch legen und auf ihrer Rückseite ein Rechteck anreißen, und zwar folgendermaßen: eine Linie 30 mm von jeder Seitenkante entfernt, eine weitere 10 mm von der Oberkante und die vierte 6 mm von der Unterkante entfernt. Die anderen drei Aufdoppelungen ebenso markieren, jedoch muß der Abstand der Linie von der Unterkante der 271 mm hohen Aufdoppelung nicht 6 mm, sondern 26 mm betragen, damit diese Aufdoppelung, die an der untersten Schublade angebracht wird, über die Vorderkante des Bodens ragt. Leim auf das Schubladen-Vorderstück auftragen und ebenso auf das von den Markierungen umrissene Rechteck auf der 157 mm hohen Aufdoppelung. Die Schublade, wie oben gezeigt, auf die Aufdoppelung stellen und ringsum an dem Rechteck ausrichten. Darauf achten, daß die Oberkante der Schublade an der 10-mm-Linie liegt.

9 **Sichern der Aufdoppelungen.** Wenn der Leim gerade so weit abgebunden hat, daß er die Aufdoppelung an der obersten Schublade hält, die Schublade in die zuvor an den Seitenwänden angebrachten Korpusschienen schieben. Darauf achten, daß die überstehenden Seitenkanten der Aufdoppelung mit den Seitenkanten des Schubladenteils bündig abschließen und zwischen der Aufdoppelung und dem Oberboden des Schubladenteils ein kleiner Spielraum vorhanden ist. Da der Leim noch nicht ganz abgebunden hat, lassen sich durch behutsames Verschieben der Aufdoppelung *(links)* noch kleine Korrekturen vornehmen. Die Schublade herausnehmen und die Aufdoppelung mit Schrauben sorgfältig befestigen *(S. 32, Schritt 2).*

Die anderen Aufdoppelungen wie folgt anbringen: die zweite 157 mm hohe Aufdoppelung an der zweitobersten Schublade, die 251 mm hohe an der dritten und die 271 mm hohe Aufdoppelung an der unteren Schublade. Vor dem Anschrauben überprüfen, ob zwischen den Ober- und Unterkanten der Aufdoppelungen ein kleiner Spielraum vorhanden ist. Griffe an den Schubladen befestigen *(S. 32).* Die Vorderkanten des Oberbodens und die Seitenkanten der Aufdoppelungen mit Umleimer verdecken.

Bau des Bordteils

1 **Zusammensetzen der Basis.** Für den 586 x 571 mm großen Rahmen der Basis die vier 546 mm langen Versteifungen in Abständen von 163 mm stumpf an die 571 mm langen Seitenwände stoßen lassen, die Teile mit Leim und 40-mm-Stauchkopfnägeln verbinden und die Verbindungen mit Eckzwingen sichern; dabei wie in Schritt 1 bis 7 auf Seite 12 bis 14 beschrieben vorgehen. Die beiden 586 x 571 mm großen Sperrholzteile als Boden und Oberteil *(rechts)* mit Leim und 25-mm-Stauchkopfnägeln befestigen. Die Schubladenschienen der Auszugführungen mit 50 kg Tragkraft wie in Schritt 3 auf Seite 30 beschrieben an den 571 mm langen Basis-Seitenwänden anbringen.

2 **Anbringen der ersten Bordstütze.** An der Vorderseite der vorderen Bordstütze gemäß den Abmessungen der Zeichnung in beiden Ecken zwei Markierungen für Schraubenlöcher anbringen. Von jeder Basisecke eine Länge von 193 mm abmessen und Markierungen anbringen. Die Basis umdrehen und die andere Seite ebenso markieren. Zwischen den Markierungen Leim auf eine Basiskante sowie den entsprechenden Abschnitt der genuteten Seite der Bordstütze auftragen und die Stütze zwischen den Markierungen anbringen. Die Stützen exakt im rechten Winkel zur Basis anbringen; daher vor dem Abbinden des Leimes ihre Position mit einem Prüfwinkel kontrollieren *(unten)*. Die vordere Bordstütze festhalten, an den vier angezeichneten Punkten Löcher durch die Bordstütze in die Basis bohren und 30-mm-Senkkopfschrauben eindrehen.

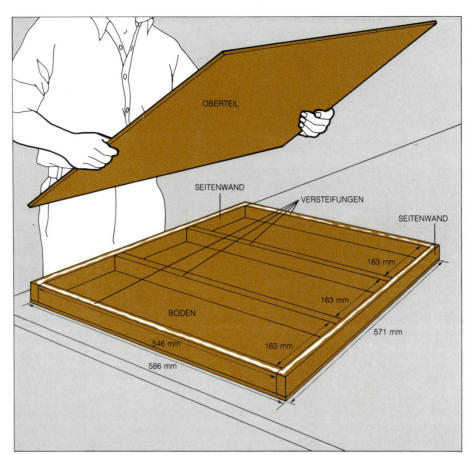

3 **Anbringen der Borde.** Die fünf 589 x 586 mm großen Borde aufeinanderstapeln. Mit dem Bleistift an den beiden 586 mm langen Seitenkanten des untersten Bordes je eine 193 mm von der Ecke entfernte Markierung anbringen und über die Kanten der anderen Borde fortführen. Die mit der Basis verbundene vordere Bordstütze flach auf die Werkbank legen und mit Klemmzwingen sichern. Leim auf die untere Nut der Bordstütze sowie zwischen den Markierungen auf einer Seitenkante des untersten Bordes auftragen und das Bord mit einem Holz- oder Gummihammer in die Nut treiben. Die anderen Borde ebenso einsetzen. Überschüssigen Leim abwischen.

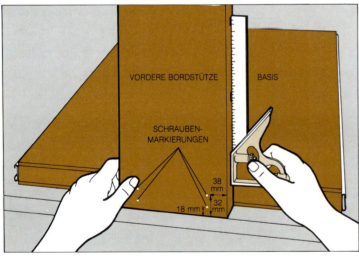

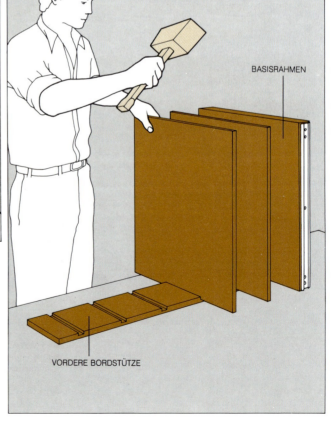

4 **Anbringen der hinteren Bordstütze.** Leim zwischen den Markierungen an den anderen Seitenkanten der Borde, auf den mittleren Abschnitt der Basis-Hinterkante und alle Nuten in der hinteren Bordstütze auftragen. Ein Stück Abfallholz unterlegen und die Stütze mit einem Holz- oder Gummihammer auf die Borde aufsetzen. Wie in Schritt 2 die Schraubenpositionen für die hintere Bordstütze markieren und die Stütze mit 30-mm-Senkkopfschrauben an die Basis anschrauben.

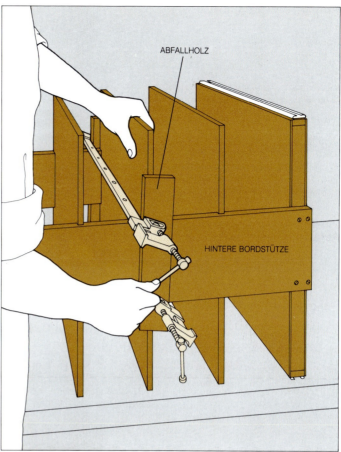

ABFALLHOLZ

HINTERE BORDSTÜTZE

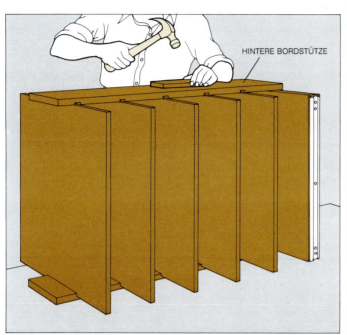

HINTERE BORDSTÜTZE

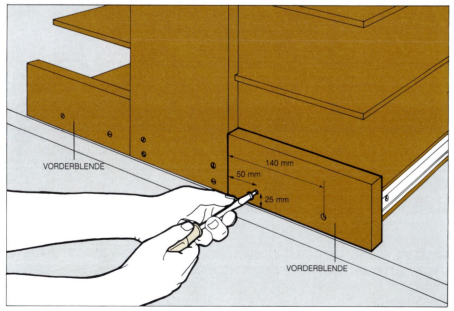

VORDERBLENDE

140 mm

50 mm

25 mm

VORDERBLENDE

5 **Einspannen des Bordteils.** Die Zwingen abnehmen, mit der die vordere Bordstütze auf der Werkbank befestigt war, und das ganze Teil um 90 Grad drehen, so daß beide Bordstützen nach außen zeigen. Mit dem unteren Bord beginnend, zwei Schraubknechte so über die Bordstützen spannen, daß eine feste Verbindung gewährleistet ist. Zum Schutz der Bordstützen Holzabfallstücke zwischen Bordstützen und Schraubknechte einschieben. Nach ein paar Minuten die Schraubknechte abnehmen und sie an der Stelle ansetzen, an der das oberste Bord angebracht wurde. Wieder einige Minuten warten, die Schraubknechte abnehmen und danach mit dem zweiten, dem vierten und zum Schluß dem dritten Bord ebenso verfahren.

Das bereits auf eine Länge von 571 mm zugeschnittene Leistenstück von 45 x 20 mm *(S. 116)* als Versteifung des Bordteils an die Unterseite des vierten Bordes leimen.

6 **Anbringen der Vorderblenden.** Die beiden Vorderblenden am Bordteil dienen als Griffe, wenn es herausgezogen wird, und als Stopper beim Zurückschieben. Mit einem Bleistift an beiden Blenden an den angegebenen Punkten Markierungen anbringen. Die Blenden stumpf an die vordere Bordstütze stoßen lassen, so daß ihre Unterkanten mit der Unterkante der Basis bündig abschließen.

Überprüfen, ob die Blenden genau passen und richtig sitzen. Leim auf die Blenden und die Basis auftragen und warten, bis er so weit abgebunden hat, daß er die Blenden hält. An den angezeichneten Stellen Löcher durch die Blenden in die Basis bohren und beide Blenden mit 30-mm-Senkkopfschrauben befestigen. Die Löcher über den Schraubenköpfen mit Holzkitt füllen und glattschleifen.

Einsetzen des Einbaus

1 Vorarbeiten an den Seitenwänden. Die Vorderkanten beider Seitenwände mit Umleimer verdecken. Beide Seitenwände mit den Innenseiten nach oben flach hinlegen. Von der Unterkante beider Teile 927 mm abmessen und an diesem Punkt mit dem Bleistift eine Linie über beide Teile reißen. Die Korpusschienen der Auszugführungen mit 50 kg Tragfähigkeit so auf die Seitenwände legen, daß die Unterkanten an den Markierungen liegen und die Vorderkanten mit den Vorderkanten der Seitenwände bündig abschließen *(rechts).* Anschließend die Korpusschienen anschrauben.

2 Befestigen der Seitenwände. An den Außenseiten beider Seitenwände die Positionen für die Schrauben wie folgt anzeichnen: zwei Schrauben 230 mm von der Unterkante und jeweils 150 mm von den Seitenkanten entfernt; eine Schraube 460 mm von der Unterkante in der Mitte jeder Seitenwand; zwei Schrauben 685 mm von der Unterkante und jeweils 150 mm von den Seitenkanten entfernt.

Da es schwierig wäre, die großen Seitenwände nach dem Einsetzen des Einbaus in den Schrank zu bringen, sie schon jetzt in den Schrank stellen. Das Schubladenteil einsetzen und genau auf die Schrankmitte rücken. Die rechte Seitenwand an die rechte Seitenwand des Schubladenteils lehnen, und zwar so, daß ihre Vorderkante bündig mit der Vorderkante des Schubladenteils abschließt. Die beiden Teile mit Klemmzwingen aneinander befestigen. An den markierten Stellen Löcher bohren und die Seitenwand mit fünf 30-mm-Senkkopfschrauben befestigen. Die linke Seitenwand ebenso ausrichten und dann anschrauben.

3 Anbringen des Oberbodens. Auf einen Stuhl oder eine Trittleiter steigen und Leim auf die Oberkanten der Seitenwände sowie die entsprechenden Kanten des Oberbodens auftragen. Den Oberboden auflegen und mit je vier 40-mm-Stauchkopfnägeln an den beiden Seitenwänden befestigen *(rechts).* Anschließend die Schubladen in die Korpusschienen schieben und mit einem Helfer den Einbau durch Einschieben des Bordteils in die entsprechenden Korpusschienen an den Seitenwänden vervollständigen.

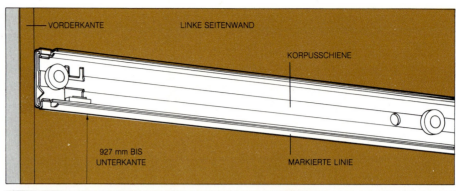

VORDERKANTE   LINKE SEITENWAND   KORPUSSCHIENE

927 mm BIS UNTERKANTE   MARKIERTE LINIE

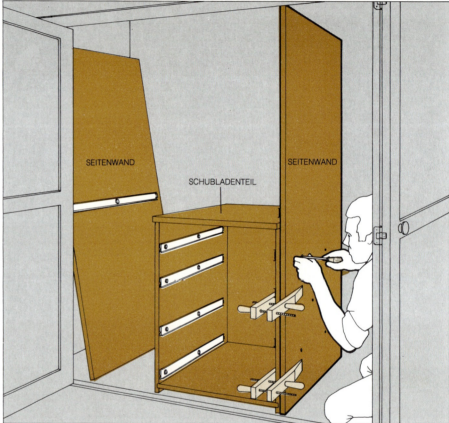

SEITENWAND   SCHUBLADENTEIL   SEITENWAND

OFFENES
ROHRLAGER

1900 mm

OFFENES
ROHRLAGER

990 mm

SEITEN-
WAND

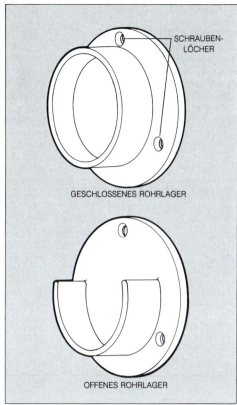

SCHRAUBEN-
LÖCHER

GESCHLOSSENES ROHRLAGER

OFFENES ROHRLAGER

4 **Anbringen der Kleiderstangen.** Mit dem Bleistift zwei Punkte in der Mitte der linken Seitenwand markieren – 990 mm und dann 1900 mm vom Schrankboden entfernt. Entsprechende Markierungen auf der der Seitenwand gegenüberliegenden Innenseite des Kleiderschranks anbringen. Zwei geschlossene Schrankrohrlager an den markierten Stellen an die Schrankwand und zwei offene an die Einbauwand schrauben *(links)*. Den Abstand zwischen den beiden Wänden messen und zwei Stücke verchromtes Schrankrohr so zuschneiden, daß sie 5 bis 6 mm kürzer sind als der ermittelte Abstand. Ein Ende jedes Rohres in das geschlossene Lager schieben und das andere in das offene Lager einlegen. Die Kleiderstange auf der rechten Schrankseite im Abstand von 1650 mm vom Schrankboden ebenso anbringen.

300 × 45 × 20 mm
TRAGLEISTE

300 mm
TIEFES
BORD

5 **Zusätzliche Borde.** Ein zusätzliches, auf Leisten ruhendes Bord über der Kleiderstange im rechten Schrankteil anbringen. Die Stange aus den Lagern nehmen und ein 300 mm langes Stück Leiste von 45 x 20 mm an der Schrankwand befestigen (über das geeignete Befestigungsmaterial geben die Tabellen auf Seite 42 und 43 Aufschluß), und zwar ungefähr 50 mm über den Rohrlagern. Eine ebensolche Leiste in gleicher Höhe an der Einbau-Seitenwand anbringen. Das Bord aus einem Holzabfallstück von 18-mm-Sperrholz zuschneiden, und zwar 300 mm breit und ebenso lang wie die Kleiderstange. Auf die gleiche Art kann, wenn der Schrank hoch genug ist, ein identisches Bord über der oberen Kleiderstange im linken Schrankteil installiert werden.

Quellennachweis der Abbildungen

Die Nachweise sind für Abbildungen von links nach rechts durch Semikolons, für solche von oben nach unten durch Gedankenstriche getrennt.
Einband: Ken May. 6: Henry Groskinsky. 10: Photo von Martin Brigdale – Photo von Henry Groskinsky. 11: Photo von Henry Groskinsky. 12: Zeichnung von Oxford Illustrators Ltd. 13: Zeichnung von Oxford Illustrators Ltd. – Zeichnungen von Ron Jones. 14: Zeichnungen von Ron Jones. 15: Zeichnung von Ron Jones – Zeichnung von Jackson Day Designs. 16: Zeichnung von Oxford Illustrators Ltd. – Zeichnungen von Ron Jones. 17: Zeichnungen von Fred Wolff. 18: Zeichnungen von Fred Wolff, ausgenommen oben und unten links: Zeichnungen von Oxford Illustrators Ltd. 19: Zeichnung von Oxford Illustrators Ltd. – Zeichnungen von Peter Trojan. 20: Zeichnungen von Peter Trojan. 21: Zeichnung von Oxford Illustrators Ltd. – Zeichnungen von Peter Trojan. 22: Zeichnungen von Oxford Illustrators Ltd.; Zeichnung von Peter Trojan. 23, 24: Zeichnungen von Peter Trojan. 25: Zeichnung von Oxford Illustrators Ltd. – Zeichnungen von Gerry Contreras. 26: Zeichnungen von Dale Gustafson, ausgenommen oben rechts: Zeichnung von Oxford Illustrators Ltd. 27: Zeichnungen von Dale Gustafson. 28: Zeich- nungen von Ron Jones. 29: Zeichnungen von Ron Jones, ausgenommen oben Mitte und rechts und Mitte unten: Zeichnungen von Oxford Illustrators Ltd. 30: Zeichnungen von Ron Jones – Zeichnung von Oxford Illustrators Ltd. 31: Zeichnung von Oxford Illustrators Ltd. – Zeichnungen von Ron Jones. 32: Zeichnung von Oxford Illustrators Ltd.; Zeichnungen von Ron Jones. 33, 34: Zeichnungen von Adolph E. Brotman. 35: Zeichnungen von Oxford Illustrators Ltd., ausgenommen ganz oben und oben Mitte: Zeichnungen von Adolph E. Brotman. 36: Zeichnungen von Adolph E. Brotman – Zeichnungen von Oxford Illustrators Ltd. 37 bis 39: Zeichnungen von Adolph E. Brotman. 40, 41: Zeichnungen von Vantage Art, Inc. 42 bis 46: Zeichnungen von Dana Rasmussen. 47: Zeichnungen von Oxford Illustrators Ltd. 48, 49: Zeichnungen von Dana Rasmussen. 50: Henry Groskinsky. 52: Zeichnungen von Dana Rasmussen. 55 bis 57: Zeichnungen von Vantage Art, Inc. 60: Zeichnungen von Vantage Art, Inc. 62, 63: Zeichnungen von Dale Gustafson. 64: Zeichnung von Oxford Illustrators Ltd. – Zeichnungen von Dale Gustafson. 65: Zeichnungen von Dale Gustafson, ausgenommen untere Mitte: Zeichnung von Oxford Illustrators Ltd. 66: Ken Kay. 68 bis 73: Zeichnungen von Lennart Johnson Designs. 74, 75: Zeichnungen von Dale Gustafson. 77 bis 79: Zeichnungen von Dale Gustafson. 80: Zeichnungen von Dale Gustafson, ausgenommen oben links und unten links: Zeichnungen von Oxford Illustrators Ltd. 81: Zeichnungen von Dale Gustafson, ausgenommen oben rechts und unten rechts: Zeichnungen von Oxford Illustrators Ltd. 82, 83: Zeichnungen von Dale Gustafson. 84 bis 89: Zeichnungen von Vantage Art, Inc. 90 bis 97: Zeichnungen von Adolph E. Brotman. 98, 99: Zeichnungen von John Massey. 100: Zeichnungen von Oxford Illustrators Ltd. 101: Zeichnungen von John Massey. 102, 103: Zeichnungen von Vantage Art, Inc. 104, 105: Zeichnungen von Dale Gustafson. 106, 107: Zeichnungen von Whitman Studio, Inc. 108, 109: Zeichnungen von Dale Gustafson. 110 bis 113: Zeichnungen von Kurt Ortell. 114 bis 117: Zeichnungen von Whitman Studio, Inc. 118: Zeichnung von Oxford Illustrations Ltd. – Zeichnung von Whitman Studio, Inc. 119: Zeichnungen von Whitman Studio, Inc. 120: Zeichnungen von Whitman Studio, Inc. – Zeichnungen von Jackson Day Designs. 121: Zeichnungen von Jackson Day Designs – Zeichnung von Whitman Studio, Inc. 122, 123: Zeichnungen von Whitman Studio, Inc.

Danksagungen

Der besondere Dank der Herausgeber gilt Susie Bicknell, Paris; Tim Fraser, Sydney; und Christel Wiemken, Hamburg. Außerdem danken sie folgenden Personen und Institutionen: Association Française de Normalisation (AFNOR), Paris; Fa. Beese & Schmidt, Hamburg; M. Bichet, Centre Scientifique et Technique du Batiment, Syndicat National des Fabricant de Quincaillerie, Paris; Emily Brandt-Clarke, Hamburg; Centre Technique du Bois, Paris; English Abrasives, London. Finnish Plywood Development Association, London; Forestry Commission, Cambridge; Neville Foster, The Timber Development Association (NSW) Ltd., Sydney; Furniture Industry Research Association, Stevenage; Philip Griffiths, London; Alan Hollingbery, London; Jackson Day Designs, London; Fa. Ernst Kruse, Hamburg; Fa. F. R. Musfeldt, Hamburg; Office de Diffusion des Applications du Contreplaqué (ODAC), Paris; Office de Diffusion de Panneaux de Particules (ODIP), Paris; John Tate, The Master Builders Association of New South Wales, Sydney; Timber Research and Development Association (TRADA), High Wycombe; Patrick Wiemken, Hamburg.

Register/Glossar

Satz: Grafostil Ges.m.b.H., Tel. 55 46 28, Wien, Österreich.
Druck und Einband: Artes Gráficas, Toledo, Spanien.
D. L. TO: 509-1985

XXXXX